U0531807

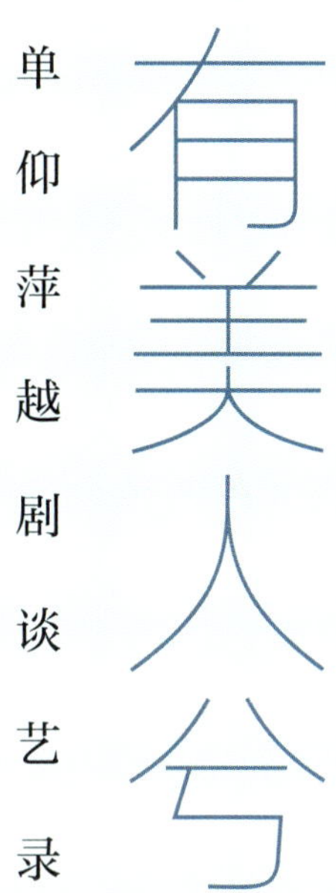

单仰萍越剧谈艺录

单仰萍 / 著
张　檀 / 整理

创于1897 商务印书馆
The Commercial Press

图书在版编目（CIP）数据

有美人兮：单仰萍越剧谈艺录 / 单仰萍著；张檀整理. —
北京：商务印书馆, 2024
ISBN 978 - 7 - 100 - 23167 - 1

Ⅰ. ①有…　Ⅱ. ①单…　②张…　Ⅲ. ①单仰萍 — 传
记　Ⅳ. ①K825.78

中国国家版本馆 CIP 数据核字（2023）第194062号

特约编辑：郭时羽

有 美 人 兮
单仰萍越剧谈艺录
单仰萍　著
张　檀　整理

商 务 印 书 馆 出 版
（北京王府井大街36号　邮政编码 100710）
商 务 印 书 馆 发 行
上海盛通时代印刷有限公司印刷
ISBN 978 - 7 - 100 - 23167 - 1

2024年1月第1版　　开本 787×1092　1/16
2024年1月第1次印刷　　印张 16

定价：268.00元

序　言

“不辜负”抒写出的华彩越剧人生

中国戏剧家协会原秘书长　崔伟

戏剧，作为抒写人生的舞台风景，古往今来呈现出多少丰富多彩的生活画卷和令人品味不尽的五味杂陈。同样，那些舞台驰骋的艺术家，又哪个不是用自己的情感演绎着剧中的风采，更以独特的人生记录着舞台下的自身？他们的人生和戏剧是分不开的；其舞台魅力之所以迷人或震撼，往往即缘于自身不同于常人的事业追求与艺术梦想，当人生旅途和艺术之路浑然一体，同样充满了真实的血肉感和绮丽的戏剧性。通过阅读越剧名家单仰萍自述体谈艺录《有美人兮》，我这种感慨尤为强烈。

我的强烈感受是，这是一本在当下戏曲名家谈艺录中十分独特并极有阅读价值的书。作为新时期以来的越剧名家，单仰萍无愧第一阵容中的靓丽一员。她在艺术之路上取得的成就、展现的辉煌，特别是擅于思考和勇于前行的特质，使得书中记述的人生历程、学戏心得、创造经验，强烈地焕发出艺术理想和思考总结的诸多灼见真知。这本书不仅是单仰萍心声的流露，对于喜爱她艺术的读者和观众、对习学越剧特别是“王派”的后学而言，更具有珍贵翔实的传艺价值。

这还是一部在记述内容和方式上不同于一般的谈艺录，其中饱含着单仰萍由衷的对越剧的敬畏、对王文娟老师和“王派”的敬仰。全书以《红楼梦》《孟丽君》两出“王派”名剧的学戏过程和对王文娟老师的艺术、品德的感悟为起始，介绍了她和恩师、王门的人生与艺术之缘。继而以《舞台姐妹》《家》《虞美人》，这三出她创演的新戏为范例，总结了艺途前行的创造心得和排演过程中探求的心路，总结出一个成熟的越剧名家在传承基础上发展传统剧种、流派的宝贵体会。最后的篇章，以“春江千里月明”为题，深情回忆了家乡桐庐对她艺术、人生的哺育。这篇文字充满感情并深怀感恩地记述了那些呕心沥血培养她、成就她、爱护她的家乡故人、越剧导师、艺术伯乐。

整部谈艺录，文字清丽真挚，艺术感受均是慧心的凝结，理想表达充满青春的活力，感恩得由衷，思考得深入，叙述平朴自然，体现出一个极具时代感和理想追求的越剧名家，从稚嫩走向成熟，由继承迈向创造的人生旅途与艺术探寻。更为有价值的是，单仰萍在《有美人兮》中的记录，何尝不是体现出他们那一代优秀演员共同的人生和艺术的共性，感谢她先写了出来！

通过阅读，我深切感到《有美人兮》是一部非常具有艺术含量并且充满情感的谈艺录，它不似时下许多只是流水账般的艺术与生活回忆，更未覆蹈那些只是夸耀自身艺术如何了得，实际却缺乏对传统与前辈感恩的“自吹自擂”。这本书和它的作者可贵在抱着一种极具中国传统美德的谦逊，进行了一次饱含严肃艺术态度的舞台实践盘点与总结，书中对自己艺术历程的学习收获、创造成果进行了严肃、深入的梳理，并把舞台人生的真实心得，以思考基础上的真知灼见和对人生、艺术的切身感受，用充满温度与具典型价值的个例，从容地讲述给读者，传授给后学。我觉得，这样的谈艺录无论内容还是文风，自然就都体现出一种大家的风范；同样，又何尝不是“王派”艺术研究和传承的一本好教材呢？

对于单仰萍，我作为一个越剧迷一直极为关注着，并钦佩她的艺术才华。书中细表的“王派”名剧《红楼梦》《孟丽君》，我都不止一次看过。在我的感受里，至今钱惠丽和单仰萍的贾宝玉与林黛玉形象，当之无愧是最接近徐玉兰、王文娟两位老师神采风貌的第一传承范本。无论形、神，还是表演的意境、效果、余韵，特别是形象塑造的真切细腻，演唱的流派风范，情感表达的感人至深，无不可以称赞为可圈可点，看后总是令人难忘。而同样有幸的是，单仰萍创演的《舞台姐妹》《家》和《虞美人》，我也在北京和无锡均现场欣赏过这三出戏中单仰萍和艺术伙伴的创造风采，至今同样记忆弥新。我一直感到，单仰萍他们这一代优秀演员群体对新时期越剧发展，包括单仰萍在“王派”艺术传承发展上的作用和贡献，现在真是应该多做些深入的总结与梳理。这部书恰恰为我们研究单仰萍在这个群体中的独特艺术之路与越剧贡献，思考如何通过她的越剧人生探索在徐玉兰、王文娟那代开宗立派的宗师贡献基础上，做到传承中有发展，创新时有根基，是很具代表性与值得深入研究的范例。

《有美人兮》更是一本翔实记录单仰萍对"王派"踏实学习、深刻总结后，凝练成的具有许多弥足珍贵的心得体会的"王派"教科书。在开篇第一章中，单仰萍讲述了自己神迷王文娟、邂逅王文娟、追随王文娟，并最终走入上海越剧院成为"王派"弟子、得到老师悉心传授《红楼梦》的过程；第二章则讲述了跟随王老师学习、演出《孟丽君》，陪伴老师拍摄电视剧的过程，以虔诚的态度和擅于思考的慧心，表达了自身学习"王派"过程中，《红楼梦》《孟丽君》两个剧目的基础性、重要性，心得很深刻也很实在、受用。在书中她建议："以我自己的艺术经验来说，学习王派的演员，宗师的戏一定要多看，宗师的唱腔一定要多听，要像刻模子一样，这是第一位的，至于说《红楼梦》《孟丽君》，这是老师的经典代表作，对于青年演员来说，能够学习这两部经典精品，那是非常幸运和幸福的。"这难道不是对学习"王派"的路径指引吗？同样，她在第三章中记述《舞台姐妹》的排演心得，颇有哲理地总结了塑造人物的宝贵经验。她认为："要演好一个人物，不单单要钻进自己的人物里去，还要学会理解对方的人物，站在人物角度上去看待人物，理解人物，表现人物。从月红的角度来说，她觉得春花姐说的话对吗？当然是对的。然后，她想要去选择一个新的生活，有错吗？在当时，她觉得自己是没有错的。"这完全是她在向王老师学习之后，深刻融入自己的艺术体会中去的成果。

单仰萍和吴凤花合作的《虞美人》，至今看也是颇有越剧题材突破和表演挑战的一部作品。书中这一章特别细致地介绍了单仰萍为什么要做这种艺术尝试，因何要塑造这个人物的初衷与追求，当然也回忆了创排过程中所遇到的种种难题，以及实现的许多突破。从中，我们可以看出单仰萍演戏并非仅仅满足传承技艺，她还有着很敏感的对人的命运与性格的贴近和感受。她会自觉调动当代艺术家的情感感受力，寻找并完成舞台人物的塑造选择与血肉传达。单仰萍为什么选择虞姬这个人物就很有思考和情感的支撑，她对"虞姬，究竟是一个什么样的女子；

她与西楚霸王项羽的爱情，究竟是一段什么样的故事”极具兴趣，并“因为对她的认知无处可觅，让我对她有了更多的好奇和遐想”。故而，单仰萍才会萌发出“是不是可以把虞姬的故事挖掘出来，用越剧赋予虞姬新的生命力，我希望这一次我和她一样勇敢”的创作冲动。我想提请大家注意，这一章不仅记述了艺术创作过程的种种秘辛，而且从单仰萍选择和突破《虞美人》的创造过程记录中，更可看到在扎实传承“王派”基础上，一个具有时代感和创造力的优秀演员不凡的心胸、巨大的魄力和清晰美好的艺术理想。这种禀赋的具备，尤其是敢于追求并不懈实现的勇气和才情，在所有演员中都是可贵的、不多见的。

越剧是一个极有艺术生命力，更有许许多多戏迷拥趸，极具未来希望的剧种。每每看到剧场中那些优秀演员的“粉丝”那么热情和虔诚，我都会有一种极为兴奋的感动和感慨。中国戏曲从来不是一极的发力，而是需要演员与观众共同承托才能支撑起剧种的大厦，双方合力驱动才可壮阔前行。这其中，优秀演员通过艺术总结，向社会和观众叙说自己艺术理想与追求的心得、经验，对于培养观众同样重要。演员努力的追求方向和艺术表达的审美自觉，除了舞台的精彩呈现外，更应该通过优质的文字记述，让知音了解，让社会感知，让历史留存。单仰萍的《有美人兮》这本书，就是一个优秀演员对时代、观众的深情倾诉，也是对越剧、对恩师的一份艺术答卷。

我最感动并难忘的是单仰萍在书中的这样一句话：“不辜负，是我一直以来对舞台的承诺，也是对观众的。”以我对她艺术的感受，单仰萍说到了，也做到了！因此，我也把“不辜负”作为了这篇序的标题。

这种“不辜负”的艺术和人生精神，现在看也是戏曲人所应秉持的最朴素的艺术道德了。

是为序。

崔伟

2023 年 4 月写于北京

目 录

1

栖居在红楼的梦里

那个温暖的女子

1962 年，越剧电影《红楼梦》上映。

越剧宗师徐玉兰、王文娟领衔主演，艺术指导吴琛，舞台导演钟泯，电影导演岑范，作曲顾振遐、高鸣，布景设计苏石风、许惟兴，服装造型设计陈利华等多位艺术大师，以集体智慧和艺术才华，将这部殿堂级作品贡献给新中国的戏曲电影史。

在中国，几乎人人都会唱那句“天上掉下个林妹妹”。

一个甲子以来，几乎所有的越剧院团都曾搬演过《红楼梦》的片段。哪怕，她们远离电影《红楼梦》的故地上海，越剧的故乡浙江，或者，范围再可扩大一些的吴越方言区；哪怕，她们在千里之外的华北、西北、华南、西南；哪怕，她们在万里之遥的海外，他乡。

一代又一代的中国人、戏曲人、越剧人，因为这部电影与越剧结缘。她，是其中之一。这一年，她出生在富春江畔，一个“碧水一千里，青山十二时”的百越古郡。

她从小生得好看，山清水秀的美，像出岫的云。和同龄的小伙伴一道念书、上学。那时，她还不知道越剧，还没有看过越剧电影《红楼梦》。

故事开始

1972 年，我刚满 10 岁，读小学二年级，考入浙江省桐庐中学艺训班。当时家里是不同意的，因为哥哥已经考上了杭州歌舞团，正在为期三个月的初级训练

1972 年桐庐中学艺训班合影留念

单仰萍 12 岁

中。两个孩子都去从事艺术工作，爸爸妈妈舍不得。就在我缠着父母闹的时候，哥哥受不了歌舞团的严格训练“逃”回家了，然后，终于轮到我了。（笑）

我们在艺训班先学习歌唱、舞蹈，后两年才学习京剧样板戏。那个年代，大家看得最多的就是京剧样板戏，给我印象最深的是《红灯记》。剧中的李铁梅是当时大众审美的最高标杆，很小的时候，爸爸妈妈的同事好友一看见我就会指着我说，这个小姑娘这么清秀，瓜子脸，像李铁梅，以后可以演戏去。大人们是随口一夸，可在我听来是真的好开心的。夏天乘凉的时候，大人们还经常让我表演唱一段“我家的表叔数不清”。也是从那个时候开始，我喜欢上了看戏、扮戏，我对戏曲表演的兴趣萌发点就是这么简单。

第二年也就是1973年，我第一次正式登上舞台，扮演的就是京剧样板戏《红灯记》“痛说革命家史”选段里的李铁梅。

1976年底，我们全班49个同学有39个进入了桐庐越剧团，其中也包括我。至于越剧是什么，当时还是懵懂的。对舞台的熟悉，大多数同学都是从跑龙套开始的。当时的我年纪小，声音又单薄，但个子比较高（龙套通常要求身高整齐统一），所以除了备演B组角色，大多数时间我是在放幻灯片、打字幕，或者拉大幕。这样的状态持续了两年多。

那时，是想过改行的。直到1978年，《红楼梦》恢复公映。

《红楼梦》是很多越剧演员的梦想，也是我的。从第一次看到电影《红楼梦》，看到王文娟老师的林黛玉，我开始有了自己的那个关于越剧的梦。梦见大观园，梦见林妹妹。明明是一个那么远，那么不真实的梦，我还是会自己一遍又一遍地想着，会不会有那么一天，我也可以唱着王（文娟）派，演一次林黛玉。

那一年，我16岁。

单仰萍18岁，与父亲合影留念

启蒙老师

我是个比较内向的人，不善表达。

但每一个在我的生命中帮助过我的人，我都是默默地记着的。

是改行还是留下当一名越剧演员，在做出选择之前，团领导应勇发老师决定给我一次机会，安排主胡许梅棠老师帮我练嗓。

许老师是我唱腔的启蒙老师，教了我整整三年。从练嗓到生活小事，许老师都像个严厉的父亲一样管着我，不论阴晴寒暑，每天都要按时练嗓。那时因为年纪还小，不能完全理解老师们的苦心。遇到冬天下乡演出，想到一早就要从被窝里爬出来，虽然知道是为我好，但心里还是挺“烦”这个老师的。

单仰萍 17 岁

单仰萍 19 岁

许老师是一个性格非常孤僻的人。三年后，当我从台下，从侧幕，从 B 组，走到舞台中央，终于可以在团里挑大梁的时候，不知为啥，许老师就几乎不怎么理我了。我调到上海工作后，几次回乡去看望许老师，他都避而不见，只收下了我在上海为他定做的一把越胡。之后，我去桐庐的次数越来越少，慢慢地与许老师失去了联系。

2015 年底，我们同学群里突然跳出一条消息，说许老师走了，我才知道当时他已经到上海女儿家定居两年多了，而且住地离我家特别近。当天演出结束后，我马上就去了许老师女儿家。许老师的女儿告诉我，站在她家的阳台，就可以看到我所住的小区。许老师却特意叮嘱家人不要打扰我，而他自己会时常站在阳台那儿发呆。那个瞬间，我特别内疚，说不出来的那种感动和遗憾。在我艺术刚刚起步的那些年，能遇见这样一位严厉的好老师，我无以为报。

我的恩师

上海的观众们说：桐庐越剧团的“小王派”长得真像王老师。

老师笑着说：她比我漂亮。

1984 年 6 月底，我们桐庐越剧团带着新编越剧《春江月》第一次到上海演出。首演那天，上海越剧院的老前辈、老祖宗们都来了，尹桂芳先生也扶着病体亲临剧场，我梦中的“林妹妹”王文娟老师也来了。

知道王老师会来看我的演出，是到上海之前。当时我们团正在江浙各地巡演，离上海越近，我也就越紧张。直到今天，我还记得，当时柳明月的唱腔还不是按照王派来设计的，但是在上海的首演场，我出场的第一句【弦下调】“哀鸿遍野声声怨”，上海的观众觉得唱得特别像王派，所以我刚唱完这一句，台下爆发出了热烈的掌声，吓了我一跳。不过，再唱下去，就没有掌声了。（笑）

这一次珍贵的掌声，让王派在我的心里深深地扎下了根。我第一次真切地感受到，上海的越剧观众是这么喜欢王派，爱着王派。后来《春江月》拍摄成电影，我的唱腔就全部改成了正宗的王派，这是后话。那天演出结束后，老师们上台亲切地接见了我们。那也是我第一次，那么近地见到老师，那种感觉就像在梦里一样，云里雾里似的。

1984 年越剧《春江月》巡演于上海大众剧场
桐庐越剧团与上海越剧院老艺术家合影留念
（中间排左二起：筱桂芳、范瑞娟、张桂凤、徐天红、金采风、吴小楼、
徐玉兰、尹桂芳、袁雪芬、张成之、王文娟）

自从看过电影《红楼梦》，我就连着好几次梦见王文娟老师，当然，梦里老师的样子就是电影里林黛玉的样子。现实中的老师，我之前从来都没见过。看着团里其他演员都奔向各自所学流派的宗师们，我是有些胆怯的。

明明老师就在眼前，我心里是那么欢喜、那么兴奋，却一句话也说不出来，只敢远远地望着老师。老师就像电影里林黛玉那样，在四周的欢笑和热闹中，娴静地站在那儿，微笑看着我。

我想，我应该感谢那天热心的观众们，是她们把我推到老师的面前，才有了我和老师的第一次近距离相视与对话。虽然，我早就紧张得忘了自己说了些什么，但老师的眼神、微笑和语气，永远刻在了我的心底里。

很多年后，我眼中的老师依然如初见时一样。无论周遭的热闹和喧嚣是怎样的，她就在那里，静静地看着我，淡淡地笑着，声音沉沉的，柔和着许多过往，仿佛没有一丝波澜。之后，团领导带我去拜访王老师，替我向老师吐露了梦寐以求的愿望，希望能拜她为师，老师愉快地答应了。不久，我就在越剧院张成之老书记家磕头拜师，正式成为王派弟子。在随后几天的演出间隙，王老师在我们演出的大众剧场的后台，手把手地教会了我《红楼梦·葬花》，这是我学的第一出王派戏，也是第一出《红楼》戏。那年，我 22 岁。

1984 年越剧《春江月》演出后单仰萍与王文娟老师合影留念

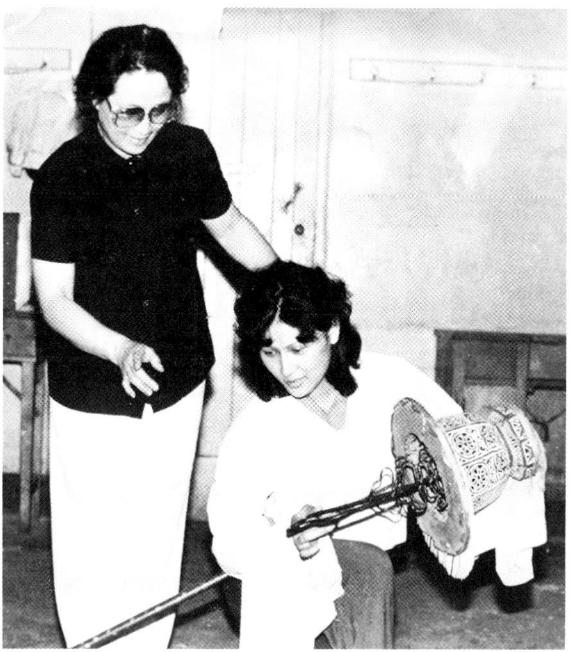

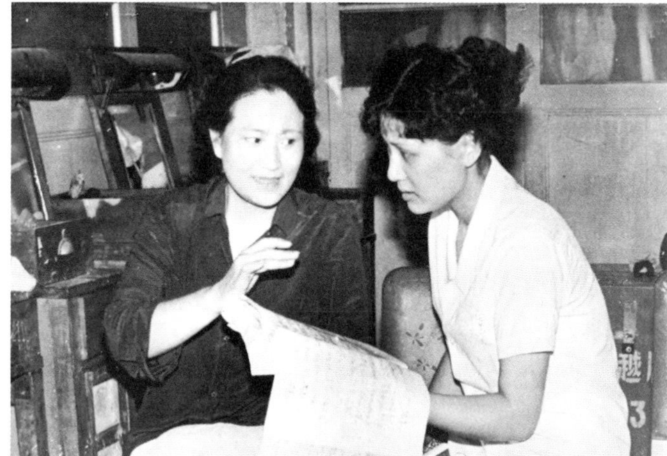

1984 年王文娟老师教授单仰萍《红楼梦 · 葬花》

我的《红楼》缘起

因为《红楼梦》，我爱上了越剧，爱上了王派。

因为《红楼梦》，我遇见了老师，来到了上海。

因为《红楼梦》，我与林黛玉结缘，与观众结缘，

与舞台结缘，与艺术结缘。

同一年，在老师的鼓励下，我参加了由上海电视台主办的首届江浙沪越剧青年演员电视大奖赛，参赛曲目是老师亲授给我的《葬花》《焚稿》。老师请来了上海越剧院的乐队老师为我伴奏，还为我带来了老师自己的演出服装，比赛当天，老师更是亲自到后台来为我化妆、把场。

经过观众们手写投票和专家评选，我取得了大赛二等奖、花旦组第一名的成绩，老师很满意，我却很忐忑。上海电视台编导赵慧娟老师通知我到上海来参加颁奖礼时，我还不相信，还不敢来呢。颁奖现场，主持人小辰老师让我上台即兴发个言，我更是紧张得一个字也讲不出，鞠了一躬就逃下来了。

1986 年底，老师给我打来电话，问我愿不愿来上海，到她和徐玉兰老师组建的上海越剧院红楼团来学习工作，答案当然是肯定的。但那时，我在桐庐团已经是主演之一，担当着团里重要剧目的演出任务，下一年的演出计划也早已有所

首届江浙沪越剧青年演员电视大奖赛颁奖典礼留影
（后排左起）赵志刚、金静、单仰萍、张俐、韩婷婷、钱惠丽
（前排左起）肖雅、小辰、陈颖、许志英

安排。到老师身边学习、深造，团里是非常支持的，但离开后团里的演出难免会受到影响。

一边是老师的召唤，是红楼团的期盼，一边是桐庐团的培养，是团领导的挽留。是走，还是留，是我面临的又一次选择。

但这一次，我没有纠结太久，也没有想得太多。能够跟随在老师身边，到越剧的最高学府上海越剧院“红楼团”继续学习、工作，是我受益终生的幸运，也是老师顶着巨大压力促成的一次“大事件”。那时，我还不知道老师们为了把分

越剧《红楼梦》扮戏

1986 年徐王流派展演徐玉兰、王文娟老师与学生留影

别在浙江省三个地方越剧团的我、钱惠丽以及王志萍同时调往上海，经受了来自社会各方的舆论和压力。

其实，这么多年来，我一直都觉得，语言无法表达我对老师的感恩。因为，不仅仅是艺术道路，我的人生道路也得到了老师特别的关爱，是老师为我选定的美满的婚姻，可以这么说，是老师当年的呵护让我拥有了现在的幸福家庭。

回过头来看，当年的离开，一定是为了今天更好的相逢。离开桐庐，但我没有离开越剧，跟随在老师身边，传承着老师的王派艺术。来到上海，我站在了一个更大更高的舞台，演出着老师当年演过的经典剧目，也拥有了一些属于我自己的新的作品。我想，这五十年来，我是为老师争气的，是为桐庐争气的。

1987 年与王文娟老师同台演出留影

为什么是林黛玉

曹雪芹的文字，已经满纸皆是辛酸荒唐。

后世对故事的明智的改编，也就没必要重复关于青梗峰的缥缈虚无。

那一处诗意的栖居地，是中国戏曲舞台最后的春色如许的园林。

林黛玉，是每一个越剧王派花旦的终极梦想。老师的林妹妹太过完美了，美到让人爱惜她，仰慕她，模仿她，甚至想要成为她。没有一个王派花旦会否认自己想演《红楼梦》，想演林黛玉。我是王派弟子中最幸运的那一个吧，1987 年，刚刚进入红楼团，就参加了《红楼梦》全本大戏的首次复排，首演在美琪大剧院。

在复排之前，以学生身份参加红楼团的演出时，我经常也是合唱演员之一。非常难得的是，在我进团后，老师仅有的两次《焚稿》演出，我都在台下的乐池里，观摩着老师的一招一式，揣摩着老师的每一句唱腔、念白。因为乐池离舞台很近，所以老师细微的神情变化都可以看得非常清楚。

老师的《红楼梦》舞台版全本演出，没有留下影像资料。电影《红楼梦》的录像和录音带，我反反复复不知道看了多少遍，听了多少遍。现在只要提起这出戏里的一句唱、一句台词，我都会想起老师唱念每一个字、每一个腔的咬字、发音，唇齿清浊，轻重缓急。

这么多年来，我学《红楼梦》演《红楼梦》都是忠实于老师的一举一动的，电影版是我心目中最神圣的王派教科书，一辈子都学不够。如果说起，我比同辈的其他王派弟子幸运的地方，就是初到红楼团时期，近距离地观摩到老师在舞台上饰演林黛玉的宝贵经历。林黛玉，就是这样在我的脑海里刻下了深深的烙印。

老师的林黛玉，是电影里她从那乘轿子里出来后的第一个镜头开始吸引住我的。老师的眼睛里是林黛玉对贾府的所有的第一印象。每看一次，我都问自己，老师她看到了什么？这个名唤黛玉的林妹妹她看到了什么？

1999年，排演大剧院版《红楼梦》之前，导演给我们所有演员都布置了一个作业，每个人自选一个与红楼梦相关的情节，做一个小品。我选的是林黛玉离开父亲、离开苏州自己家之前，到母亲贾敏灵前辞行这个情节。原著里是没有这一段的。

且说黛玉自那日弃舟登岸时，便有荣国府打发了轿子并拉行李的车辆久候了。这林黛玉常听得母亲说过，他外祖母家与别家不同。他近日所见的这几个三等仆妇，吃穿用度，已是不凡了，何况今至

越剧《红楼梦》
林黛玉人物造型

其家。因此步步留心，时时在意，不肯轻易多说一句话，多行一步路，惟恐被人耻笑了他去。

“黛玉常听得母亲说过”，就是我为自己演出“黛玉进府”找到的所有凭据。

越剧《红楼梦》在幕后四句“乳燕离却旧时窠，孤女投奔外祖母。记住了不可多说一句话，不可多走一步路”合唱声中，展开黛玉进府的表演。林黛玉的出场没有唱词，没有念白，没有大幅度的身段动作，这四句幕后所唱，是人物的命题作文。我选的小品，就是为此而做。

第一次排演《红楼梦》全剧时，我已经25岁了。剧中的林黛玉进府时不会超过12岁，要演出12岁的女孩子对贾府第一印象的人物状态，这个年龄的设定就要体现贯穿到她的每一个眼神、转头、好奇、观望、思索、移步、拈袖之中。

回忆、寻找、印证、发现母亲讲述过的每一个细节，是我完成对老师黛玉进府复制的内在支撑。我给自己设计的是，黛玉走过了母亲告诉过她的那圈抄手游廊，绕过了那座雕梁画栋的垂花门，听见了那架叮当作响的大挂钟，还看见了外祖母寻常安座的暖榻高床……

黛玉进府演好了，林黛玉才能走进舞台中央的那束光，才能照拂在老师的身影里，走进每一个观众的心里。

越剧《红楼梦·黛玉进府》
单仰萍饰演林黛玉
章海灵饰演贾母
张永梅饰演紫鹃

花落知多少

许多人看着他们，从少男少女自然的轻柔的牵手。

他们有着不可分离的牵绊，从第一次见面，彼此就认定是遇到了相似的人。

他们只愿看到所有的好，相信只要用心就可以执子之手，与之偕老。

我的小朋友们（年轻越剧观众）喜欢《读西厢》，因为林黛玉和贾宝玉在这一场里第一次牵了手。这里，有一个小故事，记得第一次排这一段，我刚刚从沁芳桥上走下来，就被老师喊住说，仰萍，你不会花旦的台步吗？这是黛玉那个年纪的步子吗？我就一愣。当时我刚到红楼团，之前在桐庐常演的《春江月》《桐花泪》，是两部表现年轻母亲的剧目，人物台步偏向正旦。从那一刻起，我知道我的台步必须要走出一个清新脱俗的女孩子——林黛玉的样子来了。后来，老师为了让我身上多一些小花旦的轻盈、俏丽，还特意请了戏校教身训和台步的卢成蕙老师来帮我练功。

要演好《读西厢》里的林黛玉，不但要走出轻盈而不失书卷气的台步，还要有一双少女感的灵动的眼睛。此处的黛玉与宝玉的感情是朦朦胧胧的，这一场戏，也是整出戏里唯一的一场正面表现他们两小无猜的段落。他们嬉闹，淘气，追逐，打趣，说笑。

若说是漫不经心的花下闲谈，却又有着最单纯的情窦初起。这种美好，在全剧中只有一次。

越剧《红楼梦·读西厢》
钱惠丽饰演贾宝玉，单仰萍饰演林黛玉

我难道叫你去疏远她，那我成了什么人了呢？我为的是我的心。

我也为的是我的心，难道只知道你的心而不知道我的心不成。

这两句念白，是林黛玉和贾宝玉之间感情的第一次贴近，他们的内心第一次碰撞出了“爱情”。她看着他，他也看着她，只那么一望，两个人就都避开了，心动的感觉，就在刹那间一闪而过。

我刚开始排这一节时，当宝玉说到“我也为的是我的心，难道只知道你的心，而不知道我的心不成”，黛玉和宝玉有一个眼神的碰撞，老师会提醒我，这一个对视，你不能看得太久、太深沉，那样的话就像十八九岁很成熟的那种男女爱情，和其他的才子佳人没有区别，这时的宝玉和黛玉只有十三四岁，只是少男少女的情窦初开，对感情是懵懵懂懂的，猛然听到宝玉的“情话”，黛玉的眼神应该是有点惊讶，有点害羞，有点慌乱。也许演员只是多看了一两秒，但在观众的视觉里，就会出现年龄感的偏差。

所以，《读西厢》里的林妹妹看宝玉的眼神一定是灵动的，不能演得像十八九岁的女孩子。初恋感，就在这极短暂、极美好的一望之中。少一分，不足，多一分，就不像了。

虽然《红楼梦》是一部以宝黛爱情为主线的戏，但宝黛面对面有交流的场次并不多。除了《读西厢》，再有的一次见面就是《葬花》了。观众们最爱的那一段对白“（宝玉）好妹妹，你，放心。（黛玉）我有什么不放心的。我真不明白你的意思，你倒说说看，什么放心不放心的”，就是在宝玉握住了黛玉的手，四目深沉相望中叙说的。

看不尽满眼春色富贵花，说不完满嘴献媚奉承话。

谁知园中另有人，偷洒珠泪葬落花。

我排演《葬花》是在排演《读西厢》之前。当时为了参加电视大奖赛，老师

越剧《红楼梦·读西厢》

把我领到上海越剧院的排练厅辅导这一折。那时，我还没有排过王派戏，也没有排过《红楼》戏。第一次排练的时候，黛玉的出场，我不知道来来回回走了多少遍。从幕后退出来的这几步，那个感觉好难找啊。

幕后的这四句合唱，对于观众而言，是热热闹闹的游园，薛宝钗们“奢华”的集体退场，紧接着黛玉“孤伶”的独自出场。对于演员而言，前两句的戏眼在金锁之缘的薛宝钗身上，“偷洒珠泪”开始，所有的戏都集中在了木石之盟的林黛玉身上。

欢声笑语，犹在耳边，如何在背身出场的短短两句合唱中，把观众的注意力拢到葬花人的一步一移之间，每一个休止，每一个观众看不见的眉尖轻蹙，每一声观众听不见的心上叹息，都不可以轻易放过。

黛玉的背身出场是很别致的，在音乐前后对比鲜明的状态下，“谁知园中另有人”，黛玉背对舞台缓缓移步荷锄而来，“偷洒珠泪葬落花”，她低头拭泪慢转回身怅然回眸，这背影未闻声已传情。由明转暗、由欢转悲的氛围感被渲染得尤为贴切。每每再演《葬花》，我都越发觉得这个背身出场设计得自然巧妙。

程式化表演是戏曲演员内在的筋骨，是必修的基本功。不同于传统的写意风格，我所理解的王派的表演，揉进了更多的现实主义手法。台步、身训，是写意的，抽象的，轻盈的，舞台的；情绪、表达，是写实的，具体的，饱满的，艺术的。

为这一折所做的功课，对于我而言，就是揣摩：揣摩黛玉的背影，裙底的步态，低倚的颈项，微侧的脸颊；揣摩风过处的柳丝，花落时的芳径，送哀怨的横笛，满眼间的愁城。

我在演绎人物时，对自己的要求是应情、应景、应词。虽然对于剧本，作为演员我谙熟于心，舞台上的表演路径也已经规划完成，但舞台上的林黛玉从一踏步、一移足开始，就是因情而起，因景而感，因词而咏，《葬花》之难演，正在于此。

越剧《红楼梦·葬花》

越剧《红楼梦·葬花》

绕绿堤拂柳丝穿过花径，听何处哀怨笛风送声声。

人说道大观园四季如春，我眼中却只是一座愁城。

看风过处落红成阵，牡丹谢芍药怕海棠惊。

杨柳带愁桃花含恨，这花朵儿与人一般受逼凌。

这是一段纯叙述式的段落。不同于影视剧，舞台上的百花零落是非具象的，仅存在于林黛玉的咏叹之中。一两分钟前，众人游园时所见的晴空四月，繁花如锦，并不会这么快凋残成一座愁城，所以林黛玉所见所惜，所叹所葬，是属于她心里所见的另一座大观园。

这座大观园，是林黛玉与贾宝玉共读时那座大观园的遥远的镜像。那时他们在花树下共读，谈笑的是古人的闲话，喻说的是木石的因缘，掷开的是世俗的珍宝，拭去的是额角的晶莹。他们任性地牵了手，含笑地嗔了啐，“呸！原来是个银样镴枪头”。

也有朋友对我说，原著中的林妹妹总是清清冷冷的，笑，似乎是不对的。在我演绎林黛玉的过程中，我是这样理解的，林妹妹不但会笑，而且笑得很美，掩

越剧《红楼梦 · 读西厢》
钱惠丽饰演贾宝玉，单仰萍饰演林黛玉

越剧《红楼梦·葬花》

拢起手中的帕子，望着她眼前的那个混世魔王，笑得那么明朗，就像初春里的暖阳。

我想，那一天的林黛玉，她的心里、眼里，一定是暖暖的。这也就成了我后来在舞台上演绎她时的样子。浅浅的春风里，清清的书页的香气，肩倚着肩，字挨着字，一个是多愁多病的身，一个是倾国倾城的貌。

《葬花》里如果看不见这些，林黛玉的眼中也就不会有无言自羞的花魂共着鸟魂，本洁还洁的芳心和着琴弦。如果说，《读西厢》中的大观园是舞台上最生机盎然的园林，《葬花》更像是林黛玉赋予舞台中央的寓言，那么亲近的相伴，也终于会有那么一天，目送那个少年独自走向失落的大地。

花落花飞飞满天，红消香断有谁怜。

一年三百六十天，风刀霜剑严相逼。

明媚鲜妍能几时，一朝漂泊难寻觅。

花魂鸟魂总难留，鸟自无言花自羞。

《葬花》，是黛玉为曾经最诗意栖居地所写的一首诗。读懂它，就读懂了林黛玉。老师从教我《红楼梦》的第一天起，就这样对我说，《葬花》一定要让人感觉到一种凄美，唱词的绝美要体现在人物的形体上，每一个造型都要像一幅仕女画。

1999 年创排大剧院版《红楼梦》，写实化的唯美舞台把我对演绎林黛玉的自我要求放大到了极致。

多层次的舞台空间，从远到近，从高到低，有纵深，有宽度。从天幕到花树，从石阶到山丘，从楼阁到院落，从流水到春愁，落英缤纷的飞花，是真的，衣袖飘摇的风起，也是真的。而林黛玉是原著中唯一一个没有外貌服饰描写的人物，这就给我出了一个小小的难题——这幅令人身临其境的凄美的《葬花图》，我该怎样描绘？

它依着她的鬓影，轻软得像云的柔波。

每一瓣的芳沁，伴着温存的花气，是她给她的爱与永在。

清远、疏秀的她，在瘦人天气，小病初起，忍着几许泪珠儿，独把着花锄，悄立在花坡之上。她弱不胜衣，只是略微地回一回头，已经是楚楚模样。这是林黛玉在我心目中的那个姿态，我想，如果能够把这样的林黛玉呈现于大剧院版的大观园中，那一定是最完美的答案。

我的个子比较高，不算纤细，生活中性格也比较大大咧咧，除了脸还比较小以外，在外形上跟林黛玉娇娇弱弱的样子完全没有相似之处。记得大剧院版《红楼梦·元妃省亲》中，姐妹们选房屋馆舍时，有一句词“我爱那潇湘馆中千竿竹，与我一样瘦伶仃”，排练唱到这里时，钱惠丽经常会嘲笑我“长这么壮，还瘦伶仃”。所以，如何在舞台上呈现出明清仕女图般的黛玉形象，我是用心揣摩过的。

除了通过节食、运动，使自己瘦下来以外，我根据自己的形体条件，在细节方面做了一些设计，比如：站立时略微地屈一屈膝盖，相应地侧身倚低肩头，以柔和修长的 S 型姿态帮助自己勾勒出人物的基本的形体轮廓……包括脸颊和头部的侧转角度，都是根据所处的情景、相应的唱词、所处的方位、人物的心绪，等等，逐句定型下来，最终才能够呈现于舞台。

越剧《红楼梦·葬花》

冷月葬诗魂

当戏剧号令众人背过脸去，时间成为造成悲剧的那个原因。

不以意志力为转移，他们在摧毁中离散。悲哀，理所当然地弥漫大地。

教我《焚稿》这一折的时候，老师说，不要把此时此刻的林黛玉演绎成只有“怨”这一种情绪，除了幽怨，这个女孩子的心底里还有“愤”。

我是一个很少流泪的人，最初排演《焚稿》时，往往不能诠释到最好。我试着从人物的角度去理解她，林黛玉是有傲骨的，小女儿情状的凄凄惨惨、悲悲切切不符合林黛玉的人物设定。电影里老师的《焚稿》，唱到“紫鹃你休提府中人，这府中谁是我知冷知热亲”时，眼中的泪一直是噙着的，但眼神里是有光、有亮度的，并不是一味的绝望和黯然，黛玉的怨和悲是压抑的，只有忿和恨是有力度的。虽然黛玉珠泪已尽，魂归太虚，但她“质本洁来还洁去，休将白骨埋污淖”的傲骨还是那么清冷骄傲。

现在的观众仍然爱看《焚稿》，除了爱着《红楼梦》，爱着王派，爱着林黛玉，也许是每一个人都不愿意长大吧。舞台上的黛玉是她们重历自身往事的一种意象，是栖居在这个世界的一种忧伤或者焦虑的投影。

贾宝玉跟林黛玉虽然有着不可分离的牵绊，但从《焚稿》开始，最终要表达的，

越剧《红楼梦·焚稿》

越剧《红楼梦·焚稿》

越剧《红楼梦·太虚幻境》

是一种无法解脱的绝望，包括对人生，或者，爱情。他们，曾经那么诗意地栖居在这片大地上，结局，最终却是他们对自身的背离。

林黛玉感受到的是不可避免的离别的到来，就算尽其所能，试着阻止时间的流逝，或忘记，或拒绝想起，他们也不再是从前生活在那个诗意的世界——永远不会长大的两小无猜，你心我心。

后来的演出中，我似乎就在这一个点上和人物融合到了一起，也就是现在的观众们都会看到的潸然泪下和泪光里的林黛玉的愤懑。如果是经典版，《焚稿》之后，我就不会再出现了。如果是大剧院版，我还会在《太虚幻境》中与贾宝玉再次相逢，隔着云端和人群。

高山流水

当沉默的他和她，各自最后一次出现。

惊人的白色，宣布白昼消逝，荒谬的红色，沉入暗夜，而后离去。

钱惠丽是我在《红楼梦》中的贾宝玉，无论我们的这一版是被专家和观众誉为“黄金一代”也好，或是最默契的搭档也好，最重要的一点，钱惠丽确实是一位好演员。我和她的默契是在每一个节点、对视之中，就连气息都是同步的，当任何一方捕捉到舞台上即兴的灵感时，另一方一定会在第一时间感受到，并且给予照应，那种彼此间的契合化于无形之中，了无痕迹。她在舞台上的表演是很有张力的，是主动型的，有很强烈的刚性，而我作为花旦是以柔性为底色的，我们在舞台上所有节点和情绪的提领者，一定是她。她在舞台上是“大丈夫”“大男人”，是可以被依托的那个，而我往往是被呵护的那个。

我的紫鹃张永梅，是和我共同成就《焚稿》的另一半。如果说我们的《焚稿》是被大家认可的话，有一半的成功是属于梅子的。梅子是一个特别衬“人物”的演员，她的紫鹃也是真紫鹃，她的唱腔、她的情绪、她的每一个动作，哪怕只是扶你一下，都是在音乐里、在人物里、在戏里的。就像她端着药出场的那一段脚步，那一声叹息，全都是戏，只要她在台上，在黛玉身边，就是贴心贴意地为你想，

越剧《红楼梦·元妃省亲》
钱惠丽饰演贾宝玉，单仰萍饰演林黛玉

越剧《红楼梦·焚稿》

单仰萍饰演林黛玉，张永梅饰演紫鹃

越剧《红楼梦·焚稿》
单仰萍饰演林黛玉，孟莉英饰演紫鹃

这么多年的默契全部融在了黛玉和紫鹃的姐妹情中。

开场时，紫鹃小心翼翼地将药碗端到黛玉的面前，此时黛玉已是奄奄一息，我是不用睁眼看的，只要我的手稍稍抬起，就刚好能碰到碗，我刚想推开，怕药洒出，紫鹃就马上将药碗收回，满是细节；紫鹃坐到病榻边，劝慰、安抚黛玉，黛玉想起身，紫鹃又立即上前扶抱，黛玉的一举一动都在紫鹃的眼里心里。换了其他演员演紫鹃，我是会出戏的。

在这里，我还想特别感谢另一位特殊的“紫鹃”，就是老师舞台版和电影版《红楼梦》中的原版“紫鹃”——孟莉英老师。1987年初排《红楼梦》全剧时，团里安排孟莉英老师为我助演紫鹃。那时我25岁，孟老师已经是50出头了，紫鹃和黛玉这么大的年龄差距，演员都会有所忌讳。但剧中，除了宝黛的感情线外，黛玉和紫鹃的主仆情、姐妹情也是非常重要的一部分，紫鹃与宝、黛都有大量对手戏，《焚稿》一折更是重头和高潮。徐老师和王老师希望孟老师帮带我们这些青年演员，最终，孟莉英老师同意了。

排练的时候，紫鹃唱到“打开你眉上锁、腹中忧”，黛玉缓缓抬手，想自己撑坐起来，孟老师马上阻止我：“你自己撑起来做什么，紫鹃是用来摆样子的吗？”当黛玉看到诗稿、诗帕的那份痛心，想撕想扯，情感绝望，情绪崩溃时，我因为紧张，不敢松懈，身体会绷得很紧，就会显得有些僵硬。孟老师会马上提醒：“你要放松啊，你就靠过来，靠到我胸前。”孟老师提示之后，我整个人就很顺势地依靠在她怀里，那个距离和分寸就非常符合此时此刻的人物关系，紫鹃那份对黛玉的细致、周到、体贴得以无声真实地显现。

之前《焚稿》中还有一段情节，是紫鹃被周妈妈叫出去搀扶新娘，紫鹃一口拒绝，她唱道：“我紫鹃今日里，只愿听这病榻旁边断肠话，绝不捧那洞房宴上合欢杯，但等姑娘断了气，该把我粉身碎骨也不皱眉！”当时我们在新加坡、泰国巡演，无论走到哪里，只要孟老师唱到这一句，台下必定掌声雷动。每每听到这里，我都被深深触动，也会带动自己爆发出更多的激情，完成《焚稿》后半段的表演。很可惜，后来因为时间长度的关系，现在的舞台演出版本中，紫鹃的这段戏被删减掉了。

记得当年在美琪大戏院首场演出结束时，孟老师夸了我一句：“小家伙，还不错！”我当时那个高兴啊！我想不仅是高兴吧，更多的是感激是珍惜。如今我自己也到了这个年龄，再回忆起这些事情，设身处地想一想，给二十出头的青年演员搭戏，我可能也会有顾虑。孟莉英老师不计辈分，甘当绿叶，扶助了我的成长，这么多年来，我一直都记在心里。

关于《红楼梦》么，我还想感谢我的先生，我所有的戏中，《红楼梦》他是看过最多次的。对我的林黛玉提出过两个建议，一个是“万两黄金容易得，人间知己最难求。背地闻说真心话，但愿知心到白头”，为了表现“背地闻说”，我回避侧隐到垂花门后的步速和神情，被我先生注意到，他说，林黛玉就算是回避，

越剧《红楼梦 · 焚稿》

也是有人物身份的，不是一般小丫头偷听时躲躲藏藏的样子。

另一个，是《焚稿》中的“这诗稿，不想玉堂金马登高第”这一句，我持着诗稿的手姿位置，虽然我自己觉得是戏中相应的标准高度，但在我先生看来，这个手姿有些出离于人物奄奄一息的情境了，削弱了林妹妹的病重之态。他看戏看得很细的。

所以，我认真地听取了我先生的意见，也对着镜子琢磨了，哎，还真是可以调整得更好、更贴切。现在大家看到的就是我修改调整之后的表演。

有朋友不止一次地问过我，还会再演一次完整版《红楼梦》吗？我想在这里统一答复吧，《红楼梦》的林黛玉是我老师的经典之作，没有《红楼梦》也许就没有我成为越剧演员的那个小小的梦想，也就不会有老师与我的这一段师生之缘；没有《红楼梦》，我就不会成为王派花旦，我也就不会来到上海，不会遇到我的先生，也就不会有我现在幸福的家庭。《红楼梦》给予我的太多太多，林黛玉这个角色，我也从来都没有演厌过。你们问我会再演一次完整版《红楼梦》吗？我想对这么多年喜欢我、呵护我、支持我的老师、朋友和观众们说，我会的。

越剧《红楼梦 · 元妃省亲》

2

缘生再起
这世间总有人为你而来

越剧《孟丽君·赠画盟誓》

越剧《孟丽君·班师回朝》

越剧《孟丽君·书房相会》

越剧《孟丽君·献图起祸》

越剧《孟丽君·游园脱险》

越剧《孟丽君·内宫觐见》

越剧《孟丽君·金殿会审》

1980年3月，新编越剧传奇剧《孟丽君》在上海人民大舞台公演。王文娟饰孟丽君，丁赛君、曹银娣饰皇甫少华，金美芳饰元成帝，孟莉英饰荣兰，周宝奎饰皇太后，钱妙花饰太师，徐天红饰孟士元，一时大师云集，盛况空前。这里所列举的众多名字，在当时及后来的越剧观众心目中，是不可复制的天团阵容。

如果说，林黛玉是王文娟贡献给中国戏曲电影艺术的经典形象，那么孟丽君则是王文娟贡献给越剧舞台艺术的巅峰巨制。

这年，王文娟54岁，对于越剧旦角演员来说，已是艺术创作的高龄时期，而且孟丽君这个人物在舞台上几乎都是以小生的形象出现，但又不同于越剧擅长的才子佳人的女小生形象，要成功塑造这一艺术形象难度之大可想而知。

凭借出神入化的表演、新颖悦耳的唱腔，《孟丽君》很快征服观众，连演数月，场场爆满，广受好评。由著名越剧作曲家金良创作的《孟丽君》中的许多精彩唱段，既好听又好唱，既感人又富有新意，在观众中广为传唱。可以说，《孟丽君》的成功演出，进一步确立了王派唱腔在越剧流派中的地位。

1989年，即将在两年后卸任红楼团团长一职并退休的王文娟，将《孟丽君》全剧亲授给弟子单仰萍，红楼团建团后全本《孟丽君》首次复排的重任，就这样压到了年仅27岁的她的肩头。

我的老师一生主演了许多不同题材的剧目，塑造了许多性格鲜明的舞台艺术形象，可以说，前半生是以《红楼梦》中的林黛玉登上了越剧艺术的巅峰，后半生则是以《孟丽君》中的孟丽君作为丰碑，为世人所敬仰爱慕。老师的艺术人生堪称完美。身为老师的嫡传弟子，我有幸在她的教诲下，既传承了《红楼梦》，又接下了《孟丽君》这一重任，内心充满着感激。

从桐庐到上海，从县剧团到红楼团，从演绎浙江民间传说的《春江月》《桐花泪》到殿堂级、国家级的典藏作品《红楼梦》《孟丽君》，是我以前想也不敢想的越剧之“梦”、王派之“梦”，当然，我自己也知道，除了幸运，把《孟丽君》传授给我，是因为老师希望我在舞台上更加灵动些，更加有性格一些。

老师对我的爱护，常常都是以这种只有她和我师徒两个人懂得的“严”传身教的方式存在的。从零开始，从无到有，重新拓开唱腔、身训、表演、人物、行当，掌握王派舞台艺术“性格”演员的要领，这是老师为我指定《孟丽君》的根本原因。

越剧《孟丽君·班师回朝》

少年，你的性别

仙羽的重檐，暖晴的光拂过晨星的风。她天街独步，鹤宇轩昂，衣冠礼乐，典领百官。丞相邦之重，非贤谅不居。外有战乱纷扰，内有忧患倾轧。安乐的元成帝最不耐烦上朝，各怀心事的臣工做各样的文章，字那么多而纸那么轻，时常欢喜的元成帝忽而就生气了：那么依丞相之见呐——

朝会往往因为这个问句画上句号，元成帝至少还有一个优点，矫情写在脸上却还能听人劝，庸而不昏已是难得。

位列三公之首，调和天下鼎鼐，少年丞相孟丽君，俊朗如天上的明星，温润如昆仑的白玉。元成帝从来都没想过，得此集智慧与才华于一身的贤士俊才，须透支上天多少眷顾和厚爱。

孟丽君在剧中，绝大部分时间是官生。从林黛玉到孟丽君，这个跨度，不是一般的大，应该说，是天和地的差别了。

我们越剧女小生，是中国传统戏曲中极具代表性，且有独特审美内涵和艺术魅力的。《孟丽君》的表演手段和技巧是有难度的，孟丽君之所以是孟丽君，不是草桥结拜、十八相送的祝英台，也不是三试才子、乔妆诗郎的苏小妹，她是天子重臣、调理朝政的郦丞相。林黛玉、祝英台和苏小妹这些我以前演绎过的人物身上，没有可以借鉴给孟丽君的经验。

越剧《孟丽君·班师回朝》

开排之前，老师就让我先去学小生的台步。京剧表演艺术家孙正阳老师对我说，一个演员，台上功夫好不好，身上稳不稳，就看脚下溜不溜。这说的就是戏曲演员在舞台上台步的重要性。作为官生，孟丽君的台步，是我要拿下的第一门功课。人物出场不用说话，不用唱，甚至不用你亮相，只要你脚步抬一抬，官靴底子亮一亮，这个人物有没有，观众和内行就都知道了。

小生台步帅气、精神，看似很简单，好像也蛮容易学，可是我一练吧，全不

越剧《孟丽君·班师回朝》

对了。虽然我个子比较高，孟丽君的扮相对我来说比较讨巧，但是几位老师看过我的排练、演出之后，觉得我整个身段还是“软”，不够硬朗。孟丽君大多数时间，是穿蟒袍，托玉带，如果功架太软，怎么还像一个天子重臣，一个能令满朝文武信服的丞相？观众的视觉感受也会质疑，这个丞相能理国事吗？老师也马上指正我，托着玉带的手，不应该是塌懈的，而是要一直端着的。

所以排练的时候，我就更加用心仔细观察其他几位小生演员的台步，并要求她们帮助辅导我练习。怎么抬膝，怎么出脚，怎么钩脚面，怎么露靴底。梗头、立腰，还有眼神和亮相。边看边学，慢慢地，“丞相”孟丽君的感觉越来越好起来。

同时，老师为了提升我们独立自主的创作意识和人物表演的准确度，首排时还为我们请来了著名京剧导演马科老师，在马老师的指导和引领下，我们逐渐靠近人物状态，走进人物内心。也是在老师的鼓励和支持下，我开启了塑造人物的新阶段。

孟丽君化身丞相的第一次出场、第一个亮相，是我每次演出最期待的。一声“臣领旨——”，提襟，端带，转身，正冠，亮相！

号炮响，鼓乐鸣，幡卷东风，喜少华，得胜归，威震三军。
不枉我三年履险伴帝君，扑朔迷离掩芳容。
不枉我保他出征赴边戎，国仇家冤铭心中。
喜盈盈招唤贤契上朝去——

对于孟丽君来说，此时的她，既有与恋人少华久别重逢后的无限欣喜，三年履险的多少感慨，亦有代皇帝迎接少华凯旋的荣耀使命，更有丞相元帅回朝复命的庄重礼数。这是全场的焦点，也是全剧的亮点！是观众对孟丽君的期望，更是我对“孟丽君”每一场演出所展现的兴奋、敬畏与期待！

轻喜剧

没有人知道她从哪里来，正如没有人知道她会向哪里去。

在旁人口中，一个女子的故事无关痛痒。只有身披风霜的少华，生怕她受了委屈含恨死了。朝会的人都在笑，看别人的伤疤总是趣味无穷的。

她静静地看着他，听他把她的委屈说给人们听。千里万里从彩云之南到这里，她是为了他。他愈是焦急，她的心愈是安然。

1980年3月，老师首演《孟丽君》之后，同年7月就录制完成了这部戏的舞台艺术片。这是我观摩学习老师这部戏的最重要的资料之一，艺术片忠实地记录了老师塑造人物时的每一个表情细节，这在观看现场演出时是不太容易把握、记住的。每次看这部片子，我都会为老师处理细节的手法而折服，细腻到精致、精妙、精彩。

作为一部宫廷轻喜剧，《孟丽君》第一场就是天子临朝、群臣舌战的“群戏”。孟丽君的台词不多，却是戏剧矛盾的焦点，也是群臣舌战的核心。天子请她作指教，大臣们要她拿主意。孟丽君的主客观反应是非常繁复的，无论是喜是悲，内心泛起阵阵涟漪甚至是波澜，她都要侃侃而谈，应对自如。一个点头、一声叹息，或是一个意味深长的仰天大笑……这些细节是剧目赋予人物的特征，都需要我们

越剧《孟丽君·班师回朝》

单仰萍饰演孟丽君，郑国凤饰演元成帝，蔡燕饰演魏太师通过基本功和对戏曲技巧的全面掌握，通过自己对人物的理解，把这些演活、演细，演得没有表演痕迹，做到人物真实。

作为孟丽君和皇甫少华久别重逢后的第一次正式见面，与少华有直接关联的那几处细节，孟丽君的情绪和表达也各有不同。比如，代敬御酒时，敬天、敬地已毕，当回身放下酒杯，与少华四目相对的那一刻，她的心中有赞许，有深情，有爱意。但对少华的反应，她眼中闪过的是一丝担忧和顾虑，继而马上恢复平静。

当少华在皇帝面前申诉孟家冤屈，告白陈情时，孟丽君听得是很入神的。此时孟丽君的情绪随着少华的诉说，陷入对骨肉分离的回忆、回味之中，虽然伤感，却是含蓄、克制的。直到少华直言“愿以己之功，折他（孟父）之罪”时，孟丽君猛地站起，紧紧握拳，暗暗点头。这个反应，是丞相的，也是孟丽君自己的。少华的热忱和毫无保留，深深地打动了她——孟家的不白之冤，是她心底里最深的痛。第二次同为条件反射的起身，是当少华坚定地道出“我就找她一辈子”的豪情壮语，她眼睛里写满了感动——少华的深情厚谊，是她心中最大的慰藉。

这一场里，还有一个亮点，是孟丽君的那一大段念白：

臣闻说从前有一孔门弟子名唤曾参，他父母每次举棒打他，他是小棒打愿挨，大棒打逃走。他父母问他这是为何，曾参答道：小棒打不会有伤，大棒打可致夭亡，若将孩儿打死，岂非要加重父母的过错？如此，他父母再也不使大棒了。万岁，曾参之言，推此及彼举一反三，那冤狱受刑好比大棒打子，孟丽君若不逃走，岂非也要加重朝廷的过错？孝子事亲，大棒可走；忠臣事君，冤狱可逃。此乃先辈圣人之遗训也。

我们戏曲中的大段念白，是很考验演员功力的。要念得字字清晰、声声入耳，有情有理，声情并茂，要让观众听得清，还要听得懂。编剧吴兆芬老师要求我，这一段念白要逐字加强，由慢而快，迭迭推进，念到“此乃先辈圣人之遗训也”时，掷地有声，孟丽君情绪激扬且激动，晓之以理，动之以情，借古论今的表达，

越剧《孟丽君·班师回朝》

也是她内心中自我情感的宣泄。我记得，那年在台湾演出，演到这里的时候，剧场里异常安静，等到我一气呵成，念完这段念白时，全场立即响起热烈的掌声，我心里一下子就踏实了。

《孟丽君》，可能是最接近莎士比亚宫廷喜剧的越剧作品。平庸的皇帝，聒噪的弄臣，女扮男装的姑娘，忍辱负重的忠良，忠贞不渝的爱情，啼笑皆非的误会，欲盖弥彰的陷阱，滑稽与危险，讽刺与智谋，可以在莎翁的同类作品中找到许多相似的元点。善良的编剧和观众，总会让集美貌及智慧于一身的女主最终赢得这一场原本属于男子的争斗。

《孟丽君》，可能是最与众不同的越剧作品，却是最越剧的。易装的女主角，无时无刻不在用越剧自己的方式传递着她的内心与表达，无论她是站在舞台的中央，抑或是暂坐于舞台的侧座；无论她是全场的焦点，还是舞台上的聆听者。这是一部以她的名字来命名的作品，无论她在舞台的哪一个位置，全世界，为她而来。

情节的复杂，更需要我们用无数细节去搭建人物的状态和灵动性，这是原著的魅力，是老师创作人物的功力，是孟丽君最吸引人的地方，是我在表演中不断揣摩、修正、调整的重点。而且，现在的很多年轻观众会反馈给我，她们看戏就喜欢看这些点，她们是会抠细节的。（笑）观众对舞台的认知、对演员的要求是很高的，甚至是越来越高。一个演员好不好，不仅要看你的重头戏，你在台上的每一分每一秒，都是艺术和观众考验你的时刻。我想，最好、最简单的方式，就是把戏演好。

不辜负，是我一直以来对舞台的承诺，也是对观众的。

在爱人的眼中有光芒

天下，看过就可作罢。

夙愿，与爱着的人携手回家。

《孟丽君》这个戏，我特别喜欢，每一场都喜欢。虽说是六场戏都安布得满满的，每场戏都要很紧张地赶妆，可演起来没有很累很压抑的感觉，每每演来都特别有敬畏心。可是说来也怪，像第二场《书房相会》，我却总是会忘词，明明烂熟于心，但越是喜欢，就越是紧张，越是怕忘词，就越是会忘，还总是在同一个地方忘。不但我自己忘，有时候也会惹得瑞虹陪着我一起忘。（笑）

《书房相会》是全剧唯一一次丽君以“私人”身份和少华见面，而且是在少华家中的书房。但就是这唯一的相见，我们的编剧兆芬老师也没能让丽君在这一场里有说出真相的机会。初排全剧的时候，我就一直在想，丽君为什么不告诉少华真相呢？真着急。少华唯丽君不娶的执着，以命相护；丽君渊图远算的深情，痴心相许。越是两个人都为着对方筹谋着，越是不能说出真相，这可能就是《书房相会》好看的原因吧。

这场孟丽君和皇甫少华之间的对手戏也很精彩，要把孟丽君外在的丞相身份和内在对少华又爱又恼、又疼又惜的细腻感情融合在一起，演员之间你来我往的接口、对白一刻都不能掉板，慢一秒快一秒都会影响整个戏情戏理的准确表达。《孟丽君》是我和瑞虹搭档的第一个戏。和瑞虹在台上，我们的配合度是极高的，节奏、气口和情绪都很默契。瑞虹把皇甫少华的性格刻画得细腻、真实，盼望丞相过府的热切溢于言表；见到丞相之后的旁敲侧击、左右试探，也都非常贴切、到位。莽撞中的执着，可爱中的可敬，又像极了她自身的个性，也很符合范派的特征，带给孟丽君的是满满的担当和安全感。

《书房相会》特别能体现王派的唱腔特色和细腻的情感表演。因为这段中有孟丽君对爱情最真挚的表白。整场虽然还是男装，但心理层面是个女性，是对爱人的重视，对未来的向往，也是做高官后卸下伪装，对亲人推心置腹的倾诉。当孟丽君来到书房，寂静无人，唯有那幅她亲手描绘的自画像迎面而在，心中的感慨油然而生，“见画像百感生，三年旧物安无恙”。这一段唱，当初金良老师在

越剧《孟丽君·书房相会》（单仰萍饰演孟丽君，章瑞虹饰演皇甫少华）

设计唱腔的时候，向我的老师建议采用六字调谱曲，虽然这种调式以前王老师从未唱过，但她欣然接受，爽快地回答说：“好的呀，你来写，我来唱。”据说在试唱时，为了正确抒发孟丽君突然见到自画像后“触景生情情难藏”的内心思想活动，老师在唱法上做了多次调整，最终决定在保证咬字清晰的基础上，采用弱化喷口的力度并以中小音量为主的唱法，使唱腔柔情绵绵，与人物所处的环境紧紧吻合，取得了很好的艺术效果。六字调，也成了王派唱腔中富有特殊色彩的一种调式。

我还重点揣摩了这一场孟丽君的三个情绪层次，而这三个层次是伴随少华三次呼唤“孟丽君啊孟丽君”来推进展开的。少华托病的目的只有一个，夫妻相认，早日完婚，他所有的比喻、表达都是围绕这个目的，丽君的自画像便成为两个人话中有话、欲说还休的媒介。当少华面对眼前人时，他还不得不依照对待丞相之礼，

越剧《孟丽君 · 书房相会》

越剧《孟丽君·书房相会》

尊称一声“恩师”，言行举止不敢有违礼数；当少华心急气闷之时，他便会转向画中人，诉说几声对未婚妻的知心之语、埋怨之言。

为了掩饰自己女扮男装的身份，当孟丽君唱到“贤契呀，好风来时蓬才张，青云有路终能上”时，老师在唱腔处理上，特别借鉴和吸收了著名老生演员吴小楼的一些音乐元素，把丞相的身份、架势表现得令人忍俊不禁。但耿直鲁莽的皇甫少华却并不理会，继续向孟丽君表白“我一片真心唯天表”，责问她“无动于衷为哪桩”。这是少华在诉说完他与她的海誓山盟之后，却未得到想要答案的“抗议”。

此时，孟丽君有一大段极具王派特色的尺调慢板唱腔“他那里字字句句诉衷情”，旋律优美、起伏有致，其中“诉衷情”“九回肠”“全不想”“不体谅”都是王派唱腔中常用的语汇，演唱时运气要自然顺畅，有些字要强一点，有些字要弱一点，要把“方方寸寸九回肠”的那种感觉精致细腻地表达出来。有些唱词，还要注意采用断音或顿音的唱法，比如“诉衷情”的“诉”，“九回肠”的“回”，“酸溜溜”的“溜”，“挖苦我”的“挖”，都要用断音来加重语气，强化唱词的内在意境。再如“水未落”的“落”，“石难出”的“出”，“怎明讲”的“讲”，则要用顿音来描摹“伴君似伴虎”的复杂的思想活动。这几句唱词都是孟丽君的内心独白，旋律、节奏、唱法都不要太复杂，但吐字一定要清晰，这样才能把孟丽君“难煞人的处境”明明白白、清清楚楚地传递给观众，才能赢得观众的共情，取得良好的艺术效果。

少华：孟丽君呀孟丽君！我与你明明近在咫尺，却如同陌路！你呀你呀！

在人物表现上，就在她低眉思量的这一刻，少华喊出了“孟丽君”。对少华的这第一声直呼其名，孟丽君是没有心理设防的，她下意识地抬头看向少华，少华马上转身看向画像，孟丽君无奈地暗自摇头。这个表演我们彼此是心中有数的，孟丽君的淡定、平静，在少华看来却像是不近人情，是莫名的冷漠。作为深爱着

她的那个人，透过她的眉宇秋波，他并非不懂她的心事。她所忧虑的欺君之罪、连坐之刑，他无所畏惧，他早已准备好为她赴汤蹈火。他所求的只不过是她的一个确定和确认。

你若再把时间误，你不申诉我申诉！你若再不夫妻认，我定当你薄情负了我！

在少华说出这句狠话之后，有一段非常经典的间奏。这一段旋律是孟丽君在那一刻百转柔肠、千般委屈、万种酸楚的写照，人物的情绪在这一刻被推到了极致——她的爱、她的恨；她的幸运、她的险境；她的爱人、她的敌人；她的命运，她的生死……在少华毫不掩饰的怨怼面前，孟丽君的心被揪紧，被融化，被误解，被放下。她忍住眼底的波澜，欲说还休，欲进还退，她那一个转身之后背身而立，她的背影里写满了无奈，也写满了她对少华的那一片心、那一片情。在这一段表演中，无论是身段还是表情，孟丽君的女性特征会处理得比较明确，她的善良、她的温柔，甚至是一点点的娇嗔。

听少华，话语急切情意真，声声犹催夫妻认。
人说道，雪里梅花早知春，他却像晚开的木樨不接讯。

百日期限将满，少华急，急的是夫妻相认。丽君也急，急的是少华不接讯。因此，在随后“听少华话语急切情意真”这一段尺调中板唱腔中，开始四句旋律基本上是在中高音区迂回盘旋，句幅拉长，节奏展开。老师说，皇甫少华性格虽然鲁莽，但他是多么有情有义啊，所以演唱时气息一定要饱满，咬字一定要坚实，这样才能把孟丽君既感动又无奈的精神状态充分地表达出来。

越剧《孟丽君·书房相会》
单仰萍饰演孟丽君，章瑞虹饰演皇甫少华

事实上，孟丽君所想到的确实要比少华多得多。她还要查清牵涉父亲冤案的彭泽案情，等待全身而退的绝佳机会——太后寿诞，而且她所要的全身而退，不仅仅是她自己的，她也希望安然是她和他两个人、两个家族的。为了“安然脱险夫不惊”，孟丽君只能暗示，不能明说，所以唱段的后半部分采用清板的形式，半抒半叙，旋律以中低音为主，句幅缩短，节奏收紧，演唱的时候，一定要从容镇定，既劝说少华不能莽撞，又不能使少华失望。润腔切忌拿腔拿调滥用各种装饰音，要朴实一点，才能达到完美的戏剧效果。

少华：孟丽君呀孟丽君！你倒是说话呀——

如果说在听到这一声呼唤之前，孟丽君只是在心中埋怨少华像是晚开的木樨不能明白自己的心事。再次听到少华直呼自己的闺名，孟丽君第一次给出了相对直接的回应，她也是第一次借助“画像”说起了“画像”。

明明就是画中人，却不能直抒胸臆，是孟丽君的不得已，也是孟丽君传递给少华的再一次明确的暗示，是人物情绪和关系的加强说明。但少华却没有领会丽君的深意，她的借画说画反倒让他更加沮丧。

少华：孟丽君呀孟丽君！你的心也太狠了啊——

此时，孟丽君的情绪再次发生转变，面对少华的“步步紧逼”，孟丽君的心里话是“你错怪我了”。但当少华翘首以盼回首望她的时候，她只能说：“这是你错怪——（指画）错怪她了。”并在最后关头回归于理智：“既然她敢逃冤狱走天涯，定是个烈性女子有志向。你恩重如山对待她——她定会情深如海来报偿。”郦丞相差一点就要变回孟丽君，少华的寻妻之路马上就要成功，却因未来公婆的到来回到了原点。

越剧《孟丽君 · 书房相会》
单仰萍饰演孟丽君，章瑞虹饰演皇甫少华

淡定自若

她亲绘的女妆画像卷起巨浪。

皇帝的眼中再不见丞相，满满只是勾魂摄魄的美貌，庸而不昏画上句号。她像往常一样，去其沙砾，剔出珠玑，把道理讲给不甚讲道理的皇帝听。

她越是看起来很从容，她的脚下越是荆棘密布，她越是在微笑，她的处境就越是险象环生。她举重若轻，是因为她所承受的，是父母之冤未申、鸾凤之愿未酬的沉痛。她足智多谋，是因所深陷的是天子荒唐昏庸、权奸阴险狡诈的困境。

我要特别感谢的是我们这个戏的编剧，著名剧作家吴兆芬老师。在孟丽君的演绎上，兆芬老师对我也是特别关注，给予我很多指点。那时，兆芬老师都是跟着我们巡回演出，我们在台上演，她在台下拿笔记，每天演出中出现的问题她会都记下来，演出结束后，她会对我说，妹妹呀，今天你这个字的音念得不对，或者今天你这个地方的感觉没有出来。我印象最深的是兆芬老师对我第四场《游园脱险》的指导意见，一直到现在，我都记着。

有一次兆芬老师看完演出，就来找我说：妹妹呀，你游上林出来这么紧张干什么，不用这么愁眉苦脸的。我看你一副心事重重的样子，这些都不要，你要记住孟丽君是胸有成竹的，她跟荣兰已经做好了应对措施和安排。再说以孟丽君的

越剧《孟丽君 · 游园脱险》

著名剧作家吴兆芬老师与单仰萍合影

智慧和才能，对付这个小皇帝，绰绰有余。只不过有一个环节是君臣骑马过桥，因为你是女子，这个地方的形体动作会有一些透露，但其他的地方，脸上一定是淡定自若，尤其要记住，不要因你的表情而给观众带来压力。

我就和兆芬老师说，我的理解是总归还是有点担心的，那么兆芬老师就跟我讲，就算是有一些担心，你的眼神里面，你的笑容里面，有一点点就可以了，观众就能够感受到你的担心了。但是你给大家，特别是给皇帝的感觉不能是你没招了，那就等于是孟丽君的女态露出来了，这就不对了，这一场戏的味道就变了。兆芬老师这句话，我是很受益的，这也使得我在演绎孟丽君以及后来的人物状态上，都会特别注意表演的分寸感。

越剧《孟丽君·游园脱险》
单仰萍饰演孟丽君，郑国凤饰演元成帝

越剧《孟丽君·游园脱险》
单仰萍饰演孟丽君，郑国凤饰演元成帝

《游园脱险》在全剧中也很有看点，是君臣智慧博弈的对手戏。除了两个流派的经典唱腔，压鞭挥柳、惊马上桥等动作的衔接运用，也让这段戏有了诙谐风趣的色彩。皇帝此时已基本确定孟丽君的身份，布下天罗地网只等丞相；丽君对于皇帝的心思也已心知肚明，胸有成竹相机而行。

皇帝假意赏园观景，唱至“看云中此鸟乃是恩爱禽”直接抓住丽君的手，这里的处理是脸上稍有变色，立刻恢复镇定，“臣只闻此鸟识礼仪，你看它该后不前排字行”，指尖由雁至人，既有答又有讽。再到“问郦卿，人若钟情情何了”时，孟丽君的马鞭被他压住，尝试两次挣脱不了，这里有个短暂的停顿，再抬头，计上心来，笑过之后淡定唱出：“才疏不识相思草，臣只闻自尊自重有含羞草。无知草木若有情，遵理训，人情当比草情高。”用余光观察皇帝的反应，看准时机，趁其不备迅速抽出马鞭摆脱压制。《游园脱险》很考验演员的节奏和分寸感：小皇帝吟诗挑逗，风流自成；孟丽君以诗回怼，巧避困境。挥柳试真时，孟丽君会有一点点露出女子的状态，但发现皇帝是故意为之，并在暗中观察她的一举一动时，马上恢复男子气势。在骑马上桥时，孟丽君原本就心中有恐，此时皇帝又趁势挥鞭惊马。在这里用到了勒马、翻身、栽步等身段来表达马惊人险的状态。亦静亦动间，虚拟与真实的呼应，人物关系、内在情绪和外部表达形成统一。

我与郑国凤一出《孟丽君》合作了几十年。她生活里风趣幽默，跟这个小皇帝也挺像的，每次见面她都喊我“孟丽君”，从来不叫名字的，对我常常是“你说什么就是什么”。她的舞台节奏也比较松弛，就像她唱腔中小腔的处理，非常轻松流畅，这是她的表演风格。那么，她在处理某一个细节的时候，可能每次都会不一样，那我也会马上按她的状态进行调整，也是要相机而行的。（笑）

终与美人归林下

天子设局，她独自应对。荷九重之恩宠，不易清操；负松竹之高洁，终持亮节。渔樵喻，含羞草，绵里藏针，锋芒不让。很多人说皇帝还是可爱的，因为他对丞相的那一份敬重还没有完全删除。太后更是在最关键的时刻为她把握住了全局。

孟丽君后续进宫见太后、太师，在规定情境下，孟丽君也很清楚太后、太师已经知道了自己的真实身份了，那么这个时候可以稍稍地露出一些女孩子的神态，让这些疼爱你的长辈们，更加疼爱你，才会来保护你，帮你想办法去处理好后面的事情，所以要把类似这样的神情传递给太后、太师——我需要您的保护。

金玉之言我领教，感谢太师来忠告。

失火事一之为甚岂可再，下官心中已明了。

只是相府失火事还小，已劳太师把心操。

若是宫廷有失慎，擎天华厦栋梁摇。

万岁太后天之骄，防患未然更重要。

望太师多谨慎，莫使那圣上太后受惊扰。

越剧《孟丽君·内宫觐见》（单仰萍饰演孟丽君，吴群饰演皇太后）

越剧《孟丽君·内宫觐见》（单仰萍饰演孟丽君，蔡燕饰演魏太师）

兆芬老师提醒我，在唱完这一段之后，孟丽君可以是被自己吓出一身冷汗的。毕竟这一刻，她是在为自己求得一线生机，是生是死，就在此一搏之中。这一场，看上去是祝寿献画，实际上是孟丽君与太后、太师之间的一场“谈判”，利害得失，轻重权衡。太后、太师能否接纳孟丽君的诉求，直接关系到她和她的家族，以及皇甫家族的命运。这是泼天大祸、滔天之罪。

当然，孟丽君是幸运的，遇到的是欣赏她、爱护她的太后。我在这里的处理，是让孟丽君在拜别太后起身离去的那一刻，用完全是女孩子的那种可爱的眼神偷看一眼太后。在得到太后、太师的反馈之后，孟丽君松了一口气，运用了一个甩袖的动作，在这个动作里第一次完全露出女相，传达出人物内心的情绪。

《孟丽君·游上林》剧照

越剧《孟丽君·后宫陈情》

江南那场雨，酿成你眉如画

谁终将声震人间，必长久深自缄默；谁终将点燃闪电，必长久如云漂泊。尼采所切中的几乎是世间所有杰作的命运。

17 岁的陈端生在北京秋天的夜里，提笔写下："闺帏无事小窗前，秋夜初寒转未眠。灯影斜摇书案侧，雨声频滴曲栏边。闲拈新诗难成句，略检微词可作篇。今夜安闲权自适，聊将彩笔写良缘。"三年后，跟随父亲转任至山东，待字闺中的端生因为生母去世而黯然搁笔，其时《再生缘》刚刚写完第十六卷。又三年后，端生回到故乡杭州，嫁给范氏。

陈端生大约从来都没有想过，自己笔下的孟丽君将会是她命运的预演。悲欢离合，生死契阔，在别人读来是一页纸一个故事，在陈端生是为人们所淡忘的寻常女子的一生一世。

最终，陈端生用了一年的时间写完第十七卷。起头时，芳草绿生才雨好，收尾时，杏花红坠已春消。良可叹，实堪嘲，流水光阴暮复朝。别绪闲情收拾去，我且待，词登十七润新毫。

《再生缘》终于没能等到属于自己的大结局，后人所见到的二十卷本《再生缘》由女作家梁德绳续稿完成，由女作家侯芝整理为八十回本，流传于世。

导演孙道临老师指导拍摄戏曲电视剧《孟丽君》现场留影

孟丽君这个人物身上，或许汇集了古往今来，女孩子最美好的梦想，她的聪慧、她的锋芒、她的机智、她的幸运……所有的美好如意都给了这个特别有性格的女孩子。她既拥有皇甫少华这样痴情的恋人，又有元成帝这样懂得欣赏她、倚重她的天子，当然最终，她还是友善地拒绝了天子的示好，选择了恋人，走入幸福的婚姻。

老师对孟丽君是情有独钟的。1996 年，王老师不顾 70 岁的高龄，克服种种困难，毅然决然地把《孟丽君》改编成十集越剧电视连续剧，搬上荧屏，为后人留下了这部不朽的艺术经典之光。我也有幸参与其中，在剧中扮演了皇甫少华的姐姐皇甫长华。

拍摄期间，我全程跟随在老师身边，见证老师为了塑造人物，对自己近似严

戏曲电视剧《孟丽君》现场留影（王文娟饰演孟丽君，单仰萍饰演皇甫长华）

酷的要求。老师严格地控制着自己的形体，为了展现最好的化妆效果，每天长时间地吊眉、修容，脸颊两侧粘贴胶水胶带的地方都严重过敏、脱皮，但老师都坚持下来。

我还记得，拍摄孟丽君逃婚、藏身山林那场戏，为了完成好在山间小路上摔倒的镜头，老师一遍又一遍地真摔倒下去。拍完之后，每一个镜头都要亲自过目，只要对自己的动作不满意，就会对孙老师说：道临啊，我再来一次。看着老师那么大年纪还要亲自完成这么危险的动作，我真的是很心疼。但老师对艺术就是这么严格。

所有光彩照人的艺术形象，都是打磨出来的。如果没有老师的《孟丽君》典范在先，我不敢想象这个人物该怎么演。因为曾身在现场、亲睹老师的表演过程，有这种近距离的观察、化用到自己表演中的经验，才会有我在演《孟丽君》这个戏的过程中不断地成熟。

那时，兆芬老师为我记录的《孟丽君》演出笔记，就像是我不断成熟的鉴证，随着所记录的“问题”慢慢变少。直到有一天，兆芬老师对我说，妹妹呀，今天只记了一条，其他都不错。

现在想想，其实我们这版的《孟丽君》是一直陪伴我、章瑞虹和郑国凤，一起成熟成长的一部很关键的剧目，当然，还有我们的太师、太后、国丈，等等，是整个剧组精益求精优秀的表演状态，让这个戏群像群塑、妙趣横生。

随着表演的成熟，我也会在这个戏里放进我自己的理解和处理。老师对我们学生的表演创作都是鼓励和支持的，我所做的尝试和变化，也都是在老师的帮扶和认可下形成的。

传承《红楼梦》《孟丽君》时，我只有二十六七岁。老师和前辈们的光环是那么夺目，我就像是被宠着的婴儿，跟随在宗师身边积累传承，比现在青年一代演员的创作氛围要安逸得多。若干年后，也很平顺地拥有了属于我自己的黄金创作期，其前提和基础，恰恰是黄金年代的传统剧目对我的艺术哺育。

很多青年演员很向往《红楼梦》《孟丽君》，以我自己的艺术经验来说，学习王派的演员，宗师的戏一定要多

2020 年元月于上海大剧院演出越剧《孟丽君》谢幕留影
单仰萍饰演孟丽君，章瑞虹饰演皇甫少华，郑国凤饰演元成帝

越剧《孟丽君 · 金殿会审》

看，宗师的唱腔资料一定要多听，要像刻模子一样，这是第一位的。初入王派的青年演员，要尽可能多地积累一些王派的其他传统剧目，从而熟悉王派艺术的特点、表演技巧、唱腔规范。为了排演《孟丽君》，老师当年先排演了传统老戏《沉香扇》的片段《书房相会》，合作者是丁赛君老师。多年以来一直扮演花旦角色，老师对于自己女扮男装的形象、表演方式及观众的认可度，都通过这个"预热"的试验型折子戏获得了反馈和肯定，更坚定了老师排演《孟丽君》的信心和决心。任何成功背后，都有着很多人看不到、想不到的用心和苦心。我们这一代人的幸福，得益于老师们的呵护，我们的思考与规划也在老师们的关注、支持和陪伴下逐渐成长、成熟。今天，社会对于戏曲艺术的需求度、认知度也有了新的特点。对于青年演员来说，如果说能够学习这两部经典精品，那是非常幸运和幸福的。

我们也要鼓励青年演员们不妨多尝试，多历练。任何一个戏剧作品，都是要抱着全力以赴的态度去创作，比如小剧场、实验剧场会把观众的注意力吸引到不同的层面，这些对于演员来说都是艺术的课题。舞台不分大小，剧场不分大小，人物不分大小，只要不脱离舞台，都是必要的、珍贵的经验。在这个过程中，现在的一些演出经历，将来都会有成为量到质的转变，都会有所回味的。每个人走过的路都会有起起伏伏，只要越剧是你的热爱，那就一步一步坚定地走下去。要相信，在舞台上的投入、付出，都是艺术的历程，都是值得的。我所经历的过程，我一直是珍惜和知足的。

越剧《孟丽君·金殿会审》

3

世间温柔如是

剡溪水清　剡溪水纯

1964 年 1 月，浙江籍导演谢晋执导的电影《舞台姐妹》正式开拍，著名越剧编剧徐进应邀参加该电影文学剧本创作，电影表演艺术家谢芳、著名越剧演员曹银娣分饰越剧女艺人竺春花、邢月红。1965 年，电影在全国公映，被誉为代表了 20 世纪 60 年代现实主义影片的最高水平，是百年中国电影史公认的经典。

浙江上虞，是越剧《梁山伯与祝英台》的故乡，亦是谢晋的出生地。生于斯，是童年时代的谢晋痴迷越剧的发端。骑在家里仆人的肩头，看一场乌篷船咿呀送来的绍兴文戏，是成年后的大师念念不忘的水乡故事。

浙东山水滋养生成的越剧人文，从来都不仅只有柔雅的样貌。剡溪温存，而嵊州多山，外柔内刚、坚韧含蓄是越人的性格。1920 年，男班艺人在上海立足之前，越剧已走过几进几出十里洋场的“小歌班”时期。1938 年以后，女班大量涌入上海，越剧进入“三花一娟”时代。

自 1942 年开始，后来的一代宗师，当年的越剧姐妹袁雪芬、尹桂芳、范瑞娟、傅全香、徐玉兰等实行越剧改革，在纷乱与喧嚣的大环境中树立起“新越剧”的旗帜，上演了一大批新剧目，从此，“女子越剧”进入全新时期。

若非经过文学或艺术的点染，旧社会的艺人留存给后人的印象，精神层面的折磨鲜少被提及，更多的是生活的穷困与窘迫，为了生存而妥协，因此往往将命运的不安归结于客观的外部。属于她们每一个个人，所谓个性的关

越剧《舞台姐妹》人物造型
钱惠丽饰演邢月红，单仰萍饰演竺春花

注还没有那么多，所以，竺春花原本可以非常简单。

这个人物没有那么多需要去解读、去解释的棱角或侧面，她所表现的是在乡间的古戏台上认认真真地做戏，在华洋杂处、光怪陆离的十里洋场清清白白地做人。倾注了导演谢晋、编剧徐进和电影编剧林谷三位大师心血与感情的电影《舞台姐妹》，书写着他们的悲悯与忧患。

1998年，作为上海国际艺术节入选剧目，越剧《舞台姐妹》根据谢晋、徐进、林谷作品进行改编，由著名越剧编剧薛允璜重新创作。单仰萍饰演竺春花，钱惠丽饰演邢月红。两年后，该剧荣获2000年第七届文华新剧目奖。

越剧《舞台姐妹》以清丽柔婉且波澜不惊的笔墨，抒写了这一段静水流深却回肠百转的女子越剧姐妹往事。电影如是，越剧如是。竺春花、邢月红，是那一段往事中知名或不知名的越剧女子们共同的名字，许许多多的人文事迹，琉璃碎片似的折射在这两个人物的经历中、性格里。

越剧《舞台姐妹》竺春花人物造型

《舞台姐妹》这个戏，我不知道该从哪里说起。这部戏对我们越剧来说，特别是对我们越剧人来说，是对老先生们、老祖宗们的崇敬，是我们这一辈艺术工作者的担当，是我们越剧人演绎我们越剧自己的故事。

当时，分配给我这个角色任务，我是非常非常高兴，很兴奋，可以说是一种意外的欣喜。小的时候，我就看过这部电影，对电影里《年年难唱年年唱》的主题曲印象深刻，也是通过这部电影记住了谢芳老师，记住了竺春花，一直到现在，我对谢芳老师都非常崇敬。旧社会越剧艺人为了温饱，吃开口饭，社会地位低，受尽欺辱和压迫，电影里有很多这样的场景，看着让人很心酸。老前辈们在那样的年代，把乡下的“的笃班”带进大上海，在一百多年的时间里，越剧艺术能有今天全国范围的影响，越剧人能有今天的社会地位，凝聚着老先生们的心血。

我们这个戏的导演是上海戏剧学院的卢昂教授，当时的艺术总监王济生对我们说，经过卢昂导演的启发，运用话剧的表演手段后，你们通过这个戏一定会在艺术上有一个飞跃。因此我对这个戏更多了一份向望。卢昂导演之前排得相对比较多的是话剧，也有和其他戏曲剧种的合作，对演员的人物塑造有特别严格的要求，要求我们放弃传统的程式化表演，找到人物的时代感，在开排之前，让我们做了很多先期的准备。其中之一，就是写角色阐述，每个演员自己去做人物自传，比如，你对这个角色是准备从哪个方面去表现？这个角色是一个什么个性的人？人物的体貌特征是什么？角色的状态是什么样的？

一开始，我还觉得这些准备是表面化的，对于没有读过很多书的我来说，要把我对人物的体会、设想，把我心里的所思所感用文字表达出来，是有些别扭的。所以往往是落笔要写的时候，不知道该怎么写了。但撰写角色阐述这个环节，恰恰是逼着自己钻进人物里去了，我开始思考，春花是怎么样的一个人呢？

你的轮廓

水乡的桥影，古戏台下的波纹。

阳春舞台的那个女孩子，竺春花，

倚暖了石栏的青苔，听过了咿呀的歌喉。

我一直在问自己这样一个问题：春花，她的个性，在绍兴老家万年台的时候，后来在上海的时候，她的个性是统一的吗？

最终，我对人物做了“外柔内刚”和“内柔外刚”正反两个方面的剖析，当然，也请教了像刘觉老师等几位前辈老师们，我觉得我写得还是蛮好的。（笑）这个戏，是我在院里排的第一个现代戏，没有借鉴，没有依靠，从人物的外形上、内心里怎么样去把握？

一开始排的时候，我觉得我对这个人物的舞台呈现，可能外在的表演成分会更多一些。后来，通过自己揣摩和理解，其实我感觉自己和春花是很像的，我们都是从小地方走向上海大舞台的越剧人。在性格层面，我和她也有很多相似的地方。熟识我的人都知道，我其实个性是很倔的，也是很有韧劲的。对我认准的人和事是很执着的。所以，随着排练的推进，除了去体会、研究春花的人生状态和内心世界，我能感受到我在慢慢靠近她，也是春花这个角色把我带入那个时代，让我体验她的人生。我对自己的要求不只是像春花，我要在舞台上成为她。

无论是在乡下万年台，还是在大上海，春花个性中的倔强是一致的，因为不愿意给人家做童养媳所以逃出来，刚性，是她性格里很坚定的存在。这个人物本身是很纯粹的一个人，她的个性并不全是大上海磨炼出来的，她本身带来的那种刚性是她的底色。春花到上海以后，师父已经不可能再教导她们，这个时候表现出来的就是一个人的本心。在浙江乡下也好，到上海也好，外部环境发生了变化，但是春花对事情的应变，她的态度，更多时候是她自己本来就有的。

我想，春花这个人物其实就是老先生们的精神形象，是作为女子越剧脊梁的这样一批宗师们的缩影和写照，也是我们现在对待越剧老前辈们的一份感情，一份尊重。当年，她们的年龄都还不大，文化水平也不高，有些可能连字都认识得不多，但是她们在舞台上创造出来的人物就是这么鲜活，给我们留下了那么多经典的艺术作品。她们不是在演行当，而是在演人物，是把每个人物都演成活生生的那个人，像袁雪芬老师的祥林嫂（《祥林嫂》），张桂凤老师的卫癞子（《祥林嫂》），尹桂芳老师的金育青（《浪荡子》），范瑞娟老师的呆大（《一楼麻》），徐玉兰老师的赵阿婆（《忠魂曲》），等等，都是打破了本工行当的界限，突破了才子佳人俊扮的程式，为越剧人物画卷贡献了别具一格的典型形象。

我的老师也是这样。她所扮演的人物，林黛玉是林黛玉，孟丽君是孟丽君，演大家闺秀就是大家闺秀，演丞相就是丞相，演鲤鱼精就是鲤鱼精。老师当时排《红楼梦》的时候，院里问她，林黛玉你敢不敢演？我老师说，为什么不敢演？这是老师的底气，是王派的魅力。老师素有性格演员之称，她的表演细腻多姿、千人千面。小到举手投足间的一颦一笑，都能使观众报以热烈的掌声。这是演到人物的心里去了，也演到观众的心里去了。正因为有了老师们的用心用情，她们才站在了上海的舞台上，走进了挑剔的上海观众们的心里。

竺春花的“外柔内刚”和“内柔外刚”，是带着时代和命运的双重特殊性的“刚”与“柔”。当然，我的性格里也有外柔内刚的一面，虽然是柔性的更多一些吧。所以，我担心的就是我个人身上的某些不可能；而春花相对柔弱的一面，可能仅仅在于她的外在形貌，属于看上去不那么刚硬的女孩子。我喜欢春花，也是能够体会和揣摩到这些特征的，但是，要让观众接受舞台上的春花，并且喜欢这个人物，我还是要把内心中对她的理解感悟转化到外部来呈现，在形态和表演上，我都要下一番功夫。

第一场里，有一个月红被绑，春花冲出古戏台要阻止的动作，卢昂导演问我，仰萍，你能不能从舞台上翻下来。我当时也没多想，就回答导演说，好，我试试！我以为大概也就是一张桌的高度，小时候基础训练有练过，恢复一下应该没问题。可没想到彩排的时候，我站在古戏台上一看，吓了我一跳。舞美队老师告诉我古戏台的实际高度是一米八，当时我两腿就有点发软。尽管小时候有练过，但是排这个戏时我也快四十了，已有二十多年没有练过这些动作，“台蛮”下来对我来说还是有一定危险系数的，心里就有些发怵，很纠结，有点想打退堂鼓了……最后，可能还是被春花的倔劲和自己的执着给战胜了吧！（笑）但是，每次演出这个动作时，心里还是会紧张、担心的，生怕翻下来手掌撑住的这个位置合不合适，下面能不能接住。不过好像每次都还完成得不错。

戏里还有表现春花练功、排戏的圆场、串翻身、长绸等一系列的技巧动作，这些对于武旦演员来说比较轻松，但我之前演的人物大多数都是武功技巧动作比较少，尽管训练过，但也已经远离我二十年了。一开始的时候，练两个鹞子翻身，我头就有些晕，一连串的串翻身，那简直是要头昏眼花，东南西北都分不清了。所以排这个戏，我也是从春花身上感受到了我们戏曲人的一种精神——持之以恒，功是练出来的，戏是磨出来的。

剧中第二场一开始，春花是身穿《六月雪》的戏装，被反手绑着，唱“一身罪衣裹双肩”上场，这是紧接着我在第一场“横祸飞来躲不开，弱女敢向刀丛踩”与警察厮斗的情节之后，两场之间衔接得很紧凑，几乎没有喘口气的时间，紧接着后面又有一大段的清板唱腔，我对这里的形体、身训、唱腔都要求是人物的一种新的状态和表现方式，而我更是要把自己的体能和气息调整到最好的状态。

《舞台姐妹》为越剧观众推开了一扇窗，也为黄金一代的越剧艺术家推

越剧《舞台姐妹·示众》

开了一道穿越时空的记忆之门。临水傍岸的古戏台万年台，乌篷船头插着的“阳春舞台”的小旗，被绍兴水乡的男女老少簇拥着。

万年台前的柱灯石，看见过乡间社戏的闹热，也看见过绳捆索绑的冤屈，听见过女子文戏的《梁祝》，也听见过落难求告的讨饭调。坐着明灯大船来的乡绅，扔着果皮铜板的流氓，头脑活络的班主，忠厚本分的师父，一卷旧戏本，两领白罗衫。

第一场在古戏台上唱“的笃班”时代的《梁祝》，大家听到的这一段不是我们现在的越剧咬字韵味，要回转到那个年代越剧韵腔的味道，要有嵊州的乡土味道。越剧到上海之后，经过老祖宗们的创作、改革，声腔有了新的发展，气质韵味也有了新的呈现。但古戏台上的《梁祝》必须重新回到当年，所以，我们请教越剧老腔的咬字、归韵，也去听了很多越剧老艺人、老先生们早期的唱片、录音，认真地听，仔细地学。老师们说，那些老先生们的东西，那才是原始的越剧。

一开始听到这些老腔，我们可能会觉得挺好玩的，因为和现在的完全不一样。

越剧《舞台姐妹》剧组嵊州采风古戏台合影留念

而导演对我们的要求就比我们自己体会到的更多一些，为了让我们更真实地把握古戏台上的表演呈现，找到这个戏的感觉，导演带领我们整个创作团队，到越剧的故乡嵊州，到绍兴古戏台的遗址去采风，让我们走到真实的古戏台上，去感受一下前辈们在这里留下的那些痕迹。

那些古戏台大多数都是露天的，那一刻，我站在万年台上，就好像能感受到春花所在的那个时代，似听到当年丝弦鼓乐的声响，似看到台下人群的鼓掌叫好。我突然想到自己小时候第一次看戏，是6岁那年跟妈妈回诸暨老家安华，舅舅抱着我在拥挤的人群里看露天的舞台演出，就是那样被人群挤过来挤过去。这种记忆就烙在脑海里，到现在都记忆犹新，非常清晰，非常真实。当时的我很好奇地看着舞台上的演出，很羡慕舞台上的五颜六色，那种舞台之上与舞台之下的感觉，一下子就找到了。我们还坐着乌篷船，看着水乡的小船摇过来摇过去，后来，回到上海排戏时，那些场景还是会一直印在我的脑海里。

1998年10月，《舞台姐妹》在上海南市影剧院首演那天，我们剧院的老艺

单仰萍6岁时与家人在诸暨看戏前合影留念

越剧《舞台姐妹》剧中万年台

术家们几乎都来了，袁雪芬、范瑞娟、傅全香、徐玉兰、王文娟、金采风、吕瑞英等各位老师齐刷刷地坐在了观众席。没有去问过，走过那个时代的老师们看这个戏会有着怎样的记忆和感慨，当台上唱出了“剡溪水清又清，孕育几代越剧人”，看到老师们情不自禁地和全场观众一起鼓掌，掌声如同潮水，此起彼伏，生生不息。我想，这掌声是致向并不遥远的《舞台姐妹》的那个时代，致向永远美好的清晰动人的老祖宗们的青春岁月，致向永远在我们的记忆中和印象里的越剧的那一片芳华……演出结束，老师们都上台来祝贺，那一刻，我很激动，我在想，春花真正地凝聚了我们越剧几代人的情感。

一百多年前，越剧从嵊州的乡村走出来，走到今天，成为全国第二大剧种，哪怕最边远的地区都知道有一个地方戏剧种叫越剧。之前，我们院里“西北行”去宁夏银川、甘肃兰州等地演出，也听说那里都有越剧团。知道越剧遍布全国的各个地区，我想我们的老祖宗一定会感到非常骄傲。

越剧《舞台姐妹 · 结拜》
单仰萍饰演竺春花，钱惠丽饰演邢月红

姐妹

她们一道看过向晚的春风，远水行舟，划过青山，略过飞鸟；

她们一道数过剡溪的流云，纯而又纯，流过你心，流过我心。

为了演好竺春花和邢月红，我和钱惠丽为各自的角色都做了充分的案头准备。邢月红在台中台上扮演的是小生，在台中台下以旦角应工，她从未经世事时的稚气、可爱，到初进上海时的懵懂、憧憬，到后来身不由己的痛苦、挣扎，月红在剧中所经历的磨难使得这个人物的内心更为复杂，加之戏中戏的不断进戏、出戏，表演难度也因此加大。从形体、唱腔、表演各个方面来说，钱惠丽都出色地完成了这个人物。

我们的《舞台姐妹》是从古戏台上的《梁祝·十八相送》开始的，导演希望我们在这里的表演状态要体现出人物十几岁乡下姑娘的纯朴和活泼。随着剧情的发展，又要从形体和表演上区分出初进大上海戏院后台的新鲜、好奇，面对各种诱惑、各种憧憬时的不同态度、不同立场，两个人身上那种乡下姑娘的倔劲都在一步一步沉稳地推进。

春花性格中的刚性，那种乡下姑娘的倔劲我是在第二场找到的，剧中春花被警察五花大绑地押着出场，摔倒在地，她倔强地挣扎，甩臂怒瞪，不肯屈服。当时导演对我说，仰萍啊，你这场的形体动作和表演力度都要加强放大，要带点“野”性。按照我自己的个性，确实很难找到这个点上来。

但是这一段春花的唱词很有感染力，融合了《六月雪》窦娥的唱词：“受熬煎，死也不做童养媳，十二岁，逃婚学戏伴琴弦。幸得师父好照料，更有月红妹妹常相伴。……地啊地，你不分好歹何为地，天呀天，你错勘贤愚枉为天！”既诉说了春花自己的命运，也诉说了对于舞台的眷恋，春花此时此刻的倔劲就是通过这一段唱腔体现出来的。眼神里的愤和怒是想把这个不公的社会踩平，所以卢昂导演要求我们不要像传统戏那样的程式化地表演，要更真实地表演，我在一次次的排练中，渐渐地找到了属于的春花的“刚”和“烈”。

第三场师父病逝前的托付，让很多观众动容。每次演到这里的时候，扮演师父的张国华老师、钱惠丽和我都会完全地投入在戏的情绪当中。这一场月红的主体情绪是哀伤和悲恸，春花除了悲痛，更多了一份担当和责任，把戏唱好，把妹妹带好。当她接过师父留下的唱本和罗衫，这其实就意味着这个人物从这一刻开

越剧《舞台姐妹 · 结拜》
单仰萍饰演竺春花，钱惠丽饰演邢月红，张国华饰演邢素梅

始继承了师父的遗志。也是从这一刻开始，春花这个人物的心理成熟度比月红要更高一些。当和尚阿鑫说出“去上海——”时，月红和春花都跟着说了一句“上海——”这两个字在两个人物口中的轻重、抑扬是不一样的，这说明她们对于上海的向往是不一样的。而师父留下的围巾最终是落在了春花的肩上，这也可以看作春花这个姐姐的责任和担当，正是从这个时候开始的。

我们这个戏有很多亮点，第一个便是“台中台”，即是前半场的绍兴水乡的万年台，也是后来上海戏院里的舞台，转过来又是舞台的后台。导演和舞美对舞台上的这个会旋转的台中台多次进行修改，并在排练场上等比例复制了一

越剧《舞台姐妹 · 责妹》
单仰萍饰演竺春花，钱惠丽饰演邢月红

个一模一样的台中台，就是为了让我们能尽快地熟悉它，把与台中台和舞台的调度磨合好，把台中台的这个经典设计的艺术功能发挥好。大转台的舞美设计是巧妙的，是我们全剧的调度支点，更是与我们越剧的剧种特质高度契合。舞台转动配合剧情变化，春花与月红的悲欢离合，在舞台的每一次转动中逐一呈现，在某种程度上辅助我们的表演更加真实。其中《责妹》一场，春花和月红在阁楼上，唐老板和商水花在阁楼下，空间分割揭示出人物关系。随着灯光由明转暗，舞台重点集中在阁楼的小窗之内。

春花，是对自己有很高要求的一个人，她不会去讲一些大道理。就算是《责妹》这样情绪激烈的场次，春花也没有去讲过天道伦常，她一直在讲的都是很朴素的人和事。她所讲的依旧是师父留下的白罗衫，提醒月红她所追求的那些是虚荣，台下做人不能忘记的应当是志气和骨气。也正是因为月红对师父临终嘱托的无视，对白罗衫的玷污，春花才一个巴掌重重地落在了月红的脸上。“一声戏子轻出口”，春花所有的疼，在字里行间中，以小见大，逐渐爆发而出，又处处熨帖着姐妹之间的真情厚义。

一声戏子轻出口，自轻自贱、自辱自羞，自蒙污浊自作囚！

弄脏了的白罗衫，一缸清水也难洗污垢。

昏了头的月红妹，十面锣鼓也敲不醒她梦中游。

戏台上方卿尚有志气在，戏台下问你为何缺骨头。

戏文里梁祝生死情依旧，戏文外你和倪涛轻分手。

说什么花无百日鲜，却不闻梅经霜雪香愈久。

说什么人无千日红，却不见血溅青史映春秋。

谁知你，谁知你，认认真真全忘记，清清白白丢脑后。

唱红上海滩，闹市轻出售。讨个好价钱，便跟东家走。

你可知掌上玩物笼中鸟，想要飞腾无自由。

劝妹妹 想想透，劝妹妹 猛回头，莫饮这杯迷魂酒。

越剧《舞台姐妹·示众》
单仰萍饰演竺春花，钱惠丽饰演邢月红

“台中台”服务“戏中戏”——戏中的戏是《梁山伯与祝英台》。第一场一开始，春花和月红在家乡的万年台上唱的就是《梁祝》。到第六场《送兄别妹》，月红离开前，春花和她最后一次唱的也是《梁祝》，不同的是，第一场唱的是《十八相送》，而这里唱的是《送兄别妹》：

唱惯了梁祝恩爱生死情，今日里，送兄送妹分不清。
送兄送到藕池东，荷花落瓣满池红。
荷花老来结莲子，梁兄访你一场空。

一场空呀一场空，结拜姐妹各西东。

送兄送到小楼南，你今日回去我心不安。

我和你今世无缘成佳偶，来生和你再团圆。

欲团圆呀难团圆，此心已隔千里远。

送兄送到大门口，留住梁兄不让走。

可记得，古戏台上双结拜，你我生死不分手。

不分手也得分手，你我无缘到白头。

不让走，也得走，哪有送兄到门口。

眼前已是上马台，今日回去你何时来。

回家病好来看你，唯恐我短命夭殇不能来。

梁兄！

贤妹！

分不清，戏中情还是姐妹情，

留不住，同命人偏是别家人。

《送兄别妹》这场戏的剧本写得好，我们在排练过程中也碰撞出很多很好看、很细节、很精彩的火花。对于两姐妹情感的那种分离、那种割舍，导演所处理的几个“一拉”“一推”的点都是看似不经意，却能把演员的情感与观众的情感连在一起的点睛之笔，不是那种小的纠结，而是让观众一眼就能看得到的感同身受。

我不知道观众看到这一场的时候，还会不会想到前面第二场，月红为了救下被示众的春花，唱《莲花落》的情形。春花和月红的姐妹情在这里是一个重要的点。月红在她爹爹、在春花跟前是被宠着的那一个，是有些小任性的，为了救春花，她可以跳上万年台扮起小丑，唱起讨饭调。春花看在眼里，痛在心里，是舍不得月红妹妹为她这样做的，在师父走了之后，她会想着照顾好月红，所以月红在万年台上唱讨饭调是春花姐妹情深的起点。

《送兄别妹》时的春花、月红两姐妹已经分道扬镳了。首先，两个人默默地

越剧《舞台姐妹·送兄别妹》

单仰萍饰演竺春花，钱惠丽饰演邢月红

出场。月红一方面觉得内疚，但是她又向往着新的生活，所以，上一场《责妹》中，春花对她的训斥也好，劝骂也好，你说月红的心里一点想法没有吗？她对爹爹的临终嘱托殷殷期盼、对春花的姐妹真情都荡然无存了吗？

我觉得不是的。我想，月红只是相信唐经理对她的承诺是真的，而自己也是真的会喜欢那样的生活，但是她对于未来的生活是没有经验的。那是她美好的向往，是她期待的生活，所以面对春花的劝说，月红表现得很坚决。

同样，春花也是很执着的，她总是坚定地看着月红，甚至可以说是紧紧地盯着月红。在戏台上，在《送兄别妹》中，春花和月红都在《梁祝》之中，尽管她们口中唱出的是戏词，但对于春花和月红来说，唱的就是两姐妹自己，就是回顾两姐妹难以分割的情义，字字句句都是此时此刻都不能言说的心声。

《送兄别妹》，我们唱的是送兄、演的是别妹，每一句唱词都应对着姐妹的别离之情，其中几处艺术处理，每每都会让我们和观众一道心痛落泪。比如，唱到“欲团圆难团圆，此心已隔千里远”这一句时，此时的梁兄是欲离难离而几乎晕倒，这时的英台应该是上前去搀扶梁兄的，春花的前半个动作是祝英台的，但当她一想到姐妹将要远离并从此告别舞台，春花就出戏了。她一狠心，转身过去，掩面痛哭，月红马上过来提醒姐姐，这是在演出，春花这才回过神来。

春花用眼神一次一次地问月红，你到底要不要走？你想不想走？你不要走！春花的挽留坚持且迫切，但月红不敢正视春花姐的眼神，每到有两个人在戏中必须要对视时，月红的目光是瞬间交错以后的躲闪。

另外有一个点，是在“此心已隔千里远”这一句之后的间奏中间，月红眼神回避，不敢看向春花，这让春花更是心酸，接着两人在转身之中，春花又一次拽了一下月红。在那个时候，其实春花的手拉住月红，是希望她能够把头回过来。月红下意识地回头看了一眼春花又赶紧别过头去。此时的春花已经忘却是在演戏，失声痛哭着奔下舞台，月红急忙追下。排戏的时候，我担心过观众会不会觉得春花出戏了，但每次演到这里，观众对春花下不下舞台浑然不觉，并没有意识到春花出戏了。春花按照《梁祝》的剧情将“梁兄”拦住，戏中戏还在继续，戏中人早已忘情。

“送兄送到大门口，留住梁兄不让走”，春花前半句唱的是戏中的“送兄”，后半句痛心地唱出“可记得古戏台上双结拜”，口中是梁兄，心中是红妹。“你我生死不分手”，春花重重地一把拉下月红，就像当初结拜时那样，双双跪地。月红猝不及防地跪下，心慌害怕地看着春花，下意识地拈起水袖想替姐姐擦眼泪，春花倔强地别过头去。这里，我们从表面上看到的是春花把头别过去了，但人物内心的情感确是紧紧黏连、不能割舍的。一次又一次挽留，月红是一次又一次从姐姐手中挣脱，既而又相拥……一个个细节的处理，情节的递进，让演员和观众在这段戏中戏，分不出到底是在“送兄”还是“别妹”。

这些都是我们在排戏的时候，多次和导演磨合出来的，我们觉得那个点、那个地方就应该是这样。但在戏台上你不能够没有顾忌，那么春花怎么才能够既在祝英台这个人物里，又要表现出自己的这种情绪，这是另一个层面的戏中戏，是人物内心的戏中戏。《送兄别妹》的关节点就是在这几番入戏和出戏来回之中，这样的处理就是这一场戏的亮点和出彩之处。

《梁山伯与祝英台》是越剧的传统老戏，从男班时代开始，有越剧的地方就有梁山伯与祝英台。没有一个越剧戏班没有演过《梁祝》，没有一个越剧艺人没有唱过《梁祝》。《梁祝》是越剧传统剧目中无论如何也绕不过去的一个戏。

这个戏中的欢喜、活泼、打趣、幽默、伤心、苦难、生离、死别，似乎也有一种神奇的比喻力和寄寓意，可以妥帖地安放在各种难以言表的人物处境之中。从电影《舞台姐妹》开始，《梁祝》就是从文学剧本到电影成片的戏中戏剧目之一。

竺春花与邢月红的异姓姐妹之情义，在某种意义上契合着梁山伯与祝英台生死不渝的命运牵绊。旧社会，女子越剧舞台上的女艺人们总是以舞台之下的姐妹身份，演绎着舞台上离合悲欢的鸳侣伉俪，她们之间的情谊义理，

越剧《舞台姐妹·祭师》

时常面临被命运问候的疾风骤雨。《梁祝》由此成为在舞台上可以代其言声的唱本。

当春花与月红离开满目疮痍的家乡，置身古今、中外、东西、南北文化交错合璧的上海，古戏台上的姐妹之情，随着斗转星移而时过境迁。当月红的情感主线不再是春花，《梁祝》再次演来，显得那么不合时宜。春花还是春花，而月红已经不再是月红。梁山伯与祝英台无法与当年的姐妹相互对应。这也昭示着随之而来的人物命运的巨大变数。

恰似，《梁祝》的结局经由女子越剧的改编，化为比翼之蝶，成就浪漫主义的花环式的圆满。竺春花与邢月红最终亦得以重逢，相逢一笑，泯却伤痕。这是越剧式的圆满，亦是女子越剧最擅长的圆满。好姐妹历尽劫波，终得团圆，故事到此收笔，观众也就看得欢喜。

我想，要演好一个人物，不单单要钻进自己的人物里去，还要学会理解对方的人物，站在人物的角度上去看待人物，理解人物，表现人物。从月红的角度来说，不过是觉得唱戏太苦太难了，不想再唱戏了，而唐经理给她描绘的生活又看上去有点美好的样子。所以，月红这个人物还是有她不成熟的一面。春花姐说的话对吗？对的。而且，月红也是听进去的，虽然她也知道这是春花发自肺腑的劝告，但是你让她为了姐姐说的话，突然改变决定，放弃自己向往了很久的憧憬，她也做不到。所以，月红的内心恰恰就是纠结在这些地方。

当这一场的最后，听到后台一声惨叫"水花姐上吊自尽了"，春花在惊呆的下一秒，她的心头涌上的是急剧的惊恐，这一刻，她想到的依旧是月红的命运，她好害怕水花姐的今天就会是月红的明天，所以她疯了似的追下台去，拼尽全力地、声嘶力竭地呼喊着："月红！你回来！你回来！"每次演到这里，我的嗓音都会嘶哑破音，因为这一声"月红！你回来！"喊得很痛很痛的，此一刻不仅仅是春花的心痛，也是我对春花的心痛，我和春花已经融合在一起……

演《舞台姐妹》也好，看《舞台姐妹》也好，我觉得，只有理解了月红，才能更好地理解春花，理解这个戏中的姐妹情，理解这个戏的编剧、导演以小见大的艺术创作手法。我也非常感谢我们这个戏的编剧薛允璜老师，为我们写了这么美、这么好的一个剧本。薛老师不仅是资深的越剧编剧，也可以说是见证了我们这一批演员的成长、成熟，《舞台姐妹》是薛老师为我们百年越剧而写的一部优秀的作品，也是激励我们越剧后辈铭记先辈创业立业之不易的一片苦心。

最后一场，月红与春花重逢，她们再一次唱响的还是《梁祝》，在《十相思》的引子下，她们像以前那样一拉手、一碰肩，唱响了《十八相送》。这是卢昂导

越剧《舞台姐妹·归合》

单仰萍饰演竺春花，钱惠丽饰演邢月红

演问我们，演员之间能不能存在某种默契的，上场之前类似击掌、互相鼓励的、心领神会的典型的小动作？然后我们就设计出这两个小姐妹在每次上台前都会有一个碰肩的小动作。月红还有一点内疚、胆怯，春花是热情地伸出手把她拉回到舞台中间，两个人再次拉手碰肩，就像她们从第一场出来时一样——这是属于她们之间默契的那个小动作。

你的志气

我们演绎的是女子越剧的故事。

我们回归越剧，重温的是越剧人的志气。

正式开排《舞台姐妹》，排练场上很肃静，没有一个人敢说一句与戏无关的话。因为，这个戏带给我们的感受太不一样了。

我的印象极其深刻，这个戏从落地开排到整个架子全部拉好，只用了十五天的时间。排练场从来没有这样安静过，剧组里的每一个人都很用心，大家也都能感受到，每一次的排练，所有演员都进入情绪，身在戏中。我想，可能是因为我们整个剧组都受到了“越剧人演越剧自己的故事”的感召吧。这个戏里的合唱很多，也很出彩。我们每一次排练，合唱演员都会在那里，被创作氛围带到这个戏的情绪里。不需要提醒“有没有合唱”，她们一直都在戏里。

《舞台姐妹》因为是现代戏，所以我们剧组的演员不再全是女演员，我们院的男演员也都加盟进来。越剧最开始的时候是男班，在女子越剧兴起之后，越剧男班渐渐地淡出舞台。新中国成立之后，才恢复了越剧的男女合演，涌现出了像史济华老师、刘觉老师、张国华老师等一批优秀的艺术家。《舞台姐妹》这个戏，从这个意义来讲，可以看作是越剧早期生态的一种追溯，越剧是男艺人在舞台上所开创的，在女子越剧时代实现了飞跃式的成就。在这个时候，我们回过去看男班，去回望越剧最初的开端，再看到我们的《舞台姐妹》，男演员老师们对越剧的贡献也是我所敬佩的。

我们剧组的刘觉老师，他扮演的是剧中的唐经理。平时在排练场，刘觉老师是不太发声音的，虽然唐经理的戏不是很多，但是刘觉老师的每一次出场、每一场戏都十分精确、到位，唐经理逗金丝鸟的一系列小动作，是刘觉老师不断琢磨出来的。开始只是逗一逗，人物的心思和情绪从他的眼睛里表现出来。很快，他就嫌弃金丝鸟了，不耐烦了，那种反感马上转换过来，又开始喝骂金丝鸟。通过对唐经理这个人物的理解，他就可以把这么一段戏分割出不同的层次。而且每次排戏的时候，刘觉老师都会有小调整，我们在下面看，觉得又好笑，但又觉得很惊叹。那些老前辈们为什么演人物能演得这么活，就是因为他们不断钻研，这么小的一个细节都能够琢磨出这么多的绝活。

还有史济华老师，在剧中他扮演的和尚阿鑫是阳春舞台的班主，史老师把这个人物时而圆滑世故、时而狡猾无赖的面目，刻画得入木三分。特别是受唐经理唆使，诬陷月红用围巾包着石灰害春花那一场，和尚阿鑫的嘴脸让观众恨之入骨。在戏外，史济华老师是一位大家公认的热心的前辈老师。从一开始接到《舞台姐妹》这个任务，因为人物有大量的形体身训要准备，所以我是比较早就进入练功状态的，史济华老师就自告奋勇地帮我练功。为了帮助我恢复以前的身训，史老师每天很早就到排练厅。史老师的舞台表演经验非常丰富：在舞台下，他指导我们这批当时的青年演员毫无保留，会主动地给我们说戏；在舞台上，也经常带动我们迅速进入人物的情绪之中。

在剧中扮演倪涛的许杰，是我们这一辈里面很会刻画人物的一个男演员。他对倪涛这个人物的定位是进步的、正义的新青年，倪涛的每一次出场都会带着积极向上的气场，在家乡如此，在上海更是如此。许杰对倪涛的刻画还表现在一些细节的处理上，比方说，倪涛在剧中讲起文天祥的时候，他的眼睛就会光、发亮，演示出倪涛的内心对英雄人物的钦佩和向往，而他自己正是这样一个一身正气的、充满着正能量的青年，他的理想是尊崇我们的时代、我们的民族英雄，所以观众从他的眼神里面可以感受到倪涛所要追求的进步的方向，给到人物的表现力也是特别好的。

我想说，《舞台姐妹》这个戏之所以成功，是全院上下，男女老少，各个部门的全力配合所获得的成功。每次在我演到《送兄别妹》这一场的最后，因为我还在戏的情绪里，灯光虽然已经暗了，我还趴在台口那里，久久不能平复。每当这个时候，剧中扮演群众演员的马林根都会一边拉着大幕，一边把我从地上扶起来。这个戏，从排练到演出，我都能感受到全院上下的凝聚力，每一个部门、每一位演职人员都为这个戏付出了全力。

因为有电影《舞台姐妹》珠玉在前，我们这个戏沿用了电影主题曲《年年难唱年年唱》的音乐元素，并糅合了 20 世纪 40 年代越剧的音乐特点，这是导演的艺术创意，也是作曲苏进邹老师的心血。

苏进邹、单仰萍、薛允璜、张国华

就我自己而言，春花的唱腔在继承王派唱腔艺术精髓的基础上，根据这个人物的特点进行了新的创作，《责妹》《送兄别妹》以及最后回归故里的《心一片情一片》都是我自己非常喜欢的人物唱段，也是春花在剧中属于她自己的核心唱段。我想，是王派艺术给了春花这个人物内在的支撑力，而春花也是我对老师的王派艺术的一次汇报和致敬。

我自己很喜欢这个戏第一版最后一场的一段唱——

我那难舍难分的越剧姐妹情，
我那难忘难圆的越剧舞台梦。
剡溪水，清又清，孕育几代越剧人。
剡溪水，纯又纯，涓涓细流到申城。
剡溪水，深又深，凝聚多少姐妹情。
姐妹情，剡溪水，剡溪水，姐妹情。
流过我心，流过你心，似温泉，似甘霖。
温暖怀抱，滋润心灵。
任凭风吹雨打去，割不断的是真情。

越剧《舞台姐妹情》

4

梅林少年心
你的名字美如诗

越剧《家·梅林春雪》
赵志刚饰演高觉新，单仰萍饰演梅芬

1929 年的冬天，25 岁的李尧棠从法国留学回到上海已有一年。他给远在四川成都的大哥李尧枚写信说：我打算为你写一部长篇小说，可是我有种种的顾虑。李尧枚写了信来鼓舞他的三弟李尧棠，希望他早日把它写成。

大哥的这封信在李尧棠的抽屉里安静地躺了一年有余，1930 年 4 月，他才答应了时报馆的要求，开始动笔。他没有告诉尧枚，他只是在心里想着，将未来连载这小说的报纸每一期都留一份集起来，寄给他的大哥。

1931 年，某一个寻常的星期六，李尧棠的长篇小说《家》开始在报上发表，署名巴金。第二天是星期天，李尧棠接到成都发来的电报，李尧枚服毒自杀，给他留下一封遗书。就这样，他的大哥连读他的小说的机会也没有了。

在他写给他大哥的这部小说里，有他大哥曾经爱过的那个少女，名字叫作梅。他们的父亲用抓阄的办法决定了他的大哥和梅的命运，他的大哥去跟另一个少女结婚。梅，嫁给了另一个年轻而孱弱的男子。

梅，在小说里第一次站在人前，是在旧年的除夕的公馆里。那时的她，已然是新寡，回到娘家还没有几日。遇见高家的两位表弟，梅先笑了，“凄凉的微笑，是无可奈何的微笑，她的额上那一条使她的整个脸显得更美丽、更凄哀的皱纹，因了这一笑显得更深了”。

“过去的事很快地就过去了。她如今立在他们的面前：依旧是那张美丽而凄哀的面庞，依旧是苗条的身材，依旧是一头漆黑的浓发，依旧是一双水汪汪的眼睛；只是额上的皱纹深了些，脑后的辫子又改成了发髻，而且脸上只淡淡地傅了一点白粉。”

李尧棠没有在小说里书写大哥与梅早年间的温甜的恋情。风雪如片的寒街冷巷，人寿年丰的黑漆大门，孤寂得淡漠。梅的名字，是《家》及随后的《春》《秋》中最隐讳的痛点，时常以成林的梅树和觉新的箫声这一类的意象出现。

1956年，上海电影制片厂根据巴金的长篇小说《家》改编，陈西禾、叶明执导，孙道临、王丹凤、张瑞芳、黄宗英等出演，电影于1957年3月上映。黑白的影像中，孙道临先生所扮演的大哥觉新的形象给观众留下了深刻的印象。

2003年12月，单仰萍应邀出演越剧《家》，有相当一部分原因是受到孙道临、张瑞芳等老一辈电影表演艺术家的影响。首演于当年上海国际艺术节的《家》为巴金先生百年诞辰而作。编剧吴兆芬，导演杨小青，作曲蓝天，唱腔设计陈钧。

接下《家》这个任务，是赵志刚向我发出的邀请，他向我细数对于《家》的构思与畅想。不一样的舞美空间、不一样的音乐设计、不一样的人物架构，他说了很多很多的不一样。也正是因为赵志刚的执着和对这部戏的热忱，在他真诚的“游说”之后，我心动了。我们之前已有两部大戏的合作——《曹植与甄洛》和《被隔离的春天》，对彼此相对比较了解，在人物创作和舞台配合上有一定的默契度。赵志刚在越剧的题材开拓和艺术创新上从未停止思考和探索，执着且富有激情。在我们的交流过程中，梅的形象，已在我的脑海中似幻似真地呈现。赵志刚的“鼓动”，也是鼓舞，使我欣然接受这个挑战。

越剧院一团是男女合演团。男女合演有男女合演的优势，尤其像小生、老生这样的行当，他们在舞台上的呈现方式、艺术效果与女性表演者还是有区别的。特别是像《家》这样的现代戏，男女合演可能优势就会更明显一些。

巴金先生的“激流三部曲”《家》《春》《秋》是经典的文学巨著，孙道临老师、黄宗英老师、张瑞芳老师在电影《家》中的表演对角色都做出了非常精湛的刻画，觉新、梅芬这些人物有前辈电影艺术家给我们做出示范。所以，对于梅的角色认知和整个的创作过程，与我其他剧目的角色是不太一样的。虽然越剧《家》舞台版中的梅是我的原创，但回想起来，这个戏的创排过程没有《舞台姐妹》和《虞美人》那么多困难和辛苦。

这些要归功于我们强大的主创团队，其中编剧吴兆芬老师和导演杨小青老师，这两位女性都是我非常钦佩的，她们细腻的情感世界和丰盈的思想意识，也得以在《家》的舞台上酣畅淋漓地表达：兆芬老师清新哀婉的剧本设定，小青老师精雕细琢式的导演手法；喜堂的哀伤、梅林的怅然、荷塘的凄美、飞雪漫天中的追随寻觅……剧中的每场戏、每个人物都被她们安置得鲜活动人。梅在《家》的舞台上不像其他的人物在整个故事中的任务那么重，没有那么繁忙的来往穿梭。但兆芬老师给到梅的四次出场，都是非常典型的戏剧场景。看梅，就像在看我自己，我就像是走进了她的影子里。所以在演绎梅的时候，按照剧本给到梅的空间，我只要把自己的真实的情感演出来，这个人物就自然呈现出来了。

越剧《家·梅林春雪》

梅

她，总是那样清婉地笑着，乌黑的辫子垂在胸前，

望着在青草地上捉蝴蝶的他，说着做梦似的去德国留学那样的话。

我们的《家》，梅与觉新在《梅花三弄》的箫声中，从梅林深处款款出场。梅为花之最清，琴为声之最清，以最清之声写最清之物，以最清之音喻最清之情。梅这个人物还没有出现，但梅的轻灵、梅的柔和，就已经勾勒在《梅花三弄》的音乐形象里。梅，是《梅花三弄》的灵魂，《梅花三弄》，是梅的主题音乐。这是作曲蓝天老师的神来之笔，是有着巨大魔力的音乐书写。这一场的最清之音，寄托在梅的身上，她是清越的、清朗的，清澈而空灵得像一湾空谷中的溪水，溪水边冉冉而立的是一树罗浮美人般的早梅。

这一个出场，梅的年龄感和她此时此刻的意识状态都非常重要。她在这一场的场景设定里还是一个无忧无虑的青年，有着她那个年龄的女孩子对于新的生活、新的理想的憧憬和追求。她和她的大表哥一起读书，追随着当时中国的进步青年们共同渴慕的新时代的脚步——《新青年》。作为清末民初官宦人家的大小姐，梅进过新式的学校，是最早的那一批进入新式学堂念书的佼佼者，是成都城里的那些出身优渥的新青年中的一员。她的思想不是守旧的，她内心是勇敢的，对于

越剧《家 · 梅林春雪》

新式生活中的爱情和未来她有着自己的期待。

我希望我的第一个出场能够体现出这个人物身上在这个时期的特点和亮点。虽然，短发在那个年代已经有了，比如小说《家》中的另一个女孩子琴，她就大胆地剪去了辫子，留起了短发。但梅的造型是两根长长的辫子。我觉得更加适合梅的那种清丽秀美，也更符合巴金先生原著中对于梅的描写。

梅，不是剪了短发的女学生，她是还没有来得及成为走出公馆、走到外面的新世界里去的现代女性，她对于新生活最美好的梦想在不久之后就被扼杀了。但梅，也因此始终是温柔的，温柔地对待着这个世界，以及她生命中的每一个人。这种温柔是她与生俱来的美好，而不是性格里的瑕疵。在表兄弟表姐妹们的记忆里，梅，无论何时何地都是那么温婉恬静，他们所能想起的，看见的，恰恰是她清丽婉约的模样、可亲可感的笑容、乌黑浓密的发辫。这样的女孩子，美好得就像春天里初开的花朵一样。所以，当我看到梅的服装造型，一条小碎花裙，底色是“草色遥看近却无”的青绿色，配着柔嫩淡雅的鹅黄的衫子，盈盈地笑着，站在和煦的晨风中，看着又蹦又跳的三弟和小鸣凤，那便是我心中梅该有的样子。

梅，她对新世界里的婚姻有自己的理想。她和觉新是从小一起长大，亲密无间、无话不谈的青梅竹马，也是长大之后相契的知己知音。在那个觉醒的时代，她深知自己家里的处境不会允许她也迈出留学那么大的一步，觉新的梦想，不是他一个人的，而是属于她和他两个人的。如果说，觉新或许还会有顾虑，而梅几乎是义无反顾地鼓励他，她与那个时代的很多青年一样，探讨着、向往着与她身在的旧式的社会完全不同的那个世界，所以才会对觉新说出“两情若是久长时”的那一番话。

觉新　那你不怕我离开你太久、太远吗？

梅芬　大表哥，你推荐我要好好读一读的这本——

觉新　《新青年》呀！

梅芬　对呀。我们既想做新青年，难道连古人还不如吗？

古诗尚且说——

（唱）两情若是久长时，又岂在朝朝暮暮？

古人当年做学问，尚且爱读万卷书，行万里路。

好羡慕你钟爱化学，前程有梦，胸中蓝图七彩铺。

莫耽心，相距远，离日多，

梅芬愿，有朝迎归高才生，祝好梦圆在成功处。

从表演上来说，我对梅的要求是在第一场里重点表现她青春靓丽的感觉。梅的眼睛里散发出来的那种光芒，闪烁着星星一样的光彩。她看觉新的眼神也是亮晶晶的，充满了对于他们共同梦想的向往。这个时候的梅，是晴朗的，像初升的太阳，对未来充满着期盼，对她的大表哥有着坚定的决心和对于他们爱情的信心。所以，我要把属于梅的灵动和雀跃演出来。

要让观众从梅的眼睛里看到那份充满了朝气的期盼，从她的一举一动中感受到洋溢着的青春活力和生命力。区别于传统的男女主人公花园相会的你依我依，他们携手散步，树下低语。充满了生机的梅林，是那个觉醒时代在四川成都高家公馆里的一个鲜明的投影，是梅和觉新的梦想和理想的蕴养之地，是一个尚未被尘埃和渣滓侵染的世外桃源，是旧的污浊的势力暂时还没有染指的最后的理想国。梅，和她的大表哥站在梅树旁边，梅花的清影映在她如水清澈的眸子里，梅花的清香拂染在她的衣衫上，衬着她温柔的笑容，美得定格成一抹永恒的初春的颜色。

越剧《家·梅林春雪》
赵志刚饰演高觉新
单仰萍饰演梅芬

如晴天，似雨天

她的颊边泛上了红，
新妆的胭脂那么嫣，那么浓。
她的眼角晕开了露珠，
静听着深夜里的灯笼，是风的生动。

梅的第二次出现，与第一幕有着极大的反差。洞房里的梅，命运已天翻地覆。她结婚的对象、她所嫁的人并不是她所爱的大表哥。她没有等来他的好消息，她的爱情她的未来，从此破灭和断送。与此同时，誓约两情久长的觉新也成亲了，他所娶的不是爱他的梅，而是另外一个陌生的少女。相爱的两个人终究没有能够走到一起，这样的故事好似没有什么特别，特别的是，在《家》的悲剧里的三个青年，梅、觉新、瑞珏，被放在了同一个舞台上、同一个戏剧的场景中。他们各自独处在自己的心事里，或悲，或恸，或喜，或绝望，或怨怼，或期许。

《家》是我和杨导合作结缘的第一部大戏。她对于《家》的人物挖掘深入且深刻，但在舞台的呈现上又是极其简约的。这一场是表现“三人两地”，在两处洞房内外的三个人物多人重唱的感情戏，杨导把舞台处理得很“空”，高高悬挂在空中的红灯笼，既是喜气喜事的点题，又因为它们所在的舞台位置，显得飘飘

越剧《家 · 洞房泪烛》
赵志刚饰演高觉新，单仰萍饰演梅芬，孙智君饰演瑞珏

摇摇，无依无靠，疏疏落落的喜气之中的游离、惶然、疑惑、惘然，黑暗中的点点红光，似喜又悲，一下子就充满了整个舞台，紧紧地揪住了观众的心。

梅，在这场婚姻中始终处在被选择的境地；她的大表哥，也同样是被安排的那一个。梅对于未来的梦想，终结在这场被抓阄所决定的婚姻里。如果说，觉新尚且不能对他重病年迈的祖父说一句大逆不道的“不”，那么，梅，面对她的寡母，面对没有选择她的高家，似乎也确实无话可说，只剩下接受。梅和觉新的爱情，是新青年式的自主恋爱的双向奔赴。但随着觉新的亲事以家族最原始的方式被确定下来，所有的新都被固有的旧覆盖了。这和他们规划过的那些梦想完全都不一样了。

梅，把所有的困惑归结成了梦，一个缥缈而虚幻的梦。她没有怀疑什么，也

越剧《家·洞房泪烛》

没有质疑什么，只是深深地将这个梦藏在了在自己的心底。毕竟，那是一个属于她和觉新两个人的梦，在那个梦里，她那么欢喜，那么勇敢，朝朝暮暮已经不是她所能想到的爱情最美好的样子，她的梦想比朝朝暮暮还要亲切，还要长远。但高家的决定太突然了，梅完全不知道该怎么安放她的惊愕与茫然，明明是青梅竹马的亲上加亲，蓦然间全变了。

直到坐上花轿，梅都还是昏昏沉沉的，她是无论如何都想不明白，为什么那么真实美好的情感会因两命相克而错过，为什么大表哥的命运会用抓阄的方式来选择，而他也就接受了这样的结果。所以，除了哭泣，梅不知所措，而她的婚事也似乎更多的是夹杂了她那寡母怄气式的决断，梅的母亲用梅的一生赌了一把。站在花堂之上，梅才知道，她的丈夫已病入膏肓，连下床走路都不能，与她交拜天地的是他的金花冠帽。可以想象，梅抱着金花灿灿的喜帽站在喜气诡异的陌生厅堂里，她内心的绝望是怎样的，她一生的希望就此终结了。

梅芬（重唱）洞房悄悄红烛摇，

瑞珏（重唱）洞房悄悄红烛耀，

梅芬（重唱）世事如梦梦缥缈。

瑞珏（重唱）面对烛花心狂跳。

梅芬（唱）表哥你，今夜梦乡在何处？梅芬我，逼嫁赵某你可知晓。

瑞珏（唱）新郎君，为何迟迟不进房？瑞珏我，忐忑不安如何好。

梅芬（唱）昏沉沉，身不由己上颠簸轿，呜咽咽，一路伴哭是断肠箫。
懵懂懂，冲喜拜堂方知晓，新郎已难下床，替身是他金花冠帽。

瑞珏（唱）烛熊熊，似有团团喜气胸中绕，情怯怯，又像丝丝不安挂心梢。
娘夸他貌也好，才也好，我只盼，知心着意同到老。

觉新（唱）昏沉沉，三杯喜酒愁肠搅，呜咽咽，哭寻旧地旧踪杳。
痛梅林，絮狂舞，花乱飘，相约三弄曲，不堪已成伤心调。

梅，所在的洞房是她自己一个人的，没有人为她掀起新娘的红盖头。当她迟疑地掀起红巾的一角，这本该是她这一生中最美丽的一天，而她青春美好的面庞却是那么凄恍暗淡，神采飞扬的新青年、女学生，就像是在一刹那间褪去了只属于她的娇美和青涩，离开了她熟悉的家和挚爱的恋人，她的心跳也变得不那么鲜活。她第一个想到的就是大表哥，但却不知道她的大表哥是不是也在想着她。梅只有17岁，却在新婚的这一天，想到了死亡，母亲是她活下去的唯一的理由。

"洞房悄悄红烛摇，世事如梦梦缥缈。表哥你，今夜梦乡在何处？梅芬我，逼嫁赵某你可知晓。"这是一段弦下调慢中板唱腔，初听，全是老腔老调，仔细品味，却都是新声新韵。陈均老师为我设计这段唱腔时，紧扣人物秀外慧中、善解人意而又高傲孤独的思想性格，并没有一味去追求嗓音有多么明亮，旋律有多么华丽，节奏有多少变化，而是字字句句都唱出了梅心灰意冷、身不由己的情感内涵，抒发了以虚带实、时空交集的审美意境，尤其当唱到"从今后，真情知己影缈缈，何处再召知音鸟"时，男女声三重唱的设置，三个人物不同流派，展现各自不同的人物心理状态，音质音色各具特色，让整个唱段达到了感情的宣泄，深深抓住观众的心，让人心酸。

瑞珏（重唱）从今后，他的家成了我的家，愿欢多愁少，默默祝祷。

梅、新（重唱）从今后，真情知己影缈缈，何处再召知音鸟？

梅芬（唱）怕的是，陪满室荣华一个肺痨，一生心病无药疗。

觉新（唱）怕的是，山残水残梦不残，浅缘断了，浓情难消。

瑞珏（唱）怕的是，名门望族似海深，我纤纤手，难驾小舟穿浪越涛。

梅芬（唱）似这样，生不如死真想死啊，可丢不下青春守寡娘，暮年谁养老。

觉新（唱）面对房中人，念着心上人，里外皆煎熬，生死两迢迢。

两地洞房，是梅和觉新、瑞珏第一次在心理上的相遇，他们在同一个时间不同的空间里的经过。杨导把舞台做得很空灵，把空间充分地给到了每一个人物，同时也给到了每一个演员。除了梅自己的内心空间，我还需要在舞台上走过觉新和瑞珏的心理世界。因为是三个人物在舞台上轮唱叠唱，看起来像是在各自咏唱着各自的内心，宣泄各自的咏叹，行走在各自的舞台路径上完成各自的规定动作。这场的动线设计，是把相对传统的“背云”和“推磨”进行了新的转化，这是戏曲舞台上最有特色和优势的虚拟表达。我们不仅体现的是舞台动线调度，更是人物内心的互联与牵绊。

此时的梅已心灰意冷，她的悲对应瑞珏的喜，她的绝望对应瑞珏的期望。觉新手捧梅枝，心中的新娘是梅，眼前人却是瑞珏。一个哀哀怨，一个殷殷盼。作为爱人，浅缘已断，浓情难消，他从此对梅的亏欠成为心头的烙印。作为新郎，面对满心欢喜嫁得如意郎君的瑞珏，他进退两难。

从内心来说，梅与觉新是紧紧牵系着的，但他们之间却音讯不通，而瑞珏则

越剧《家·梅林重逢》

完全是一个活在只属于她自己的心理空间中的女子，她无法进入梅和觉新的那个世界。在空间上来说，觉新和瑞珏是从此相互牵绊的，虽然他们之间尚无感情可言，而梅则从此只是觉新和瑞珏家的外人，高家，是她再也无法亲近的心理禁区。但其实，他们这三个人物也是同一的，笼罩在他们头顶上的那一层黑暗的罗网是同一的，是无差别的。这里的设定是点到即止，并没有把这一层意思说破，梅和觉新和瑞珏，都是这旧的罗网中的网中人，无论他们走向何方，都无法冲决开这个看不见尽头的牢笼。这里的红灯笼里的烛光虽然幽暗，但还算是有一点点光亮，这是他们的心底里仅有的一丝生命力，年轻的他们还将活下去，在这个即将埋葬他们的家里。

冷清秋的天气里

她，像一流清冷的梅涧，
独自，流连。
梅，像一瓣芳沁的灵魂，
无瑕，仍然。

对于觉新，梅也许是有疑问的，她不知道觉新在整件事情里究竟是否如己一样的被动，不知道他是否如她一般的惦念，那是她该有的疑虑和猜想。所以在第二幕里，梅的心理和情绪都是压抑的，她只知道自己的梦想破灭了，而觉新的生活是否如意，他的妻子瑞珏是怎样的，这些问题埋藏在梅的心底里。于梅而言，她对觉新是有所寄托的，掀开红盖头的刹那，她想的还是她的大表哥，不知道他过得如何，自己现在的境遇他又是否知道呢？所以，三年之后，故地重游，再次回到高家，回到梅林，这三年里，我想她还是会关注觉新的消息，两个真正相爱的人，即便最终没有能够在一起，但她从心底里一定是希望对方是好的。特别是当梅回想自己这三年的凄苦孤寂，以她的性格，如果觉新平安顺意，梅的心里也会有一丝慰藉，虽然他身边的那个人不是她。

梅的身影由远及近，伴随着音乐她静静地走向梅林，梅陷入了自己的回忆和

越剧《家·梅林重逢》

沉思。梅的眼神惆怅迷惘，所见之处皆是她不可触碰的痛。“战火燎”的唱腔设计，陈钧老师在尺调十字句的基础上进行变化，将原有的调式走向变成向下流动，使得音乐形象更加低沉舒缓。在梅脑海中缠绕的洞箫之声，欲掩耳难掩声。这里的几声轻咳，表现梅的病态。“痛人心终无磐石坚，恨情誓空随浊水流。”抓紧披肩，这冷风中的梅林，远不及梅心中的孤寒。“净梅林已成谎桃源，花月情愫，也早难消受。”跟随心中的怨与伤，梅张开双臂似叹如泣，披肩顺势滑落，随着“梦酣春透成往事，苦愁郁忿自消酬”的音乐节奏逐渐加速又骤然转变，梅潜意识中的挣扎与不甘刚要吐露，“白头诺化作了啼红怨，封煞的心扉怕重叩”，梅又将披肩慢慢披好，她的心绪再次回归现实，“回避莫牵扯，何苦枉凝眸”。何其苦，何其痛？梅的心都已不愿再次被重叩。

身上的白披肩已像是梅身体的一部分，或托或放或垂，或将自己紧紧包裹，梅在这里的表达越是隐忍越是压抑，她内心的痛苦、孤寂和凄冷，在舞台上就越发可以被倾泻放大。梅的温柔不会改变，梅的善良不会改变，她对大表哥的爱同样不会变。但如今的梅已经过巨大的变故和苦难。没有痛苦，没有见景伤情，没有睹物思人是不可能的。旧地重游，梅，是无奈的，虽然这座梅林，在她这三年的梦境里不知道回来过多少次，但真的让她回到这个改变她命运的公馆，面对这些改变她命运的人们，置身铭记着她的爱情和梦想的梅林，梅一定是很勇敢的。但这绝不是意味着她会忘却。

现实和回忆一遍又一遍地撕扯着她的伤痛，而她选择了用心去体会，去消解她内心的回避和眷恋的矛盾。所以加了这一段内心独白之后，梅这个人物的内心世界才是丰满的，是完整的。

《梅林重逢》中，本来“战火燎”这段的唱腔是没有的，剧本原来的设定是梅在音乐中出场，随之与觉新相会。但我想毕竟过了整整三年，在这一千多个日日夜夜里，她的境况、遭遇、故事，最重要的是这个人物的心路历程，她究竟是怎么过的，在这里该有个交代。包括对于大表哥的感情，是对三年前的回忆也好，是对自己三年间所受凄苦的哀怨也罢，梅一定是有她自己的内心沉淀的。当初，她还是一个充满着朝气、理想的新青年女性，她的思想、她的性格并不是唯唯诺诺的小女人，这三年的变故，她的婚姻，她的生活，她的思考，她对当下和未来的念想，并不是得过且过的，她有她内心的撕裂和挣扎，但这些是不会给人看到的。所以我向兆芬老师建议，我觉得这里需要有一段梅的内心独白。

后来兆芬老师写“战火燎”这段唱词，集中表现了梅的这些深层的内心波澜，层次是丰富的，是不平静的，是跌宕起伏的。冷清秋的天气里的幽冷，悄寂无人的梅林，凄凉的箫声，透骨的寒霜轻笼在梅的身上。她，还是像那一湾空谷的溪水边，凌波而来的仙女，沁着梅花的香气，凉凉的风送入人的鼻息，不自觉地被刺痛地落下冷冷的泪来，落在她的衣襟上。

梅芬　梅林，活在我记忆深处的梅林呵！

（唱）战火燎，乱离骤，故地重游，

洞箫声，总缠绕，寒沁骨透。

访旧林，寻幽踪，姗姗悄悄，

满眼是，冷清秋，芊芊柔柔。

青梅竹马一心人，音容相隔整三秋。

痛人心终无磐石坚，恨情誓空随浊水流。

净梅林已成谎桃源，花月情愫，也早难消受。

梦酣春透成往事，苦愁郁忿自消酬，

白头诺化作了啼红怨，封煞的心扉怕重叩，回避莫牵扯，何苦枉凝眸。

延续着这样的情绪，梅其实是不想碰到觉新的。就像小说中写到的那样，“我并没有恨过你，不过我害怕多跟你见面，免得大家想起从前的事情”。梅林对于她来说，也许只是来缅怀一下美好的回忆，缅怀她和觉新两人之间的那份少年时的感情。梅很清楚地知道，觉新和瑞珏的感情很好，瑞珏也很好，所以，她并不想来打扰他们，因为战争，因为避难，她才不得不到这里来。

越剧《家·梅林重逢》

越剧《家·梅林重逢》（赵志刚饰演高觉新，单仰萍饰演梅芬）

碰到觉新是一个意外，当听到觉新与觉慧酒后吐露真情时，回避在梅林深处的梅，早已沉痛欲绝。赵志刚的这段唱腔浸透了大表哥内心的痛和悔，我在梅树后面，只要听他唱到“她夫君竟死在洞房三天后”，我的表演是背身掩面抽泣，尽管是背身，我的眼泪也是刷刷的，那是真实的反应，是不由自主的，是控制不住的。觉新唱到“故人旧情怎能丢”的时候，梅的状态是有委屈的，但觉新的如泣如诉又让她心里得到了一丝慰藉和温暖。马上觉新说到，“因为梅表妹从未离开过我的心啊”。小提琴的旋律随之出现，灯光照亮梅林深处的梅。梅的心里一下子像被雷击中一样，才知他们彼此都没有放下，都在对方心中最柔软的地方深深隐藏。觉新格外痛苦地讲出，“梅是为我才毁了一辈子幸福的呀”。梅失控了，她再无法忍耐，失声痛哭，但立刻掩面克制、急欲离去，匆忙间慌不择路，正正地与惊泣寻梅的觉新迎面相遇。

当觉新主动提起往事的时候，梅是不想再谈这个话题的。觉新怕梅对他的避而不见，急切地表白，“我求你不要同我这样无言告别，求你让我诉一诉我的心底苦处吧”，觉新认为梅是在躲着他回避他，归根到底是他的梅不能饶恕他。因此，梅说，“我明白这一切不都是你的错啊”。这句台词一开始的时候，我念的是“这一切都不是你的错”，但是兆芬老师对我说，妹妹啊，不一样不一样的，这句台词如果这样念的话不够准确。我就想“都不是你的错”没有问题呀，后来我理解了“都不是”表示全盘否定，“不都是”表示部分否定。梅心里清楚所有的这一切确实不都是觉新的错，在台词上一点点的区别，所表达出的意思就有差异了。

现在大家看到的就是“这一切不都是你的错啊”，念白的重音一定要在“都”字上。原来这个“错”字是没有起腔的，在排练过程中杨导说，这一句的这个字，作曲是不是能够渲染一下。果然，后来这个起腔的效果是非常好的，是从梅的心里面迸发出来那种宣泄。所以这个字的腔中间有一个停顿，我在这里的处理是有抽泣声的，把梅在这三年之内的那种压抑、情感、痛苦全都宣泄出来。

越剧《家·梅林重逢》
赵志刚饰演高觉新
单仰萍饰演梅芬

梅芬　我明白，我明白这一切不都是你的错啊！

（唱）我明白，往事依稀浑如梦，常随风雨到心头。

我明白，这绾住我心春之柳，已枝残叶枯，不堪寻啊不堪留。

表哥啊，前情化灰既埋葬，开坟掘墓又何求。

我这里寂寞也是清淡趣，我愿陪无言回忆度冬秋。

这场戏是大表哥和梅将埋在心底的满腹苦楚共诉共叙的“对手戏”，我们对每个细节的处理可以说都是很用心的。尽管梅和觉新之前是青梅竹马，在梅林重逢的这个场景里，觉新有几次要去安抚梅，他想要走近她。那个时候，梅都是很下意识地就躲开了，已经过去的那些回忆请你不要再挖出来。直到最后，箫声唤忆少年心，两人再次奔向对方，又在音乐的配合下，骤然停止。

很多朋友看过《家》之后都会和我讲，这个戏太好哭了。我自己也有感觉，就拿我饰演的梅来讲，这个人物的几个戏剧冲撞点，每每演来我自己都能被感动到，总觉得这个戏有种魔力，每一次演出的时候，只要音乐奏响，我们整个就像着魔一样的，全都会沉浸在这特有的只属于《家》的氛围里。每次想到这些细节，我都想说《家》的整个主创团队太棒了。在《家》里没有小角色，每个人物都有独立的特征和精彩。一个剧的好，在于一剧之本，剧本给到每一个角色的词就像是这个人物自己的，完全是人物此时此刻的心境，就是他本来应该的模样。演员甚至不需要过多的表演，只用把这个唱腔念出来、唱出来，这个人物状态就在了。再加上音乐和唱腔设计将剧情氛围和人物的性情质感充分吻合。还有舞美、灯光、道具等辅助，所有的巧思加在一起是那么的契合，《家》有了它自己特有的质感。也正因此，我演起来都觉得是最轻松的一次创作，梅完全地走进了我的内心，我也完全地走进了梅的世界，等于说，只要站上《家》的舞台，我自己完全变成了梅。

越剧《家·梅珏交心》
单仰萍饰演梅芬

瑞珏　梅表妹，你的心我是明白的，可我的心你未必明白呀！

（唱）早知你，从小与他俩情酬，早知他，别有幽情梦中留。

这些天，更觉我是多余的人，我真想把这一切都还给你，独自悄悄娘家走。

梅芬　大表嫂你何必这样讲！

（唱）我已是，坎坷磨难都历尽，犹似深秋落叶已飘零。

求大嫂，权将相逢当噩梦，原谅我，扰乱你一颗温馨甜蜜安宁心。

瑞珏　梅表妹，我说的虽是空话，可绝不是假话呀！

（唱）我知你，孤苦人尝尽孤单情，孤月照孤窗，孤灯对孤影。

怎知我，守着爱伴也孤零，心儿常孤苦，有苦诉无人。

问苍天，既生梅，何生珏？害觉新，身心难割痛一生。

求表妹，你若能高兴一点点，他就好宽怀两三分。

我是疼他疼，怜他怜，你已是我夫妻都爱的知心人。

梅芬　大表嫂！

（唱）多谢你，敞肺腑，赠爱心，一腔真情对梅芬。

原来两个孤零人，一样凄楚女儿心。

人说道，荣枯总随风水转，我相信，至真至善方是心之根人之本。

好敬佩，表嫂善良又宽怀，好羡慕，你爱夫情随日月增。

此乃表哥修来的缘，也是你，做一个女人真福分。

多谢你，心靠心，暖我心，从此我再无牵挂情。

梅芬我也爱他爱，亲他亲，你也成我最亲最近知心人。

梅和瑞珏交心的这一场戏，很特别。其实一开始的时候，我在想，梅和瑞珏都很善良，在对待爱着的同一个人的事情上，也会在心底保留好那一份感情，表面上是要有收敛和隐藏的。所以，我在表现上是有所回避的，相对过于谦卑和客气。兆芬老师说，这里的梅并不是只有这一层意思的，她说这两个女子交心的这场戏是花了精力的。两个女子都这么爱这个男人，她也有私心，你也有私心，到最后面两个女子成为朋友，这个心路历程要梳理。

兆芬老师说，我希望你们两个人之前的表现是略有隔阂的。对于大表嫂，想来接近你又怕伤害你，对于你和觉新，你们这两个人都是让瑞珏有点手足无措的，在梅的眼里，不管瑞珏做什么，她都是梅和觉新之间的一个外人，所以要略带点排斥和抵触。

琢磨之后，我把这段表演做了调整。面对瑞珏的好言善语，她的挽留，她的宽慰，在梅的心中权且当作是表嫂的体面。瑞珏的话，再好梅也不愿听。瑞珏的热情，甚至会灼伤到梅。瑞珏非常清楚地知道梅和觉新的感情遭遇。“这些天，更觉我是多余的人，我真想把这一切都还给你，独自悄悄娘家走。”当听到表嫂说出此话的时候，梅的心中是有波澜的，我的主观反映先是一怔，眼中闪过的是质疑。然后，梅冷淡地告诉瑞珏，大嫂何必这样讲，梅已是末路，不会再打扰到她的生活。微鞠一躬，是梅的态度，也是她留给自己的尊严。

对于梅的表达，瑞珏迫切地想让她明白自己的真心：“问苍天，既生梅，何生珏？害觉新，身心难割痛一生。”此时的梅与珏，一诉一泣，两个同样善良、同样温存的女人，将同爱一人的痛苦煎熬在这个真诚交心的过程中慢慢转变，梅也明白了并不是瑞珏不懂得她，而是她不懂得瑞珏。等到瑞珏非常坦诚地把她内心的酸楚与痛苦，一点一点吐露出来以后，梅才意识到，早知一切的瑞珏其实和自己一样，她的内心同样饱受煎熬。最终，梅与珏彼此能够接受对方，接受这样一份特殊的情意，还是因为觉新，爱他爱，亲他亲，这是她们的共识，是她们放下、接受、释然，成为知心人的原因。孙智君是舞台爆发力很强的演员，她在《家》里的表演有很大突破和变化，将大表嫂的敦厚纯善、贤惠温良表现得恰如其分、张弛有度。

不管梅自己经历了怎样的苦痛，也不管这些伤痕也许永远无法弥补，但她还是愿意拥抱同样善良美好的瑞珏，就像她在全剧一开始的时候说过的，两情若是久长时，又岂在朝朝暮暮。虽然，那时预想的离别是因为一个阳光而充满希望的

越剧《家·梅珏交心》
单仰萍饰演梅芬，孙智君饰演瑞珏

越剧《家·挚爱永恒》

方向，而现在的离别是走出高家，继续独自承受命运安排给她的孤寂与病痛。梅还是那么勇敢，只有这样，梅最后才会那么释然地离开。

每次谈到《家》，我都会想起创排这个戏时的那些场景，那种氛围，梅，是一个会让我有很多话想说，又好像永远都说不完的人物。《家》是我演艺生涯中非常舒适顺畅的一次创作，也是人物体验感很强烈的一次。时至今日回想起来，我在梅这个角色身上的所有创作，我的方法、手段、模式，都是很自我的，是自然而然的。与其说我在创作梅，不如说是梅让我在越剧的舞台上成为她。

5

倾尽天下　虞兮美人

公元前 110 年前后的某一天，虞美人的名字第一次出现在太史公司马迁笔下的《项羽本纪》中。

项王军壁垓下，兵少食尽，汉军及诸侯兵围之数重。夜闻汉军四面皆楚歌，项王乃大惊曰：“汉皆已得楚乎？是何楚人之多也！”项王则夜起，饮帐中。有美人名虞，常幸从；骏马名骓，常骑之。于是项王乃悲歌慷慨，自为诗曰：“力拔山兮气盖世，时不利兮骓不逝。骓不逝兮可奈何，虞兮虞兮奈若何！”歌数阕，美人和之。项王泣数行下，左右皆泣，莫能仰视。

项羽的悲歌终结于他 31 岁的英年，公元前 202 年农历十二月的乌江成为他与虞美人的永诀之地。在项羽唯一传世的短诗中，虞美人是他于这世上最后的情绪抒写，也是西楚霸王湮灭于长河纪事前尚有余温的注脚。

司马迁忠实记录了项羽此后的末路与惨况，也记录了胜者为王的志得与嚣张。后世大多将项羽与虞的句点选择性地点断在乌江的那一夕，那一夜，那一场歌诗，那一段饮剑的离别。

年轻而英勇的项羽，因为多情和无奈被后世的人们所原谅。几乎没有人会记得项羽学书学剑皆无所成的平凡，却会赞赏他兵救巨鹿时破釜沉舟的决然。没有人会责备项羽在鸿门宴上的一错再错，毕竟，带着仅剩的二十八骑在乌江边退无可退的那一刻，他依然选择了最项羽的那个选项，不肯过江东。

虞，也像极了她的项羽。

司马迁没有在后来的篇幅中再提到虞美人。后世的人们将虞美人的故事也点断在了《垓下歌》的那一天。这样，虞就不会看到她的项羽拒绝乌江亭长渡江求生的最后一线希望，虞也就不会看到她的项羽自刎而死之后的残骸与血衣。

1921年，著名京剧理论家、剧作家齐如山编排创作京剧《霸王别姬》。1922年正月首演于在北京第一舞台，京剧大师杨小楼与梅兰芳分饰项羽、虞姬。梅兰芳大师戴如意冠，穿鱼鳞片半绒服，执剑而出，且歌且舞的虞姬，成为中国戏曲舞台上最为经典的女性形象之一。

对于单仰萍来说，此前距离虞的时代最近的一次，是因为西施。从春秋战国时代的硝烟中浣纱而至的西施，与虞相距不过二百七十年的白驹过隙。在舞台上扮演过西施的单仰萍，与公元前那个属于英雄的时代，似乎有着不可错过的缘分。

曾经几乎擦肩而过的虞，在2006年与单仰萍携手而行。作为纪念中国越剧诞生100周年系列演出重点剧目，新编越剧《虞美人》在上海大剧院首演。艺术顾问梅葆玖，编剧薛允璜、薛龙彪，导演杨小青，作曲蓝天，唱腔设计苏进邹、金良，灯光设计金长烈，舞美设计谢同妙，造型设计蓝玲。单仰萍、吴凤花、董柯娣分饰虞姬、项羽和张良。

虞姬，是我从艺道路上，有着特殊意义的一个角色。

筹备《虞美人》这个戏是在2005年左右，当时，我们这一辈演员都进入了自己创作的阶段。之前一直传承着老师前辈们的经典剧目，当然也有了自主创作的现代戏《舞台姐妹》和《家》，等等。塑造不同的人物，挑战新的作品，是作为演员最大的快乐和梦想，所以我也一直考虑选择自己喜欢的新的且不同类型的女性角色。

《虞美人》这个剧本先是由原作者薛龙彪送到艺术总监胡勖手里，然后拿给我看。一开始，考虑到这样厚重的历史题材由我们越剧该怎样表达？项羽等其他人物怎样选择定位？女子越剧用什么行当去演绎他，老生，还是武生？太多的不确定和忐忑，一时之间也还没有很充分的想法。后来薛龙彪又请到了他的老师、编剧薛允璜老师再次将加工后的剧本送到我的面前。薛允璜老师对艺术构想的详细讲述，让我不想也不能再与虞姬错过。至此，我与虞姬已经历了时隔两年的等待和沉淀。

对于虞姬这个人物，我是非常喜爱和钦慕的。一方面，虞姬在戏曲舞台上的分量很重，《霸王别姬》是京剧的经典之作，梅兰芳大师的虞姬形象深入人心；另一方面，作为一个历史人物，虞姬在《史记》中的记载只有短短的两三句话，却是自古到今、家喻户晓的一位女性。

虞姬，究竟是一个什么样的女子；她与西楚霸王项羽的爱情，究竟是一段什么样的故事？正因为对她的认知无处可觅，让我对她有了更多的好奇和遐想。楚汉相争的年代那么久远，越剧关于这个时代的戏剧作品不多，关于虞姬人物题材的作品也尚且为零。我想，是不是可以把虞姬的故事挖掘出来，用越剧赋予虞姬新的生命力，我希望这一次我和她一样勇敢！

遇见，勇敢

遇见，勇敢的她；

遇见，从来没有亲历过的人物以外的种种。

遇见，诗意的你；

遇见，注定似水温柔而又天长地久的缘分。

杨小青导演是当代中国戏曲最优秀的导演之一，她开创了“诗化越剧”的导演风格，是我非常信任和喜爱的前辈艺术家。之前通过《家》的合作，我能感受到杨导以柔性的导演手法来把握、掌控整个戏的核心，处理人物尤其是对于人物的情感挖掘，创作手法格外细腻。《虞美人》这个戏主要是站在虞姬的角度来审视这一段战争中的恋爱，是以女性的一个心理来揣摩，所以我们请来了杨导执排这部戏，杨导的诗意美学是我希望她能够赋予虞姬的那个不同以往的切入点。在排练之初，杨导就说：越剧《虞美人》是“把合适越剧表现的爱情注入重大历史题材中”的一次大胆探索。戏中如何通过虞姬来透视这场轰轰烈烈的楚汉战争，如何群像式地塑造家喻户晓的虞姬、项羽、张良、项伯、范增等历史人物，以及这些角色能否以柔美的越剧来加以体现，都是创作的难点。但她也满怀信心，一定能为观众奉献上一台好戏。

越剧《虞美人·誓爱》

我们这个戏创排的那个阶段，院里提倡我们演员自主选材，自己搭建完成主创团队，然后鼓励大家通过各种力量，找到社会上的支持。院团之间也恰好进入一个互相支持合作的历史阶段，院里鼓励我们多多尝试跨院团、多院团合作。所以，我们这个戏也是应时而生，出现了“多团合作”的创作模式。

关于剧中另外两个重要人物的演员选择，我和杨导也是多次商议。项羽，如果像京剧那样也用花脸这个行当，那么在越剧舞台上的表演是不是就会被禁锢住了？我就考虑到有英武气质的吴凤花。（笑）从行当来说，阿花自己的人物创作可以说是生行的所有类型都囊括了，而且她算得上是文武双全的演员。表演感情饱满，善于刻画人物，戏路很宽。再加之阿花身上的那种帅气、英武之相，对于项羽来说是比较合适的。

张良，身位谋士，这个人物比较有城府。在剧中，编剧将张良虚拟设定为虞姬的义兄，那么这种有智、有谋的男性角色适合用相对成熟、有年龄感的行当来扮演。我就想到了董柯娣，她的音色洪亮高亢，台风稳重，情感表达充沛，可以说是我们这一代中最好的老生演员。

与阿花和老董沟通下来，她们也都很喜欢这两个人物，同时都感觉这次的尝试很有挑战。她们欣然接受了《虞美人》的邀请。三团合作，一拍即合。当时三个院团对我的这个戏都是蛮支持的，在不影响阿花、董柯娣本团工作的前提下，全面地来配合我的这个戏。就这样，我们组成了《虞美人》二度创作剧组。

《虞美人》正式开排是在2006年的春节，正月初七我们就把剧组拉到绍兴。我记得我们在一个很大很空旷的剧场里，而且当时是没有空调的，因为日程紧张，所有演职人员都顾不上条件好坏，都是全身心投入。每到过年都是阿花她们团的演出旺季，每天晚上她们都要在绍兴郊县下乡演出。当时阿花几乎每晚每一场戏都要上场，在这么高的工作强度下，她白天所有的时间都用来和我们排练《虞美人》，就算中间累到去医院打吊瓶，排练也一天没有间断过。非常感谢阿花对《虞美人》的付出！我们全团在绍兴大概待了只有不到半个月的时间，就把整个戏的粗架子给搭好了。然后我们全团返回上海，再一场一场地抠细节。短短半个月，紧张有序的高强度创排日程，让我和阿花在人物关系的配合上，从一开始略带陌生感的合作搭档，渐渐地培养出彼此在舞台上的信任与默契，后来我们两个人的眼神交流都是不同的，会更坚定，更有情感状态的流露。

我们这个戏的音乐作曲是著名作曲家蓝天老师，《家》的音乐作曲也是由他完成的。蓝天老师的音乐不仅唯美，而且特别擅于刻画人物的情感，在写虞姬主题音乐的时候，他以昆曲曲牌《柳青娘》为素材提炼加工而成。音乐形象唯美而且温婉动听，对虞姬的人物形象塑造起到了锦上添花的作用。同时，也和项羽刚毅而间含悲剧色彩的形象形成了鲜明的对比。在乐器的选择使用方面，用钢琴主要表现楚霸王的刚烈性格，用小提琴独奏表现虞姬的温柔性格，使得全剧音乐刚中有柔、柔中带刚。蓝天老师特别严谨认真，每一次的练乐合排，他都要求全体演奏人员和演员的配合要严丝合缝，要准确，更要打动人心。每一次与他的合作，都能被他的状态感染到。

这个戏的唱腔设计是我们上海越剧院的资深作曲苏进邹老师和金良老师，由于我们常年合作，他们对我的唱腔特点、声音状态都非常熟悉。在我原有的流派唱腔特点的基础上，从人物出发，用新的唱腔设计手法，使虞姬拥有了符合自己的音乐特征，也留下了属于她自己的越剧音乐符号。

《虞美人》的灯光和舞美都是大写意。灯光设计是上海戏剧学院舞台美术系的金长烈教授，他为我们这个戏设计出了具有历史纵深感和凝固感的灯光矩阵，金老师的灯光写意手法是“大开大合”，大开可以是全场的战火氛围和多色气氛光，大合是会在同一个舞台中根据每场戏的人物需要分割不同的人物场景和聚焦点。舞美设计谢同妙老师在舞台背景中运用了寓意着战术的八卦图，白底圆黑框又象征着楚汉进入战争的旋涡，里面的人影则代表了战争的残酷。灯光与舞美珠联璧合的设计，给《虞美人》的舞台呈现出别具一格的楚汉风度。

造型设计蓝玲老师我们为剧中的三个主要人物虞姬、项羽和张良分别设计了意象鲜明的代表色：红、黑、白。红色，寄寓着虞姬浓烈的生命色彩；黑色，象征着项羽凝重的贵族气质；白色，预示的是张良静水流深的城府。当这样一组对比强烈的色彩同时出现在舞台上的时候，《虞美人》的古风底色也就铺垫完成。

虞美人的整个故事都沉浸在楚汉争霸的场景里，虞姬和项羽一直奔走在烽火硝烟之中。我们去掉了古装戏曲常用的水袖，蓝玲老师以秦朝服饰襦裙为设计基础，并特意为虞姬加入了辅助表演和强化人物风格的披风。由于要配合剧中身段表达，对于服装质地的选择当时也是下了一番功夫的，要有垂坠感，舞动起来还要有一定的支撑力，最后我们选择了丝麻，这种料子是很沉的。这件披风加上我的服装，大概有八斤重，项羽的就会更重一些，要达到十斤了。一开始排的时候，我常常是披风舞下来就唱不动了，唱好以后，披风又舞不动了。讲真的，这个戏排好，我的肺活量比之前好了很多。

对于虞姬的人物造型，之前可能是太想让她有一个明确的历史背景和生活状态的定位，也是在求新出新的路上绕了些圈子。虞姬虽然生活在军营马背，但她还有属于她自己的女性之美，我们的任何创新视角都要考虑全面，既要有她的时代感、背景感，还要有我们戏曲舞台女性角色的美学特征。我对头饰、妆面和服装要求是比较高的。每一次演出前，我都会认真准备头套、化妆用品，检查好服装道具。如果化完妆，我自己觉得很满意，那么对今天的演出也会增添一份自信。所以《虞美人》的人物造型，我们又和蓝玲老师重新研究定位，反复琢磨推敲，去繁就简，经历三版变化，就有了观众现在看到的越剧虞姬的样子。

越剧《虞美人·悲歌》

越剧《虞美人·索剑》

美人，虞兮

箫声，清幽了竹径，
月色，拂上了人衣。
云水间的吟哦，弥合了霜雪的锋棱。
他，赠给她一支竹箫，
她，赠给他一剑霜雪，
十二三岁的虞妹，目送着无字的离歌。

为什么会选《虞美人》，因为想突破。一路过来，我演绎的人物大多都是非常典型的中国古代女性，纤细、柔弱，楚楚可人，她们在很多时候都是经历着小桥流水、花园相会式的爱情。而虞姬不同，她的爱情存于乱世，虽然短暂，但在战火硝烟中得到了蔓延永生，千古流芳。在导演阐述过整个剧本的构思之后，我越发体会到，项虞之恋是更为浓烈诚挚的感情，他们两个人对生死的抉择，亦是彼此对对方的一种呵护。

《虞美人》从一定程度上来说，是我们用越剧的方式呈现的一部《虞姬传》。从虞姬十二三岁时演起，选取了虞姬与项羽、张良的生命交集中最重要的几个时间节点和故事情节，演绎了虞姬从小姑娘到少女、到女人的生命历程和心路历程。

越剧《虞美人·赠剑》

这个故事的与众不同，从大幕拉开的那一刻就开始了。

十二三岁的虞妹与姬公子的离别，是在月下的竹影里。她是那么清澈，又是那么懵懂。箫声里的氛围，既不是若有似无的初恋，也不像是单纯的兄妹之情。姬公子没有遵守虞先生的临终嘱托，没有留下来照料他的虞妹，但是他把自己的箫留给了她，而她赠给他家传的剑。

箫和剑，在我们这个戏里是贯穿始终的道具。在越剧的舞台上，这样的道具通常会作为男女双方角色的信物存在。所以，虞姬和姬公子，也就是后来的张良之间的情谊，与以往戏曲舞台上常见的青梅竹马间的情谊是不一样的。

项羽，是西楚霸王，他所统领的千军万马，是要攻咸阳、灭暴秦、救百姓、安天下的。楚汉争霸的古战场，他们每天面对的是铁甲绣鞍，是营帐天涯。虞姬与项羽的相恋相爱相知，却不是寻常意义上的爱慕与追随，我们给他们设定在一眼万年之中，是“漫天烽火霎时净，索前世，觅今生，似幻似真，千古梦中人”。一见钟情的爱情故事很多，但虞姬和项羽的一定是那个最特别的。

在项羽的眼里，虞姬是那个可以使他百炼钢化作绕指柔的女子，“人说乌骓和我一样，火爆刚烈，桀骜不驯。偏偏遇到了你，马也驯服，人也驯服”。在我们这个戏里，项羽性如烈火，遇事往往暴躁，但只有面对虞姬，是宠爱，是呵护，是无条件的信任和唯一的偏爱。当看到虞姬抚弄紫箫时，他的第一反应就是虞姬在思念姬公子，他就愠怒了。但是当他听完虞姬的讲述，他又像一个大男孩一样，“一腔怒火顷刻平”，甚至发誓要为她寻找她的姬公子。

在虞姬与项羽相处的过程中，虞姬是至柔至性的，面对项羽，她从来都是仰望的。所以我们在剧中看到的是虞姬的劝说、劝慰，从未有劝阻，虞姬不会阻拦项羽的任何决定，而是用她自己的方式表达出她的善良和建议。就像第二场中，对于行刺的无邪，项羽的命令是拉下去砍了，虞姬非常同情无邪，她没有也不能阻止项羽的命令，而是提出了一个小小的要求，为无邪更衣送行。

虞姬（无限同情，求向项羽）大王！大王，容我替她更衣，为她送行！

（解下自己的披风，给她穿上，梳理）姑娘！

（唱）披上一件女儿衣，姑娘本来多秀气。

插上一朵野山花，（取下自己头上的红花给她插上）

去见爹妈带点喜。有心难救小妹妹，

清泉当酒送送你。（取竹筒水送上）

姑娘，来世投胎，一定要投太平世道，千万莫再投这战乱人间啊……

无邪能够逃脱死罪并得以留在楚军之中，正是因为项羽被虞姬的这一番举动、

越剧《虞美人·誓爱》

这一片善良所触动，钢刀至此也柔韧。

项羽对虞姬的爱，可以说是无条件的，在有些时候是忘却自我、忘却利弊的。这一点，在第三场《重逢》中第一次表露出来。这里的重逢，是虞姬和她的义兄姬公子的重逢，只不过此时的姬公子，已经是项羽的顽敌汉王麾下的谋士。

在敌人和旧人的双重身份之下，姬公子张良的态度是决然的。无论虞姬是用旧谊去感动他，还是用诚挚去挽留他，张良再一次地像当年一样选择了离开。虞姬之所以一再请求项羽留下张良，是在为张良求情，为他请求项羽的宽恕，也是

越剧《虞美人·重逢》

希望用亲人之亲情消解敌人之对立。

张良“鸿沟为界，共生共荣”的承诺，当然是他作为谋士的虚言伪意，项羽未必不知放走张良，将会意味着不远将来的隐患，选择相信张良这个对于虞姬意义重大的“亲人”的信口之辞，有项羽源于自己的贵族身份和他无往不胜的自信，甚至是自负的。也可能是因为项羽将虞姬的亲人视作了自己的亲人，虞姬所信任的，就是项羽所信任的。

项羽对虞姬的爱，就是这么义无反顾，甚至可以放下生死。

山兮，水兮

大王如山虞似水，
山的青黛，投映在晶莹的波心。
大王如天虞似云，
天的阴晴，摇曳着烟雨的璎珞。

项羽和虞姬的生离死别，是从放走张良之后就开始看到端倪的。

垓下被围，张良的谎言不攻自破，项羽像是一头困兽，对着身边的亲信和将士暴跳如雷，高声怒喝。所有的人都看向虞姬，没有人知道该如何是好。虞姬接过无邪手中的酒盏，这里给观众的主观反映是虞姬的愁楚和心酸，转身的一瞬，她调整好自己所有的情绪和状态，紧皱的眉头化为浅浅的微笑，她轻轻地、缓缓地走到项羽身边，低声劝解，递上一杯温酒。她多么希望她的温柔劝慰能让夫君宽心解忧，换回的却是项羽的低声叹息和一句愤然自问："为什么会这样？"虞姬满是心疼，喊出"夫君啊"，紧紧环抱夫君的臂膀，唱出那段十字句：

虞姬　夫君啊！

（唱）心有怨，想骂人就骂几声，

心有恨，想打人就打妾身。

心有痛，莫强忍，越忍越痛，

心有怒，莫强压，愈压愈沉。

为妻不懂兵家事，难为夫君解忧忿。

负荆请罪斟杯酒，大王不饮，为妻痛心泪难禁。

夫之痛，妻全知，是这一段唱的核心意旨。柔柔劝，轻轻抚，心中的悲与伤不愿他见，多么想在这样的时刻，能给项羽一丝暖、一份甜，多想再看到他的英雄气概和胜券在握，他是她的山，是她的天啊。在这段唱腔里，我努力去体会虞姬的温柔纯善，体会她心疼她的英雄。面对项羽的不甘和焦灼，除了心疼，虞姬甚至在想是不是为了自己，项羽才放走了张良，如果是这样，她将无法自处。

怨也好，气也罢，虞姬有心要去找张良问个明白。当虞姬说出要去找张良的时候，项羽即刻从中意识到虞姬有了活下去的希望和机会，“当初放了他，如今救了你”。对于项羽的困境，虞姬所能想到的方法是求助于张良，而项羽所能想到的，绝境之中保全虞姬的方法，也同样是求助于张良。所以，他劝她走。

面对虞姬，项羽从来没有过责备或者埋怨，对于虞姬的自责，项羽是非常痛心的，这是他们男人之间的生死之战，虞姬是无辜的。所以，在《醉别》这一场里，借助着浓烈的“醉意”，项羽说出了他最舍不得说的一句话，让虞姬去找她的义兄，离开十面埋伏的楚营。

虞姬（一把抢住酒坛） 夫君！为妻要是走了，谁为你整顿衣衫？为妻要是走了，谁为你温酒把盏？为妻要是走了，厮杀归来，谁为你擦净身上的汗迹、刀上的血痕……为妻求你了，让我与夫君死在一起吧！

这是虞姬的决心，无论是困境还是绝境，虞姬对项羽的爱也是义无反顾的。当她面临生与死的选择，她的选择当然是和项羽一样的。正因为如此，项羽才会

越剧《虞美人·悲歌》

一反常态地对虞姬怒吼喝骂，所有的言语和动作只有一个目的，那就是趋赶他最爱的女人离开最危险的境地，去找一条生路，哪怕是去投靠他的敌人。

这一段的念白是撕心裂肺的，在整个这一场里，虞姬和项羽的情感是粘连的，虞姬在觉察到项羽的心意之后，她握紧项羽的双手，一字一句坚定地告诉她的夫君，夫生妻生，夫亡妻亡。项羽的一句“妻呀”，阿花借用了京剧的韵白，有一种舍我其谁的大丈夫之叹，也有一种仰天长啸的悲凉之感。虽然项羽是在赶虞姬走，但他的双手却是越握越紧。

“来来来，喝杯离别酒，项羽送你走！喝杯错爱酒，今朝便分手！喝杯忘情酒，一醉万事休！”用今天的语言来说，项羽是说着最绝情的话，做着最深情的事。在这里音乐设计运用了埙声，沧桑、空灵、凄婉，幽深，又绵绵不绝，用来烘托

越剧《虞美人·索剑》

两人此刻的心境很贴切，也映射着即将到来的撕心裂肺的生离。

虞姬决心去找张良，也是要做一个了断，如果张良能念及之前救他两命，还项羽一命最好。如若不能，还箫索剑！阿花在这里运用了摔僵尸的表演手段来表现项羽的决绝，虞姬的心揪在了一起，她温柔地轻轻地给他盖上自己的披风，含泪掩面，无言离去。

杨导在“索剑”这里安排设计了大量的舞蹈性动作，既要表现虞姬的急切和悲愤之情，还要体现乌骓骏马的疾驰奔跑。“冲出营帐飞马走”，我的圆场要快要稳，披风更要飘。还要马上接唱“一任悲泪滚滚流，面对夫君不敢哭”的大段唱腔。更难的是，金良老师的这段唱腔设计开始是导板，然后转嚣板，从“想当初乌骓马前蓦相逢”开始是长达十二句唱词的慢板，唱至“今夜里生死关头他忍痛别”转中板，又转流水，再转快板，唱至“天啊天为什么人间杀戮总难休”时，速度又放慢，再慢，更慢，旋律也从全曲的最高音“天啊天”的“天”渐渐下沉至“吹散我心底”的“底”全曲的最低音，音程间距宽达十二度。这一大段弦下调唱腔，集多种板式，旋律起伏多变，难度极大，我在演唱的时候，必须要注意将段落安排得分明有序，推进层次，力争做到既动听动情，还不喘。这个戏真的是太考验体力了，现在想想都怵的。

虞姬（唱）冲出营帐飞马走，一任悲泪滚滚流。

面对夫君不敢哭，怕哭声更添他悲愁……

（放声痛哭，良久。马嘶。白：乌骓宝马！）

想当初 乌骓马前蓦相逢，蜜蜜深情结鸾俦；

从此后 烽火连天战不休，相依为命度春秋；

他为我，避凶避险多护佑，我为他，营帐铺排温馨酒；

他为我，开颜不提征战苦，我为他，欢笑只说太平后。

他为我，天下红颜不屑看，我为他，世上英雄一概否。

千宠百爱两相酬，风光万里我独有。

越剧《虞美人·索剑》

越剧《虞美人·索剑》

今夜里生死关头他忍痛别，声声怒骂，明赶实暗救。

赶不走呀，死也不分手，为夫君呀，生计何处求？

见远处篝火点点密稠稠，那汉军十面埋伏死困守。

何不前去寻张良，迫他报恩施援手。

大王傲骨铁铮铮，面对救助他定然宁死不肯受。

眼前沙场死寂寂，茫茫世道哪是头？

天呀天，为什么人间杀戮总难休？

天呀天，可有清风吹散我心底万重忧？

虞姬苦苦寻找了六年之久的义兄张良，虽然早就不再是当年的姬公子，但他对于虞姬仍然是怜惜的。张良的戏份并不多，但董柯娣是下了一番功夫的，区别于以往的表演处理，董柯娣的张良既有激情慷慨，也更加儒雅深沉。把张良对于虞姬的深沉情感处理得很贴切，作为汉王的谋士，他所用来权衡利弊的标准当然不会是一个“情”字，无论是亲情，或者是旧谊。但当他面对虞姬的质问时，他并没有忘却虞先生的恩泽和托付，他只是不能像虞姬一样，在汉王和楚王之间，选择项羽。同样，他的虞妹也不能选择他给的“活路”，虞姬按住心口告诉他，“无有项羽，便不会有虞姬”。

只能帮小妹，不能帮项羽。一声声“杀了他”，虞姬的幻想也随之破灭。当虞姬意识到张良不可能再次成为她的义兄姬公子时，她把紫箫还给了张良，作为兄妹之谊的终结；她向张良索回了霜雪剑，作为她为爱而死的抉择。向张良求助的失败，直接意味着十面埋伏的绝境将没有解除的可能，张良的选择，宣告了她和她的项羽将要共同面对最后的离别。在这一场中，几处念白声嘶力竭式的宣泄，是虞姬发自内心的呐喊和情绪叠加情感的全面爆发，这在我以前的舞台人物中是不多见的。虞姬带给了我很多不一样的体验和尝试，我也在演她唱她的过程中走近她，体会她。

那么骄傲的我们

如果一生只能爱一个人，

他为她点亮了一整个花样年华的西风和灯火。

春有春的来意，

不论辗转多少山岗和逆流，

她为他撑起了一整个山川萧瑟的微笑和温甜。

我们在排《虞美人》的时候，导演包括编剧都想尽办法和点子，因为是舞台艺术呈现，有很多东西不能像电视里那样可以调度千军万马的大场景来表现。那么我在这个戏里就要去挖掘适合于舞台的，适合于越剧的，能够承载起他们两个人爱情的那个支撑——虞姬是怎样的一个女性，能够与项羽在爱情中双向奔赴。

对于第二、第四、第六场戏，我们几次修改，做了大幅度的调整梳理。虞姬没有参与到项羽的政治、军事中去，她只是项羽身边的一个女子，是项羽感情生活里的一潭柔水。虞姬对于项羽所做的一切都是在维护她爱的这个人，是在用她的方式帮衬项羽，而不是抛头露面地走到风云变幻的政治前台。

选择《虞美人》，是因为我想要试着改变以前那些柔美的人物印迹，但最终，我还是选择了听从人物，听从虞姬自己的心意，我不能为了要改变我自己的形象

越剧《虞美人·悲歌》

而改变虞姬。虞姬是一个纯粹的女人，是那种纯粹的水一样的柔美、柔和的女人，那么，我就演好她的柔性。

虞姬一出场，她的眼睛里就是古战场的那种空灵感、空旷感，她所在的那个空间是古战场，表演的时候目光一定是要透彻到剧场的最后面的一排，而不是在前面，只有这样，才能把古战场的那种氛围感表现出来。

最终，我们用了山跟水的比喻来形容项羽跟虞姬的这段心情。

霜雪剑，是我们这个戏里贯穿始终的一个主要道具。虞姬的第一场一出来就是去找这把剑，后来，为了项羽又从张良的手中把霜雪剑要了回来，通过这把剑

（上图）梅葆玖先生指导示范

（下图）四位“虞姬”：京剧史依弘、舞剧朱洁静、越剧单仰萍、淮剧许旭晴

来体现她和张良之间的那种情感的分割。京剧中梅兰芳大师的双剑舞太过经典，我是不太敢碰的。所以从排练之初，在和杨导商量的时候，我们就直接避开了这一段，最后这把剑的归宿点，落在了虞姬和项羽的身上，选择了更越剧的方式安排虞姬和项羽的诀别。这个戏剧动作必须由虞姬和项羽来共同完成。

后来，我们的艺术顾问梅葆玖先生来观看《虞美人》的演出，他说："越剧的这一段舞剑处理得与京剧大为不同，京剧是虞姬独舞，越剧是虞姬和霸王共舞。这段'剑舞'的创意很不错，尤其贴合越剧柔美的特性。"在当时，能得到梅先生的认可，我们是很受鼓舞的。

项羽之如山，不在于项羽有多强势，而在于项羽的坚定。虞姬之如水，不在于虞姬有多柔弱，而在于虞姬的执着。虞姬之于项羽是滴水穿石的至柔之性。项羽像山一样保护着水一样的虞姬，他像山一样屹立在乌江之畔，而虞姬至死也没有离开这座她所仰望的峰峦。当山遇见了水，山也晴朗，水也妩媚。当水遇见了山，水也多义，山也多情。虞姬与项羽行走到了这里，无论归去或不归去，也是一段青山依旧在，绿水颜未改的永在。

《索剑》在张良的箫声中结束，《悲歌》在项羽的思念中开启。同是两个孤零零的身影，一个从此陌路，一个挚爱永生。

在悲惨凄婉的四面楚歌声中，项羽的虞姬伴着乌骓的嘶吼回到了他的身边，舞台正中他们共举霜雪宝剑，"力拔山兮气盖世"的音乐想起，灯光随着音乐一起升腾，重振士气。音乐的律动感，动作的舞蹈性，这段表演的设计是很新颖的。我们舞台上扮演士兵的演员都是小姑娘，她们中也有演旦角的，最开始都找不到那种硬朗的士兵气质，都是软软糯糯的。经过舞蹈老师的要求示范，一遍遍地演练，我们现在看她们还都是很有气势的。伴随着音乐声落，项羽和虞姬分列舞台对角线，灯光马上聚合成光柱追随二人相拥，同时也照见他们心中的无可奈何。

战火中的爱情，可能就是这样的吧。一直到这个戏的最后，虞姬对项羽的深爱都没有完整的倾诉，我总觉得虞姬对项羽的这段感情还是要表白的（笑），所以在她死之前，一定要把她对项羽的真情实感告诉他。就这样，《虞美人》里才有了《悲歌》中的"一句话胜过千万言"。

虞姬（唱）　一句话胜过千万言，满怀感激叩苍天！

看世上，哪位君王似夫君，一生只宠一红颜；

越剧《虞美人·悲歌》

越剧《虞美人·悲歌》

问千古，哪位女子能比我，独拥君王爱和恋！
谢夫君，营帐里为妻筑家园；谢夫君，征途中伴妻赏花艳；
谢夫君，刀枪下护妻若等闲；谢夫君，战乱中赐妻一片安详天。
心满足，情缱绻，生死到此轻若烟。
为妻今生无所求，只求守在君身边。
为君歌，为君舞，为君欢欣展笑颜。
从此虞妹不再哭，再不叫，夫君心痛我泪涟涟。

项羽至死心里只有虞姬，项羽视虞姬胜过自己的生命。虞姬不只幸福，虽然死别即在眼前，但她觉得一切都那么值得。在这里我连用了四个“谢夫君”的唱句，说出虞姬心中的那份爱。这一段是虞姬的情感抒发，是对项羽的仰望和爱慕，所以这一段唱是虞姬这个人物的灵魂。每每唱到这段的时候，我自己的感受是忘我的，也是全情投入的。这一段的动作默契度和规范性，杨导都要求我们要做到必须准确，一红一黑的披风是我们人物情感的延展，每一个动作的时间点和起落幅度，都有它的定位，多一分少一寸都不行。要在人物动作结束的时候都能成为一个雕塑式的亮相。

其实，站在项羽短短三十一年生命的结尾来看，虞姬对项羽的爱就算是到了最后的时刻，她也还是想要去维护这个人，呵护这个人。这一段唱词里虞姬所唱的、所念的、所想的、所谢的都是项羽的好，是项羽对虞姬的爱。也是因为这些，所以在面临生死的时候，虞姬也用同样的爱去安抚着这个走到末路的西楚霸王，他把乌骓马交给她，让她去寻求一条活下去的生路，她放弃了这个活下去的机会，选择了和他在一起。直到这一刻，虞姬也还是那么温馨，那么柔美。

越剧《虞美人·悲歌》

越剧《虞美人·悲歌》

虞姬，不想成为项羽的拖累，更不愿意看着她的项羽带着遗憾离开这个世界。

在三次提问之后，虞姬也有了自己的答案。虞姬和项羽的剑舞是共执之舞，壮行之舞，也是誓约之舞，诀别之舞。在我们《虞美人》整个戏中，此时的霜雪剑第一次回到了虞姬的手中，也就因此促成了她与项羽唯一一次共执双剑，这个设定是越剧的，是属于《虞美人》的。和着“大王如山虞似水”的歌咏，他们相依相偎、相携相从，虞姬婀娜，项羽英伟，她与项羽彼此之间的承诺激荡于天地之间，“生死相依，成功突围。千秋百代，永为夫妻”。

所有的不公，所有的不平，
所有郁结在他心里的那些清泪与悲风，
虞姬在离开他的这一刻将它们一一抚去。
项羽，终究还是没有过江东，
他已经没有了卷土重来的不甘心。
江山，霸业，所有的戾气和征伐，随着虞姬的逝去而化解。
尘终将归尘，土亦将归土。
垓下的奈何之叹在这一刻湮灭。

英雄长世，在虞姬选择了死亡的这一刻，抚平了他内心所有的伤痕。当天地之间只有一个项羽，拥抱着倾颓在他怀里的虞姬，当血色铺满了天地，当长风褪去了乌江的疾浪，他做出了他的选择。唯其如此，项羽才是当得起虞姬之爱的那一座永在的高山。

我想，项羽也是幸福的，虽然他没有成为那个所谓的最终的胜利者。

大王如山虞似水，高山呀，永远在水环抱中；
大王如天虞似云，彩云啊，永远依偎在苍穹；

大王跨马往前冲，

虞是那缠缠绵绵、柔柔密密、片刻不离、生死相随的一缕清风。

在《虞美人》的最后，杨导为我们设计了一段血色中的浪漫之舞。项羽轻柔地把虞姬缓缓扶起，就像从前时那样，与他最心爱的虞姬肩倚着肩。“玉山倾颓重扶起，虞兮羽兮永不离”，虞姬至死都是项羽捧在心头的宝，她死后也会幻化清风陪伴在项羽身边。漫天漫地的血色，像极了虞姬最爱的那一抹鲜红的颜色，像是一团永不熄灭的生命的烈火，凤凰于飞的他们涅槃而出。

现代人其实是没有机会去经历这种大起大落的感情，特别是战乱中的爱情。所以，当我选择了这个人物，从拿到剧本到最终版的《虞美人》呈现舞台，它注定是我艺术生命中一段不平凡的经历。从立项开始，邀约主创团队、协调院团配合、人物角色选择、服装造型设计等等，从创排、二度创作、三版修改重塑，一路走来，所有的细枝末节都需要我参与面对。这个过程对我来说，想想就觉得是一件很可怕的事情。回过头来看的时候，简直不敢相信这是我做的。我是一个相对比较内向、比较被动的性格，一路过来都是由院团来分配、安排角色，我的工作内容就是演好人物即可。但《虞美人》不是这样，除了舞台上的事无巨细，舞台之外的工作量要远比想象中的多得多。剧场、宣传、票务、周边，等等，作为这个戏的制作人，太多的第一次等着我去尝试。

每个人的能力不同，擅长的方面也不同。所以，我要感谢为《虞美人》付出过的每一个人。新戏创排的过程，要经过反反复复的磨合推敲，所有演员都和我有着一样的决心，全力以赴地投入。阿花和老董，经历过这次合作，我们成为很好的朋友，后来一起演出，都要吃住在一起。只要是一见面就有聊不完的话题，互相关心，彼此照顾。

虞姬的妆造是要场场赶妆的，中间几乎是零间隙，服、道、化的老师们每一次都能一秒不差地保证我准点上台。我们的舞台监督李亚忠，只要演出开始，我除了表演以外的这个戏的全部协调工作就都放心交给他了。在夏天演出的时候，

越剧《虞美人·悲歌》

越剧《虞美人·悲歌》

亚忠还会给在副台准备很大的冰块降温，因为演员们的服装实在是太厚重了。我们现在聊起《虞美人》，亚忠对于当时舞台上所有的细节还能记得非常清晰，甚至比我还清晰。

在《虞美人》的演出中，有一场让我记忆非常深刻，那是在2007年12月15日，《虞美人》受邀参加第十届中国戏剧节。在抽签定剧场的时候，挺意外地抽到无锡大众剧院，剧场相对小了很多，给我们赛前短短几天的排练准备增加了难度。但演出当天，我们全体演职人员的状态都特别好，精神饱满，格外兴奋。所有的人都是早早地做好了准备工作，往日喧闹的化妆间，那天显得格外的安静和专注。我似乎能感觉到那些士兵妹妹们，都在用鼓励的眼神看着我。当开演的钟声在剧场内响起，全体演职人员都进入状态，每一个环节都严丝合缝。那天演出结束，我们每一个站在《虞美人》舞台上的演员都觉得这一场演出特别好。杨导上台来和我们说，你们今天所有的人都特别的棒！你们的人物状态都出来了，也都出彩了。我自己也觉得演了这么多场《虞美人》，用我们演员的话说，那是我演得最舒服、最过瘾的一次虞姬。当天，杨导要连夜赶回杭州，在她启程之前，我和杨导讲，这场演出无论得不得奖，我都没有遗憾，因为整场演出，我很享受。

赛后没有多久，院长李莉告诉我，《虞美人》获得了第二届中国戏剧奖优秀表演奖。在生活中，我是一个特别难掉眼泪的人，但那天我流着泪对当时的李莉院长讲："我真希望这个奖不是我个人的表演奖，而是《虞美人》的剧目奖。"李院长当时就轻轻抚拍我说："仰萍，我能理解你的心情。"后来我把这个奖得到的奖金，拿出来分给了剧组的每一个人。虽然金额不多，但我想告诉大家，《虞美人》是我们整个团队同心协力的成果。

当然，在这个戏排演的整个过程中，还有很多身边的朋友，都是力所能及地参与帮忙，他们都是我的贵人。尽管这一路走得有些艰辛，但我还是觉得老天爷对我蛮眷顾的，也给了我很多机会。我常常想，我的越剧生涯还是比较顺利的，没有刻意地做过计划，但每个阶段的努力后都会有小惊喜，让我觉得付出都是不

会被辜负的。

《虞美人》不仅仅可以享受到角色带给我的愉悦，还可以享受到一个作品从无到有，从十月怀胎到呱呱落地的过程，我也像是从幼儿园、小学、中学、大学，一步步地在成熟在成长。

每当《虞美人》的音乐响起，我都还是会有很多感触，很多感动。但我觉得类似这样的特殊经历一次就够了。到现在来讲，作为我自己创排的一个作品，还能够被大家认可，知道单仰萍还有个《虞美人》是她的代表作，前面一系列的、所有的一切的辛苦都是值得的。

3D舞台艺术片《虞美人》在上海大宁剧院拍摄留影

6

春江千里月明

一座很小的城，水碧山青。

才罢炊烟，又袅茶烟，经过唐宋，行至明清，诗家词人，略加点染，云便有了竹溪的温凉，水亦有了天青的颜色。它，却不张扬。林壑，不过是溪山水木；钓台，不过是白羽飞鸟。雨前芽，春山茶，处处竹隐人家。

黑白电影时代的胶片就曾记录过这座城的影像，它若不说，许多人便不知。

1950年代，由沈浮导演，赵丹、钱千里主演的电影《李时珍》取景于这里的七里泷、窄溪；1960年代，由谢晋导演，祝希娟、王心刚、陈强主演的电影《红色娘子军》取景于桐庐镇、金西溪滩；1970年代，由寇嘉弼导演，王馥荔、计镇华主演的电影《风流千古》取景于富春江、芦茨。

1980年代初的短短两年之间，由周予导演，潘虹、佟瑞敏主演的电影《杜十娘》取景于洋洲；由殷子、陈蝉导演，李勇勇、屠笑飞主演的越剧电影《花烛泪》取景于此；由颜碧丽导演，朱碧云、赵静主演的电影《笔中情》取景于芦茨湾；由张鑫炎导演，李连杰、黄秋燕、胡坚强、丁岚主演的电影《少林小子》取景于瑶琳洞。

它，似乎符合人们关于古时山水人物空间的所有的想象，那一程山，那一程水。

明星电影制片厂、上海电影制片厂、上海天马电影制片厂、峨眉电影制片厂、长春电影制片厂……那个时代的人们能够想到的中国著名电影制片厂都曾有剧组到访过这里，为它驻足，为它留影。它若不说，许多人便依旧不知。

1985年的5月，中央新闻纪录电影制片厂《绣花女传奇》剧组正式开机，导演石岚是延安“鲁艺”时期的老文艺工作者，时年23岁的单仰萍第一次站到了电影镜头前。她身后的山水、帆影，也是这座城第一次为这乡音、乡情，为这个叫作柳明月的女孩儿，点染成它本来的模样。

后来，许多人在电影院里第一次见到单仰萍，这座城也终于让许多人记住了它的名字——桐庐。

桐庐，对于我来说，就像是母亲一样。我出生在富春江畔，父母希望我安好平顺，给我取名“仰平”。进了剧团之后，自己觉得还是“萍”字更像女孩子用的名字，这才改成了“仰萍”。我在桐庐出生，在桐庐读书，在桐庐考进了艺训班，也是在桐庐走上了从事越剧艺术工作的道路。

回想桐庐艺训班学习的三年半时光，同学们都是同食同宿。每日清晨铃声响起，大概只有十五分钟的洗漱时间，马上就集合、早功，夏季的早功时间是5点半，冬季是6点。夏天还好，但到了冬天又湿又冷，是骨头都会冷得发疼的那种透骨的湿冷，所以，早起一直是很痛苦的。压腿、拿顶、踢腿、下腰、圆场这些是早功的基本项目，戏曲压腿的要求是钩脚面，踢腿则要求脚尖踢到脑门，我有好多次都梦到使劲用脚尖去贴脑门。

那时，男女生分别在走廊两端的练功房训练，我们的班主任宣锦立老师一般都是看着男生练功，我们女生只要听到练功房的那一头传来又哭又喊的声音，就知道是宣老师在给男生拉横一字了。压横一字是人坐在地上，两腿分开面朝墙， 腿功好的，人就能和墙壁贴的近些，腰腿硬一些的就要受罪了。宣老师又很严格，看到谁没有做到位，或是在偷懒的，用力向墙面那么一推，那是很痛的。潘老师给我们女生抄功、练腰，下腰时，要求我们头要顶到屁股，手要抓到脚踝，几乎每次都能听到自己的骨头在嘎嘎响，等到回身站起来，满眼都在冒金星。我们班的李林华、濮亚川基本功都很厉害，20秒计时能连续

单仰萍练功照

翻 20 到 21 个前桥，我最多能完成十几个就了不起了。

练功讲究耗，是控制力的锻炼。压腿、拿顶、下腰这些每个动作都要保持一段时间。拿顶我们是 5 分钟起步，只要有人动一下，就要继续加时间，记得有一次曹爱香同学拿顶 40 分钟了，可能是麻木没知觉下不来了，是同学们一起把她抱下来的。早饭后，我们上午一般是基训课、身训课，我最喜欢上身训课，教我们身训的是汤滢老师，长长的一条大辫子，大大的眼睛很亮。她是学舞蹈的，动作可漂亮了。汤老师蛮喜欢我，我后来生冻疮逃回家，到家里接我回来的就是汤滢老师。我最怕的是上毯功课，因为胆子特别小，所以台蛮、跳板、倒扑虎等翻翻打打的功课，我就害怕得不得了。尤其是倒扑虎，是从大概有两三张桌子的高

桐中艺训班师生合影（1975 年 8 月 16 日）

学生时代演出《红色娘子军》
单仰萍饰演吴清华

度翻下来，虽然有应老师和潘老师在下面保护着，可我人一站上去就已经吓坏了，根本不敢向下看。

学戏的生活是既开心又枯燥的，也吃了不少“苦头”。那时我们年龄小，还不太会照顾自己，一到冬天，很多同学都会长冻疮，我是比较严重的，手上脚上都是。我那个时候最期盼的就是妈妈来看我。因为每次妈妈来就会带很多好吃的，还有就是衣服有妈妈给我洗了。艺训班的院子里有一口小井，每次妈妈来的时候，都会把我们年纪比较小的几个同学的衣服一起收过来洗，好大几盆呢，所以我的同学们都和我一样盼着我妈妈来，我也特别有自豪感。我们那时候是睡大通铺，我和杨蕴萍是一直挨在一起的，在后来的《春江月》《桐江雨》里面，她演宝儿和小时候的二龙，都是演我的儿子。她皮肤白白的，笑起来很甜，小时候我们都叫她“洋娃娃”。我那时也有绰号，老师称我“马大哈”，同学叫我“胡司令”——因为总是忘东忘西，丢三落四的。每次发饭票，都是早上发好，下午就不见了。饭票丢了是要去补的，管事务的邵老师都已经见怪不怪了，每次都打打我的头说：“粮票不拿来，饭没的吃。”说是这么说，每次他还是会把饭票补发给我。直到后来进了桐庐团，“胡司令”这个绰号还一直跟着我，丢三落四也没改掉。（笑）

小时候的我，也偶尔会调皮淘气。一次，我和杨蕴萍、曹爱香三个人偷偷去艺训班后面的山上摘李子，正摘得开心，被住在旁边的农民大叔看到，大叔一边喊，我们一边跑，刚摘的果子也没地方放，我们就把果子都放进练功穿的灯笼裤腿里。跑得越快，裤子里的果子就滚得越欢，撞到腿上疼得不得了。

转眼间，我们毕业已有五十载，虽然共同在一起学习的时间不足四年，但那

越剧《桐江雨》剧照

单仰萍饰演桐花，许志英饰演幼年大龙，杨蕴萍饰演幼年二龙

时留下的美好回忆，那种朝夕相处的亲密感，儿时的友谊最是珍贵。时至今日，即便不常联络，也是彼此挂念。我们的艺训班和老团址都坐落在桐庐的山湾湾里，之后很多次回去想找到曾经的旧址，但是那里变化太大了，几乎很难再看到从前的那些印迹。但在我记忆中它的样子清晰可见，一切似乎都停在那里。

在桐庐越剧团，我不是从艺训班一毕业就站到舞台中央的，从侧幕到舞台，我走过的路要比很多同班同学更漫长一些。如果不是应勇发团长给了我机会，又为我安排许梅棠老师教我练唱，可能，我在 1978 年就改行了。很多喜欢越剧的观众是在 1984 年的江浙沪越剧青年演员电视大奖赛知道我的，而对我更多的认识和了解，则是通过在桐庐拍摄的两部电影《绣花女传奇》和《桐花泪》。

1999 年浙江省桐庐中学艺训班校友联欢会演出合影

忽然之见

像是一朵花儿开了，不惊起谁，娉婷着静处的香。

我们进入桐庐团几年之后，团里开始创排新编戏《萍娘》，主演许晓云老师，是我们团的当家花旦演员，我便是许老师的 B 角。包括《血罗衫》《盘夫索夫》等戏，也都是这样的安排。在《萍娘》巡演途中，许晓云老师突感身体不适，随之入院治疗。但巡演还要继续，团里通知我要立即顶上去。虽然我是剧中萍娘这个角色的 B 角，看似是离主演最近的距离，可担纲主演、适应舞台是需要时间磨合的。我并没有实排实演过，只是在老师们的演出和排练过程中，在旁边认真学习、仔细观摩。唱词唱腔没有刻意背过，身段调度没有排过练过。所以，当接到团里通知要我接演萍娘的时候，我是懵的。没有再想一想或者说再犹豫一下的时间和过程，团里老师们为我进行了短暂的说戏、排练，懵懂间只记得当时老师说得最多的，都是鼓励和支持。

虽然心里是又惊又喜，但这个任务还是来得太突然了。直到上台，我都是坐立不安，食不知味的。这个戏里的萍娘当时唱的是戚派，第一句“雏燕噪噪老燕忙”一唱出来，我的声音抖得完全不像是我了，太紧张了。（笑）我在心里暗暗对自己说，不能慌，要稳住，许梅棠老师帮我练唱三年，今天就当作是考试了。

越剧《萍娘》剧照（单仰萍饰演萍娘）

想想我的心理素质还可以，舞台上的王宝英等前辈老师也都帮扶陪伴，那场演出真的算是蛮顺利的，《萍娘》这个戏我就算是演下来了，最后大幕一落，台下的观众响起了掌声。

浙江是越剧的故乡，我们桐庐的观众也很热爱越剧。那个年代，乡间的观众平时看戏看得多，他们性格也都很耿直，不像现在城里的观众那样会出于礼貌地送上鲜花、送上掌声。我们在乡下演出，台上的演员今天演得好不好，观众们的心里都有一杆秤，好就是好，不好就是不好。对于初出茅庐的我，桐庐的舞台就像是我们青年演员的实验田，也是检测我们学习实践成果的试金石。在那里，很有可能一出戏演下来，静悄悄地，也许一点掌声都没有，观众们就散场了。现在想起来，那时的我才 19 岁，演唱、表演都很稚嫩，又是第一次演大戏，大家这样包容我、鼓励我。所以，我很感激那天陪着我把《萍娘》演下来的各位老师，也很感谢给予我信心的观众们。

在那次《萍娘》演出之后，全团上下觉得我在舞台上的表现还不错，我就像是跨过了一道关口。同仁的信任，观众的认可，是我成长中最不能忘却的记忆，更是我在越剧道路上继续前进的动力。接下来，团里又安排我排演了《苏秦》《啼笑因缘》等戏。当然，主要还是靠当时团里前辈老师们的“传、帮、带”，是她们带着我熟悉舞台、熟悉表演。也正是通过这些戏的打磨，我和我的同学们作为桐庐越剧团的青年演员，才有机会在日常的演出中互相磨合，不断成长，渐渐地已经能够让观众们记住我们这些年轻但还有些陌生的新面孔。我们的成长同时也得到了桐庐文化部门的高度关注。从文化局、宣传部到桐庐县的各级领导，都给予我们很多的帮助和扶持。也是在这种氛围下，当时的桐庐越剧团发展得非常好，

越剧《春江月》剧照（单仰萍饰演柳明月）

青年演员们迅速成长，作为演员，当年的我们是很幸福的。编剧包朝赞老师在1983年为我们量身定做了新编越剧《春江月》，也就是后来被拍成电影的《绣花女传奇》。

包朝赞老师是许晓云老师的爱人，可以说是看着我从艺训班的小学员一点一点成长起来的。包老师是我们浙江的本土剧作家，特别擅长写浙江民间女性题材的戏，写传奇式的普通人的故事，既接地气又具有正气，浓浓的乡音、乡韵人情味让观众很容易有共鸣，所以大家都很喜欢看包朝赞老师写的戏。《春江月》描写的是发生在富春江边的一个动人的民间故事，蕴藏着桐君山水的万顷春江、千里明月，剧中的主人公柳明月是富春江人美好与质朴的缩影和写照。同为富春江水养育的女儿，柳明月，也是我与家乡千丝万缕、情缘情愫的纽带。

《春江月》创排的时候，我们请到了浙江越剧团的吴兆千老师和何雅老师，他们分别担任我们这个戏的导演和唱腔设计。也正是因为这两位老师的到来，我们开始第一次进入到了自主创作人物的阶段，无论是系统化的声腔训练，还是刻画人物形象、塑造人物性格的方式方法，我们在两位老师的辅导、提示和引领下，都得到了进步和提升。

轻舟过，万重山

皎洁，笑着的是她的眼睛，
像晨风里的星星。
烂漫，绣着的是她的欢喜，
像重叠间的丝缕。

世间，大概没有人会不喜欢柳明月这个女孩子。就像包朝赞老师为这个人物所写的那句话，恰似春江秋夜一轮明月，升也悄悄，落也悄悄，只把满天银光洒满人间。善良，美好，深明大义，忍辱负重，最终守得云开见月明，这样一个具备中国传统美德的女子是可敬的，也是可爱的。20 世纪 80 年代是包朝赞老师创作的高峰期，那个时代对于人与人之间的真诚、善良、美好的渴望，可能会比以往任何时候都要更加直接、更为浓烈。绣花女柳明月，很符合这个时期大家对于这一类艺术形象的期待，而她所经历的从懵懂少女到苦难母亲式的磨难，更是让大家几乎毫无阻力地贴近了这个人物。

银河玉水富春江，莹莹清流向钱塘。留下几多悲欢事，一曲山歌悠悠唱。1984 年我们带着《春江月》开始巡演，我记得我们带着三季的衣服，春节出发，从冬到夏，一直到 6 月，我们才回到桐庐。在《春江月》的巡演过程中，我们文化局的郑锡纯书记等领导，不管走到哪里，都是一路跟随，从嘉兴、苏州……到南京，最后一站是上海，为我们请专家，听意见，在我们的成长过程中，正是因为有他们的保驾护航，才能取得那么好的成绩。我们的《春江月》不但得到了桐庐观众的认可，甚至在全国都获得了很好的反响。据我所知，像黄梅戏、豫剧、秦腔、扬剧、晋剧、淮剧、吕剧等很多剧种都移植演出了我们这个戏，就连远在福建的梨园戏也演出过《春江月》，可见这个戏有多么大的魅力。同年年底，我们桐庐团接到了拍摄电影的任务，影片的名字改为《绣花女传奇》。现在回想，《春江月》带给我的幸运真的是太多太多。

越剧《春江月》参加
浙江省首届戏剧节节目单

但直到 1985 年电影开拍前，我还完全不知道拍电影是怎么回事。电影导演是中央新闻纪录电影制片厂的石岚老师，他曾拍摄过多部戏曲电影。石岚老师要求由一位演员来完成整个电影的柳明月，随之摄制组选中了我来扮演柳明月这个角色。这样一来，我第一个需要解决的问题就是唱腔，舞台版柳明月的唱腔不是按照王派来写的。而我想让我演的柳明月在电影里是用王派唱腔来呈现。团里的领导和老师们也很赞同和支持我。作为当时的县级剧团，能够有机会拍摄电影，大家都特别开心也十分珍惜。全团上下除了激动和兴奋，更是全力投入每个细节。面对唱腔设计和表演创作等这些重要环节，要保质保量地完成，更想精益求精地体现。加上对很多状况心里还没有底，我就壮着胆子给远在上海的老师写了一封求助信。

那年的 3 月 10 日，王文娟老师在我和全团的期盼中，冒着早春的风雪赶到了桐庐，一同而来的还有上海越剧院的作曲家金良老师。路途中，两位老师一直

电影《绣花女传奇》剧照

在聊我们团和我。在我当时那个年纪就能有这么好的机会，老师也很替我高兴，再三叮嘱金良老师在进行唱腔设计时一定要细腻，从人物出发，对前后不同年龄感的唱法上要把握好。虽然车马劳顿，但老师没有半刻停歇，一到团里，老师就开始帮我梳理柳明月的几段重头戏，同时给我讲解电影与舞台的表演差异。舞台是相对平面的，电影是更加广阔的空间视角。而且我们不是戏曲艺术片，是真正的实景拍摄，无论表演手段、情绪、节奏都不一样。戏曲舞台讲究表演的连续性，相对更注重戏曲程式化表演方式，还有空间上和观众的互动感。电影会更加写实，电影结构和视角是有放大效果的，可能是一个眼神、一个手势，都很细致入微。人物年龄、空间的跨度也就需要更加精准，更加细化。

十八岁的妙龄少女，豆蔻年华、清纯如水，却未做新娘先做娘。这历尽艰辛、含垢忍辱十八载的遭遇，柳明月所经受的内心煎熬和思想挣扎，她的坚定选择，她的无私和她的伟大，老师和我强调要用心体会。与人物感同身受，进入她的内心世界，才能更准确深刻地表现人物内心变化到外部呈现的整个过程。跟随剧本的戏剧冲突的变化而变化。老师为我将表演手段做了重新梳理和调整，比如水袖的运用，舞台表现是人物情绪的放大、手势的延长，动作幅度都相对夸张，而电影中就不能和舞台表现完全一致。有些地方要适当收敛，要更加生活化。老师当时注意到我手上的冻疮，说这一定要赶快去治好。我们演员的手原本就是表演表现的关键，很多镜头给到手就不好看了。有了老师的解析指导，我的心里才算是有了底。

轻舟送我回故乡，青山笑迎绿水唱。
一年前，姐妹相伴到富阳，绣花换钱敬高堂。
爹传喜讯催我归，为明月，择定佳期许夫郎。
多情姐妹依依送，催我快绣嫁衣裳。
说不清心中喜与羞，抬头见桐君山塔遥相望。

看过电影的观众，几乎都还记得柳明月出场时的那一段《轻舟送我回故乡》。镜头是我们桐庐的春江水暖，轻盈的小舟，回乡的绣女，笑语欢声，晴风朗云。

电影《绣花女传奇》剧照

电影《绣花女传奇》拍摄留影
蓝玉珍、单仰萍、田欣、余福英

柳明月是女孩子们中间最出挑的那一个，浅浅粉色的衣裳，映衬着桃花初绽似的笑意的粉颊，弯弯如月的眉眼，浸满了无忧无虑的少女的馨甜。挽起的双鬟，簪着可亲的珠花，垂肩的络辫，被风拂起得轻轻摇曳。谁都能看得出柳明月的欢喜，而在电影里，这样的欢喜很快就会被无尽的磨难终结。唱腔对于戏曲而言是一戏之魂，通过声音传达人物的内心情绪，随剧情变化起伏，辅助人物形象鲜活起来。金良老师和我们团的作曲金自新老师一起设计、调整了柳明月的全部唱腔。金老师为这一段亮相式的唱腔，设计了富有“王派”特色的“起腔”，唱到“为明月择定佳期许夫郎”时，形象又生动地表现柳明月此时又喜又羞的内心活动。

从《绣花女传奇》到后来的《桐花泪》，这两部电影带给我的收获，对于那个年龄的我来说，是沉甸甸的。但当时的我还懵懵懂懂，整个团、整个剧组，大家对拍电影这件事的认知都是很朴素的，因为都只有舞台演出的经验，没有大银幕的概念。在电影开拍之初，定造型就遇到了问题，第一版发型设计比现在观众看到的两个发揪还要大，更夸张，会显得脸更圆更肉，像个小胖妞似的。我心里虽然不是很满意，但当时也不敢说。到了开始拍摄的时候，我就哭起来了，石导看到我哭，就赶快过来和我讲，哪里不合适我们是可以改，是要调整的，不要哭了，我们换一换，重新梳。后来石导真的为了我，特意从北京又调换了新的化妆师。但即便是改过之后的造型，样片出来一看，我自己吓了一跳，镜头里的我胖的呀……我知道电影镜头有放大效果，但没想到我的婴儿肥到了镜头里是又圆了好几圈。从此我就下定决心，一定要减肥成功。那会儿，剧组就在外景地附近的村民家里搭伙，我们桐庐的小土豆和红烧肉成了我减肥路上的绊脚石。那真的是很香很香的，但是为了镜头里的人物形象，只能假装没有看见、没有闻到。现在能回忆起来的，恰恰就是这样一些点点滴滴特别清晰。

爹爹呀，女儿心似春江水，我本是代人受过担丑名。
爹爹若知其中情，定然会体谅女儿一片心。
怨儿未及细禀告，害爹爹口吐鲜血目难瞑。
你临死不愿对儿看一眼，我千呼万唤你不应声。
爹爹呀，黄泉路上将儿等，可怜这无娘孩子谁照应。

当时为了拍摄《绣花女传奇》，摄制组在桐庐的浪石村搭建了近三千平方米的拍摄基地。电影的拍摄不像我们在舞台上是整出戏顺下来演的，所以人物的情绪并不是连贯的，而前半部的戏剧冲突是最集中的，大喜紧接着大悲。迎亲的花轿还没有接走新娘，柳明月的父亲就气绝而亡，这对于还没有来得及向父亲诉说救人的实情，含羞忍辱冒认下婴儿为亲生之子的柳明月来说，是出乎意料之外的沉重打击。所以，柳明月在夜深人静之时，在父亲的灵前诉说缘由，这本来是一场声情动人、催人落泪的戏，但《夜祭哭灵》这一场在拍摄的时候，我的情绪一直都不能到位。

为了帮助我找到人物当时的心境和感觉，石岚导演还特意把这场戏安排在晚

拍摄电影《绣花女传奇》，导演石岚与单仰萍、杨蕴萍合影留念

上拍，为了不影响我酝酿情绪，对现场的非必要工作人员进行了清场，但导演一喊开始，我还是迟迟不能进入状态。摄影机一对着我，我就更加紧张，眼泪也没有，哭也哭不出来。石岚老师在一旁静静坐着，慢声细语地和我说，不要急，慢慢来，我们等你进入状态再开始。石老师的体贴与宽慰，让我的心境慢慢沉了下来，脑海中戏词一点点呈现，口中的唱腔一遍遍复述，感觉也就有了，眼泪也就流了下来。导演看到我的情绪到了，马上喊开始，最后总算是比较满意地完成了这场戏的拍摄。这场戏是我对石岚老师印象最深的一段记忆，他在片场里面容慈祥地正襟端坐，很温和地静静等着我进入状态。很感谢石老师那时候对于我这个年轻演员的体谅和包容。

小小绣针闪银光，绿丝红线翻彩浪。

绣呀绣呀快快绣，针针线线情意长。

绣呀绣呀细细绣，鸳鸯凤凰绣成双。

绣呀绣呀轻轻绣，嫁衣沾得百花香。
绣呀绣呀悄悄绣，忙为他人赶嫁妆。
丝丝缕缕牵动心，心儿飞驰回故乡。
家在桐庐富春江，千里古柳掩门墙。
那一天，夜半挑灯绣嫁衣，门前拾儿遭祸殃。
一把金锁锁姑娘，十八年锁我青春好时光。
十八十八三十六，到如今金锁未开，为寻宝儿四出访。
我进得相府当绣女，小心查访，但愿早日夙愿偿。

舞台版《春江月》也好，电影版《绣花女传奇》也好，这个戏在当时之所以会有这么大的影响，是因为包朝赞老师的剧本写得好。柳明月以未嫁之身、少女之心来保护一个来路不明的婴儿，她所承受的委屈也好、苦难也好，是超越了这个戏里所设定的历史背景的。她不过是一个普普通通的绣花女，我想，十七八岁的她原本是想要平平淡淡地过这一生的。本来，她也会穿着自己亲手绣的嫁衣，嫁给父亲为她选好的丈夫。她也会有自己的孩子，她一定会和她的丈夫一道牵着孩子的手，到古柳小院的娘家来看望她的父亲，还有质朴厚道的阿牛哥。陈雪萍

电影《绣花女传奇》剧照

电影《绣花女传奇》剧组北京录音后于天安门前合影留念

电影《绣花女传奇》上映海报

电影《绣花女传奇》剧照

扮演的阿牛哥也给观众们留下了深刻的印象，这个人物本分、忠厚，对明月和宝儿一直都很照顾，在整个故事里是很暖心的一个角色，就像富春江边那些最平凡的人一样。

但所有的平淡或者平凡，随着夜半在窗下啼哭的婴儿的出现，都成了柳明月一生不可企及的奢望。凶神恶煞似的官兵，命悬一线的婴儿，认或者不认，柳明月和这个婴儿的命运都在一念之间天翻地覆。可能就像是渡劫，总要有一个人去承受吧，她还没有那么大的能力为这个婴儿免除悲剧，所以，她所能够做到的就是命运与命运的交换。但是，这在她认下这个婴儿的那一个瞬间，这个女孩子是不会意识到的，她的善良和勇敢是很单纯的，是不假思索的，也是没有权衡过的。所以观众们看到柳明月能这样做，原本为婴儿的生死揪着的心，一下子就全部落在了柳明月的身上，比生死之痛更难熬的，就是在恶言冷眼里活下去的每一天。

桐江雨，桐花泪

一阵急雨，梳洗过渔童手中密织的网，

一天云彩，忘了桐花眼底温存的伤。

《春江月》之后，包朝赞老师又为桐庐团创作了《桐江雨》。桐花这位母亲，同样是一位普普通通的乡村女子，娇养着抱来的二龙，却苦养着她自己的亲生儿子大龙。桐花因此所经历的劫难，她所得的与所失的，也许并不是赞誉或者叹息就能够概括的。桐花，就像是桐君山上、富春江边，如雪的桐花，如丝的春雨，冷暖自知，甘苦自尝。

1986 年，上海电影制片厂把它搬上了大银幕，影片名改为《桐花泪》。从导演到观众，很多人都被桐花心底无私的母爱深深打动。排《春江月》《桐花泪》的时候我还很年轻，对于怎样演好母亲，我能想到的或者说能够借鉴到的，更多的是我自己的妈妈。说起我的妈妈，我是很骄傲的。她的善良、正直、质朴、坚韧，都蕴藏在她每天的辛劳之中。她不会大声地宣扬什么大道理，也不会把母亲对子女、对家庭的爱挂在嘴边，甚至有的时候，如果你不留意，根本也不会察觉。什么好的都给了自己的子女，还有她对身边亲朋好友的那种善良包容，我一直都觉得我妈妈是很智慧很神奇的，在很多困难、矛盾面前，她总是能用她特有的方法，

电影《桐花泪》上映后，与包朝赞老师等人合影

电影《桐花泪》上映海报

单仰萍与母亲合影

轻描淡写地逐一化解。我一直视我的母亲为榜样，在她的身上我能看到明月和桐花的影子，那种作为母亲，作为一个家的守护者，作为孩子的守护者所散发出的光芒。她的呵护、抚育、训导、教诲，她在用她自己的方式，撑起了子女的整个世界。我想，天下的妈妈都是如此吧。

很多年后我自己也成为母亲，才对母亲这个概念有了更为深切的体会。《桐花泪》时期，对于人物更多地还是从艺术上去把握和创作。桐花和明月，同为别人抚养孩子，一样慈母爱儿心。不同的是她有自己的亲生，但她选择把更多的爱给了战乱中捡回的孤儿。桐花的言传身教，如桐江春雨般滋润着孩子的心灵，两个孩子都被她教养得很好，母子三人的生活虽苦犹甘。后来亲生儿子被错领，直到剧终，桐花也没有从这种苦痛里走出来，所以我后半部戏也基本是哭着演下来的。有了前面《绣花女传奇》的一些拍摄经验和体会，在桐花的表演上我会更注重人物的内外统一。母子重聚这场戏，在得知大龙酒中下毒预害弟弟后，桐花彻底崩溃。每每演到这里，那种撕心裂肺的绝望感，那种心里的疼，就好像我也可

越剧《桐江雨》剧照
单仰萍饰演桐花

电影《桐花泪》剧照

拍摄电影《桐花泪》单仰萍与导演沙洁、副导演史风和留影

以真真切切地体会到。比起四年遥遥无期的寻子之路，眼前朝思暮想的亲生儿子更让她感到心灰意冷。这段表演其实我的情感情绪都没有刻意，包括人物身段表演都是顺势而为的。可能因为演母亲的缘故，我自己也具备了一些妈妈的感觉吧。

这个戏里面还有一个母亲，是谢群英饰演的金夫人。谢群英是我艺训班的同窗，她是唱金派的，她从小嗓子就好，大家都称她是“金嗓子”。不光唱得好，表演也很具特色和个人风格。

孩子气，花满衣

春江的月影，将我送出了清梦的星河，
桐树的花荫，将我送出了千瓣的流连。

拍摄完《绣花女传奇》《桐花泪》这两部电影之后，1987 年，我正式调往老师所在的上海越剧院红楼剧团。在这个过程中，我也是第一次感受到了故土难离的那种乡情的牵绊，桐庐团是我艺术生命的起点，在一定意义上就像是母亲一样。虽然我自己那时候也还是那么孩子气，还不会处理这些具体的问题，但是我在桐庐团演绎过两个母亲的角色，柳明月和桐花，母爱的深沉和伟大，我在剧中已经从角色的身上体会到了。所以，我特别珍惜离开桐庐前在团里的每一次演出，每一次与大家的合作，我们一起走过了乡间演出的田间地头，也一起走过了多省巡演的南来北往，一起完成了人生中的第一次、第二次大银幕艺术体验，收获了来自方方面面的肯定与赞誉。这些都是桐庐团带给我的，我永远不会忘却。

我这个人不善言辞，遇事随遇而安。实话讲，面对老师向我抛出的橄榄枝，想着从此后能在老师身边，能够有机会站上更高更大的舞台，我想没有人会拒绝，那种兴奋和激动，是认可是鼓励更是希望。但激动过后，在工作调动这么大的事情上，我犹豫了。而且那时候家里也觉得我是桐庐培养的演员，应该留在桐庐。

陈雪萍、单仰萍、郑锡纯、谢群英

面对团里的挽留，上级领导的劝说，各方的压力接踵而来，越是这样，我也就越是无法说出自己的真实想法。面对重重困难，我听从了内心的选择，我决定来上海。最终促成我顺利调往上海的关键，是当时桐庐文化局的老书记郑锡纯。早在20世纪50年代，我还没有出生时，老书记就曾受中共桐庐县委的委派，到我的家乡担任过党委书记，80年代在桐庐县的文化部门主持工作。郑书记与我们家的渊源可以追溯到60年代，对我们家的情况比较了解。

我从桐庐到上海的过程，是几经波折的，如果没有老书记带着我向县里的主管领导说明情况，这一纸调令不知还要耽搁许久。当时我人已经到了上海，关于人事调动的手续迟迟没有落实，郑书记和宣传部李锡元部长专程到上海来接我回去。我们当时聊了很多，也谈了很久。最后我和郑书记说，我知道桐庐对我的付出和培养，永远也不会忘记。但如果我是您的女儿，您会让我怎么选择呢？郑书

桐中艺训班50

桐中艺训班 50 周年庆同学会合影

记沉默了，他什么也没有再讲。他说我知道了，看着他无言离去的背影，我心里五味杂陈。郑书记之后给我打来电话，他说让我回去，他来帮我。郑书记说到做到，他就像父亲一样，带着我一次一次地跑，帮我劝说负责领导在我的人事调动文件上签字同意。如果没有他，我可能很难完成这些烦琐复杂的手续。这么多年来，我在上海的一切，郑书记他们都始终默默关注，关于我的消息报道，点点滴滴，老书记都会仔细留存，后来我们也一直都有保持联系，每次回到桐庐我都要去看望他。

应该说，我是从我们桐庐第一个走出去的青年演员，正因为是第一个吧，之前没有先例，所以，当时才会遇到这样那样的状况。而若干年后，桐庐团多位优秀的青年演员也都先后调往其他越剧院团。桐庐，就像是我们艺术起步阶段的那位母亲，无论有多么牵挂和不舍，为了让爱着越剧的我们去到更大更宽阔的舞台，终于还是放手让我们远行。因为，桐庐和我们一样，也是那么地爱着越剧，爱着我们，爱着每一个从这里起步、从这里出发的桐庐女儿、越剧女儿。时间证明了桐庐的胸襟和远见。所以，现在回过头来看这一段时光，我还是会特别想念，会特别感念，因为，如果没有桐庐团，就不会有至今还在舞台上演唱着越剧的我，是桐庐团让我对越剧的爱慕成为挚爱一生的工作和事业。都说爱好和工作如果能够同一，可能是人生最大的幸福之一。我想，这可能就是桐庐给予我的最宝贵的那一份记忆，虽数十年以往，却历历在目，心心念念。

单仰萍艺术年表

1962 年

6 月，出生于浙江桐庐。祖籍绍兴。

1972—1976 年

在浙江省桐庐中学艺训班学习。

1976 年

进入桐庐越剧团。

1981 年

在越剧《萍娘》中，饰演萍娘。

1982 年

在越剧《血罗衫》中，饰演郑氏。

在越剧《苏秦》中，饰演苏秦妻。

在越剧《啼笑因缘》中，饰演沈凤喜、何丽娜。

1983 年

首演原创越剧《春江月》，饰演柳明月。荣获浙江省首届戏剧节表演一等奖。

1984 年

越剧《春江月》江、浙、沪巡回演出，6 月于大众剧场首登上海舞台。

成为王文娟先生入室弟子。

9 月，参加首届江浙沪越剧青年演员电视大奖赛，荣获二等奖。

首演原创越剧《桐江雨》，饰演桐花。

1985 年

越剧《春江月》由中央新闻纪录电影制片厂拍摄成电影，更名《绣花女传奇》。饰演柳明月。

以越剧《桐江雨》中的桐花一角荣获浙江省第二届戏剧节表演一等奖，并获《浙江日报》戏剧“新花奖”。

1986 年

越剧《桐江雨》由上海电影制片厂拍摄成电影，更名《桐花泪》。饰演桐花。

在越剧《莫问奴归处》中，饰演严蕊。

1987 年

调入上海越剧院红楼团工作。

在越剧《神王恋》（后改名为《勿忘曲》）中，饰演慧清。

7 月，随杭州越剧院赴日本演出《红楼梦·葬花》。

8 月，首演越剧《红楼梦》，于上海美琪大戏院。

8—9 月，随团赴香港参加“’87 中国地方戏曲展”，演出剧目《红楼梦》。

11—12 月，随团赴新加坡，演出越剧《红楼梦》《西园记》。

1988 年

12 月，随团赴泰国，演出越剧《红楼梦》《梁山伯与祝英台》。

1989 年

2 月，参加上海越剧院“六代同堂迎春晚会”，于人民大舞台演出越剧《红楼梦·读西厢》。

在越剧《碧玉簪》中，饰演李秀英。

首演越剧《孟丽君》，饰演孟丽君。首演于南市影剧院。

在原创越剧《西施归越》中，饰演西施。首演于南市影剧院。

1990 年

首演越剧《罗山遗恨》（后改名为《情洒罗山》），饰演梁皇后。

8 月，参加由上海电视台举办的’90“霞飞杯”越剧青年演员电视大赛，被授予“越剧之星”称号。

12 月，随团赴泰国演出，于曼谷朱拉隆功大学演出越剧《红楼梦》《孟丽君》《碧玉簪》。

在由孙道临先生导演的电视剧《大都会擒魔》中，饰演田雪芳。

1991 年

在原创越剧《紫玉钗》中，饰演霍小玉。

在电视剧《报国魂》中，饰演海珠。

在越剧电视剧《沈寿》中，饰演沈寿。荣获第六届全国戏曲电视“金狮奖”优秀演员奖。

在越剧电视剧《秦淮烟云》中，饰演柳如是。

11 月，随团赴香港演出越剧《红楼梦》《紫玉钗》等剧目。

1992 年

在越剧《三难新郎》中，饰演苏小妹。

在越剧电视剧《真假驸马》中，饰演公主。

出版首张专辑《单仰萍演唱精选》。

1993 年

10 月，随团赴香港，参加由香港文化艺术基金会、香港联谊机构有限公司联合举办的“红楼梦文化艺术展”，演出越剧《红楼梦》《孟丽君》《紫玉钗》。

1994 年

由东方电视台拍摄录制首部越剧 MTV《心曲》专辑，导演滕俊杰。

在电视剧《在他们的青春岁月里》中，饰演叶挺夫人。

5 月，随团赴中国台湾演出，演出越剧《红楼梦》《孟丽君》等剧目。

1995 年

3 月，祝贺中泰建交 20 周年，上海越剧院红楼剧团应邀赴泰国曼谷演出。

1996 年

在王文娟主演、孙道临导演的越剧电视剧《孟丽君》中，饰演皇甫长华。

在越剧《曹植与甄洛》中，饰演甄洛。首演于上海天蟾逸夫舞台。

11 月，应香港上海戏曲艺术协会邀请，在香港文化中心演出越剧《红楼梦》《孟丽君》《曹植与甄洛》等剧目。

与尚长荣先生合作戏歌《充满希望的中国》，并获’96 上海“立邦杯”第三届戏歌大赛演唱金奖。

1997 年

6 月，由中华全国妇女联合会、中国妇女发展基金会和上海电视台共同举办的“中华儿女携手迎回归——’97 沪港越剧义演”在逸夫舞台举行。演出《紫金花开香万里》《春香传 · 爱歌》。

11 月，“锦裳新曲——红楼名人大汇演”活动在上海天蟾逸夫舞台举行。演出越剧《元妃省亲》《白雪红梅》《黛玉葬花》。

1998 年

在原创越剧《舞台姐妹》中，饰演竺春花。首演于南市影剧院。

1999 年

3 月，首届“上海大剧院之春”，新创交响乐《红楼梦》在上海大剧院公演。

8 月，作为国庆 50 周年重点献礼剧目，大剧院版《红楼梦》于上海大剧院首演。

12 月，作为国庆 50 周年重点献礼剧目，大剧院版《红楼梦》《舞台姐妹》赴京演出。

2000 年

出版专辑《情醉天涯梦》。

5 月，以越剧《红楼梦》摘取中国戏剧梅花奖。

9 月，在越剧《梅龙镇》中饰演皇太后，于美琪大戏院首演。

10 月，随上海越剧院一团赴香港演出越剧《曹植与甄洛》。

12 月，越剧《舞台姐妹》荣获文化部第九届文华奖优秀新剧目奖、文华表演奖。

荣获上海市文化广播影视管理局“三八”红旗手称号。

2001 年

被评为上海市文化广播影视管理局首届职业道德“十佳标兵”。

8 月，随团参加 2001 年“青岛之夏”艺术节开幕式，演出越剧《红楼梦》。

9 月，随团赴香港，于香港文化中心演出大剧院版《红楼梦》。

在电视剧《谁是我的儿子》中，饰演梅子。

2002 年

创作小戏《西施与范蠡》，饰演西施。

5 月，随团赴京于北京民族宫大剧院演出越剧《红楼梦》。

9 月，随团赴新加坡演出，于牛车水人民剧场演出越剧《红楼梦》《西施与范蠡》。

2003 年

拍摄中国首部高清电视电影戏曲艺术片越剧《红楼梦》。

6月，在新编现代越剧《被隔离的春天》中，饰演何静。首演于上海天蟾逸夫舞台。

随上海市政协赴法国演出，演出越剧《红楼梦·葬花》。

《百转千寻——单仰萍艺术写真》出版。

11月，随团参加上海越剧“南方行”，演出剧目《红楼梦》。

随团访问中国台湾，演出越剧《孟丽君》等剧目。

12月，由国家计划生育委员会、广播电影电视部、中国文学艺术界联合会、中国作家协会和中国人口文化促进会联合主办的第十一届中国人口文化奖颁奖大会在北京人民大会堂举行，以新编现代越剧《被隔离的春天》中何静一角荣获第十一届中国人口文化奖最佳演员奖。

新编现代越剧《家》参加上海国际艺术节，于上海天蟾逸夫舞台首演，饰演梅芬。

2004年

4月，随团参加上海越剧“西部行”，演出剧目《红楼梦》。

9月，新编现代越剧《家》于杭州剧院参加第七届中国艺术节评选演出，并获文华新剧目奖。

2005年

参加中央电视台春节联欢晚会《守岁大观园》，并获“我最喜爱的中央电视台春节联欢晚会节目”评选三等奖。

2月，越剧《家》荣获上海市委宣传部颁发的“上海文艺创作优品奖”。

4月，应香港康乐及文化事务署邀请，随团赴香港演出，在香港文化中心演出《红楼梦》《孟丽君》等剧目。

9月，杭州剧院演出越剧《红楼梦》，中央电视台《CCTV空中剧院》栏目录制播出。

2006年

受邀参加维也纳中国新春音乐会，演唱《红楼梦·天上掉下个林妹妹》。

3月，原创越剧《虞美人》在上海大剧院首演，饰演虞姬。

参加中国越剧百年诞辰上海嵊州两地直播晚会，演唱《舞台姐妹·苍天有眼地知情》。

10月，参加首届中国越剧节开幕式晚会，演出越剧《红楼梦·葬花》。

2007年

随中国戏剧家协会梅花奖艺术团，赴中国台湾参加“戏曲群英会”活动，演出越剧《红楼梦·葬花》。

7月，随中国戏剧家协会梅花奖艺术团赴澳大利亚进行文化交流和采风活动，并分别在悉尼和墨尔本进行演出。

12月，在无锡市大众剧院演出越剧《虞美人》，并获第二届中国戏剧奖·优秀表演奖。

荣获上海文艺家荣誉奖。

2008年

5月，在上海天蟾逸夫舞台参加“爱心点亮希望——上海越剧界联合赈灾义演”活动，捐助汶川大地震受灾人民。

6月，在北京展览馆剧场参加由文化部主办的“迎奥运倒计时50天大型戏曲演唱会”，演出越剧《梁山伯与祝英台·十八相送》。

8月，参加由文化部艺术司、上海市文化广播影视管理局、文汇新民报业集团、上海市文学艺术界联合会、上海文广新闻传媒集团主办，上海越剧院策划举办的“改革开放30周年——上海越剧现代戏展演暨研讨活动”，在艺海剧院演出越剧《家》。

9月，参加“红楼梦·缘——上海越剧院《红楼梦》首演五十年庆典系列活动”，于东方艺术中心演出越剧《红楼梦》。

担任2007—2008年度国家舞台艺术精品专项扶持资金剧目评选委员会委员。

12月，随中国戏剧家协会梅花奖艺术团，赴香港演出《红楼梦·葬花》。

2009年

9月，参加文化部“向祖国汇报——庆祝中华人民共和国成立60周年”文艺演出，于国家大剧院演出越剧《红楼梦》。

10月，随中国戏剧家协会梅花奖艺术团赴美国，参加“戏聚纽约”活动，于林肯表演艺术中心演出越剧《红楼梦·葬花》。

被评为上海市首批非物质文化遗产项目越剧代表性传承人。

2010 年

参加中国教育电视台春节联欢晚会，演出越剧《舞台姐妹·心一片情一片》。

3 月，参加“我们共同走过——上海越剧院当代越剧表演艺术家集萃展示专场”，于东方艺术中心演出越剧《虞美人》。

4 月，参加由文化部艺术司、中国戏剧家协会、上海市文化广播影视管理局、上海市文学艺术界联合会、文新集团和上海文广新闻传媒集团等主办的“上海越剧院当代越剧表演艺术家研讨会”。

2011 年

7 月，随团赴中国台湾参加“海上风韵·上海戏曲季”，于台北两厅院戏剧院演出越剧《红楼梦》。

2012 年

1 月，明星版《孟丽君》在上海天蟾逸夫舞台首演，饰演孟丽君。

6 月，随团赴中国台湾，演出越剧《红楼梦》《孟丽君》。

2013 年

5 月，3D 舞台艺术片《虞美人》于上海大宁剧院拍摄完成。

6 月，纪念越剧改革 70 周年系列活动，《舞台姐妹情》压轴亮相上海天蟾逸夫舞台，聚了九代越剧人，以及京、昆、沪、淮、滑稽等兄弟剧种的倾情加盟。饰演竺春花。

2014 年

1 月，随中国戏剧家协会梅花奖艺术团赴香港，于西九大戏棚演出越剧《红楼梦·葬花》、越扬版《梁山伯与祝英台·十八相送》。

2015 年

参加由文化部非遗司主办、中国戏曲学院承办的“非遗戏曲剧种名家演唱会”。

2016 年

参加中央电视台春节联欢晚会《戏游花果山》，饰演祝英台。

6月，受邀参加中央新闻纪录电影制片厂举办的高清修复《绣花女传奇》放映专场活动。

2017年

2月，参加由中国国务院侨务办公室主办、匈牙利华星艺术团承办的“文化中国·四海同春”中匈手拉手大型新春电视文艺晚会，于匈牙利首都布达佩斯MOM剧院演出越剧《梁山伯与祝英台·十八相送》。

3月，受杭州越剧院邀请，赴中国台湾演出越剧《孟丽君》。

4月，带领上海戏剧学院越剧本科班学生江、浙、沪巡演，演出《红楼梦·焚稿》。

5月，受邀赴香港，参加中央电视台《CCTV空中剧院》栏目“香港行”暨庆祝香港回归20周年戏曲演唱会。

6月，参加中央电视台《璀璨梨园》大型系列戏曲演唱会越剧专场，于上海天蟾逸夫舞台演出越剧《红楼梦·焚稿》。

参加上海戏曲艺术中心举办的双奖演员“深入基层、扎根人民”主题实践活动。

赴加拿大，参加加拿大建国150周年、蒙特利尔建市375周年大庆暨“梦湖园”基金会成立25周年演出。

2018年

4月，参加第35届上海之春国际音乐节“春和景明——戏曲音乐作品音乐会”，演唱《忠魂曲·记得当年清水塘》。

荣获“大世界城市舞台中国魅力榜年度榜单”金奖，获奖剧目越扬版《梁山伯与祝英台·十八相送》。

7月，参加中央电视台“红旗飘飘——七一戏曲演唱会”，演唱戏歌《时代领航》。

参加中央电视台《璀璨梨园》大型系列戏曲演唱会江浙沪专场，演唱戏歌《希望中国梦》。

9月，参加中央电视台“花好月圆——中秋戏曲晚会”，演唱戏歌《花好月圆》。

2019 年

参加由中共中央宣传部、文化和旅游部主办，2019 年新年戏曲晚会，于国家大剧院演出越剧《红楼梦·天上掉下个林妹妹》。

6 月，受香港康乐及文化事务署邀请，上海越剧院访港参加文化艺术中心 30 周年庆典活动。演出越剧《孟丽君》。

10 月，参加中央电视台国庆戏曲晚会，演出越扬版《梁山伯与祝英台·十八相送》。

2020 年

1 月，参加中央电视台“龙凤呈祥——新年戏曲晚会”，演出越剧《梁山伯与祝英台·十八相送》。

3 月，参加“爱的声音·爱的力量”越剧界原创抗疫作品联合云展演，作品《最美不是樱花放》。

5 月，《最美不是樱花放》入选 2020 年度“中华优秀传统艺术传承发展计划”戏曲专项扶持项目。

2021 年

2 月，参加中央电视台春节戏曲晚会，演出越剧《云水仙缘》，饰演白素贞。

10 月，参加中央电视台国庆戏曲晚会，演出越剧《江姐·绣红旗》，饰演江姐。

2022 年

7 月，越剧《孟丽君》完成文化部“像音像”工程录制。

后 记

《有美人兮》源于与文字整理者张檀的一次长谈。2021 年 5 月的一天，她找到我，2022 年的夏天将迎来我 60 周岁的生辰，也将是我从艺 50 周年的日子，是我人生中一个很重要的时间节点，她想为我做一本书。

听到这个提议，最初我是拒绝的，我很惶恐，更多的是忐忑。我从未想过自己会出书，自己不太会说，更不太会写，当然，好像也并没有什么可写的，这样的事情离我似乎是很遥远的。但后来，在亲友们的鼓励下，我想，如果有机会，用一种不同于舞台演出的新的方式，以一种不同于影视音像的新的载体，记录这几十年中经历的点点滴滴，似乎也是一件值得期待的事情。经历一番思想斗争和反复斟酌后，我接受了邀请，开始了《有美人兮》的文字采集等工作。

文字采集历时半年有余，在这一段日子里，回味我的人生经历、舞台表演、艺术经验和成长历程。50 年中的每一个人，每一段经历，每一位陪伴我一路走来的老师前辈、合作伙伴以及亲人朋友，都在记忆中生动鲜活起来。《有美人兮》与其说是谈艺录，不如说是我回望从艺生涯的一些感悟，我希望这本书能够客观真实地记录下那些我经历过的事件的些许细节，分享给这些年来关心我、爱护我、陪伴我的所有人。

同时这本书的撰写，也是给予我致敬我老师王文娟先生的一个机会。在我的从艺道路上，王老师既是走在我前面的领路人，又是时刻照亮我的一盏灯，她对我在艺术体系和艺术细节上的谆谆教诲，对我表演风格的最终形成起着春风化雨的作用。在生活中，她更像是一位亲切的长辈，关怀我的成长，教我做人的道理，给了我现在幸福的家庭。遗憾的是，老师没有能够看到这本书。初稿成型后，恰逢新冠疫情，我们用了两年的时间打磨、细化，在这两年的时间里，很多的人和事都发生了变化，但最终我们还是完成了书稿。

我要感谢这本书的王成者商务印书馆，因为有了他们的大力支持，《有美人兮》得以付梓刊行；感谢本书的特约编辑郭时羽老师，是她的辛勤付出和专业精神促成了本书的如期面世；感谢作曲家金良老师和他的学生叶建遥，为这本书的唱腔曲谱进行了细致严谨的整理校对；感谢提供摄影图片及珍贵文献资料的大朋友们、小朋友们。

我从未忘却，50 年的氍毹岁月里，是无数人的帮助和支持成就了今天的我。在这本书中，我还有很多遗憾，因为我要感激的人还有很多，所感动的事也还有很多，在这里无法逐一提及和感谢，但是我会铭记于心，此生不忘。

/ 曲谱整理 /

叶建遥

/ 封面摄影 /

佳　诺

/ 图片来源 /

高占祥　孙午飞　刘海发　张　潮

雪　虎　[illegible]　[illegible]　应　[illegible]　[illegible]　兰

百　搭　蕙　质　福　名　墨　璟

书　菁　冷　月　朱永标

目 录

轻舟送我回故乡

（《绣花女传奇》选段）

作词：包朝赞
作曲：金自新、陶根德
唱腔设计：何雅、金良
演唱：单仰萍

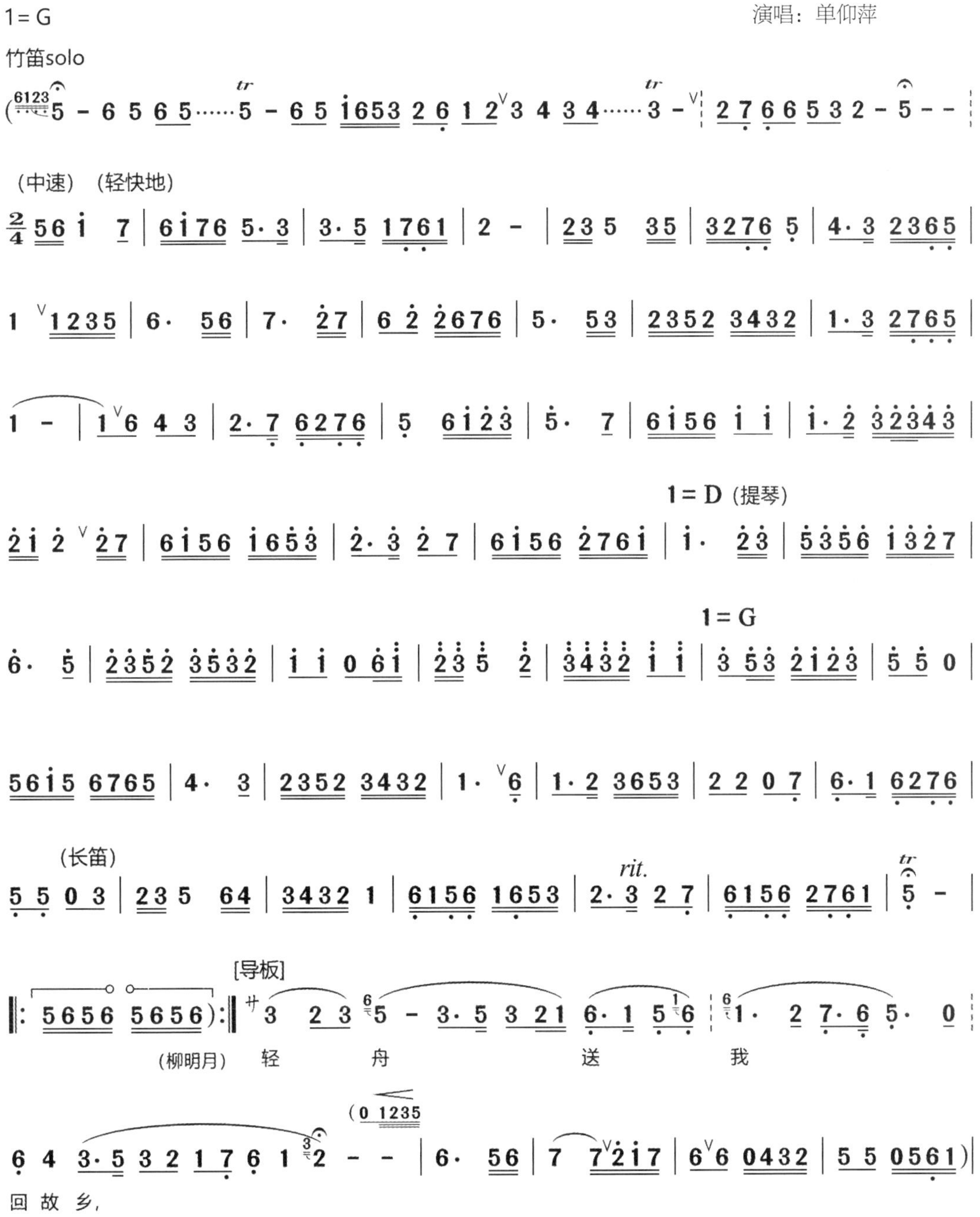

1＝G

竹笛solo

(6123 5 － 6 5 6 5……5 － 6 5 1653 2 6 1 2 3 4 3 4……3 － ¦ 2 7 6 6 5 3 2 － 5 － － ¦

（中速）（轻快地）

2/4 56 1 7 | 6176 5· 3 | 3· 5 1761 | 2 － | 23 5 35 | 3276 5 | 4· 3 2365 |

1 1235 | 6· 56 | 7· 27 | 6 2 2676 | 5· 53 | 2352 3432 | 1· 3 2765 |

1 － | 1 6 4 3 | 2· 7 6276 | 5 6123 | 5· 7 | 6156 1 1 | 1· 2 32343 |

1＝D（提琴）

21 2 27 | 6156 1653 | 2· 3 2 7 | 6156 2761 | 1· 23 | 5356 1327 |

1＝G

6· 5 | 2352 3532 | 1 1 0 61 | 23 5 2 | 3432 1 1 | 3 53 2123 | 5 5 0 |

5615 6765 | 4· 3 | 2352 3432 | 1· 6 | 1· 2 3653 | 2 2 0 7 | 6· 1 6276 |

（长笛）

5 5 0 3 | 23 5 64 | 3432 1 | 6156 1653 | *rit.* 2· 3 2 7 | 6156 2761 | 5 － |

[导板]

‖: 5656 5656):‖ 3 2 3 5 － 3· 5 3 21 6· 1 5 6 ¦ 1· 2 7· 6 5· 0 ¦

（柳明月） 轻 舟 送 我

6 4 3· 5 3 2 1 7 6 1 2 － － | 6· 56 | 7 7217 | 6 6 0432 | 5 5 0561)|

(0 1235

回 故 乡，

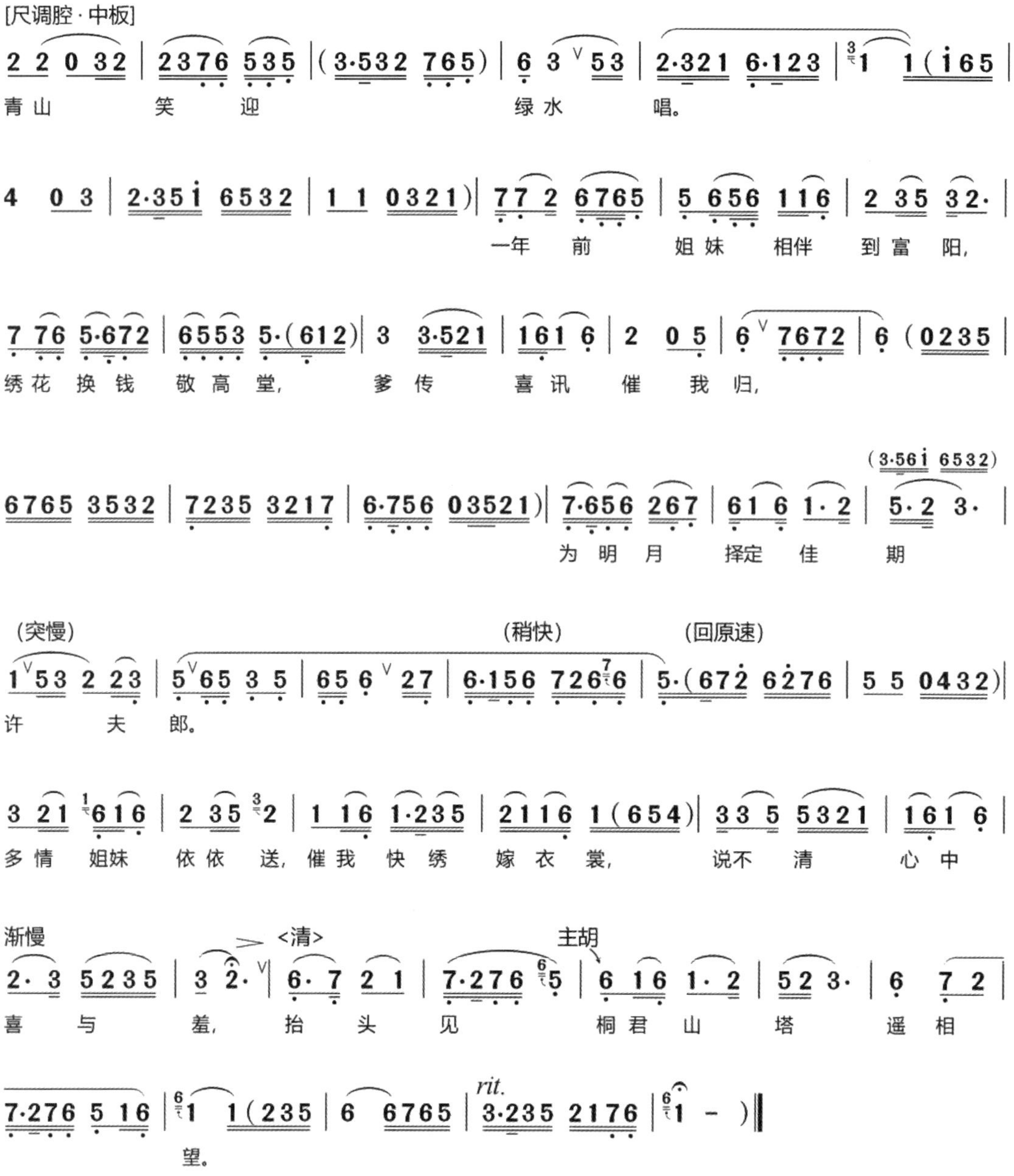

[尺调腔·中板]

2 2 0 32 | 2376 535 | (3·532 765) | 6 3 ∨ 53 | 2·321 6·123 | ^{3}1 1(i65 |

青山 笑 迎 绿水 唱。

4 03 | 2·35i 6532 | 1 1 0321) | 77 2 6765 | 5 656 116 | 2 35 32· |

一年 前 姐妹 相伴 到富 阳，

7 76 5·672 | 6553 5·(612) | 3 3·521 | 161 6 | 2 0 5 | 6 ∨ 7672 | 6 (0235 |

绣花 换钱 敬高 堂， 爹传 喜讯 催 我归，

(3·56i 6532)

6765 3532 | 7235 3217 | 6·756 03521) | 7·656 267 | 61 6 1·2 | 5·2 3· |

为明月 择定 佳 期

(突慢) (稍快) (回原速)

1 ∨ 53 2 23 | 5 ∨ 65 3 5 | 65 6 ∨ 27 | 6·156 726 ^{7}6 | 5·(672 6276 | 5 5 0432) |

许 夫 郎。

3 21 ^{1}616 | 2 35 ^{3}2 | 1 16 1·235 | 2116 1(654) | 33 5 5321 | 161 6 |

多情 姐妹 依依 送，催我 快 绣 嫁 衣 裳， 说不 清 心 中

渐慢 <清> 主胡

2· 3 5235 | 3 2· ∨ | 6· 7 2 1 | 7·276 ^{6}5 | 6 16 1· 2 | 52 3· | 6 72 |

喜 与 羞， 抬 头 见 桐君 山 塔 遥 相

rit.

7·276 5 16 | ^{6}1 1(235 | 6 6765 | 3·235 2176 | ^{6}1 –) ‖

望。

女儿心似春江水

（《绣花女传奇》选段）

作词：包朝赞
作曲：金自新、陶根德
唱腔设计：何雅、金良
演唱：单仰萍

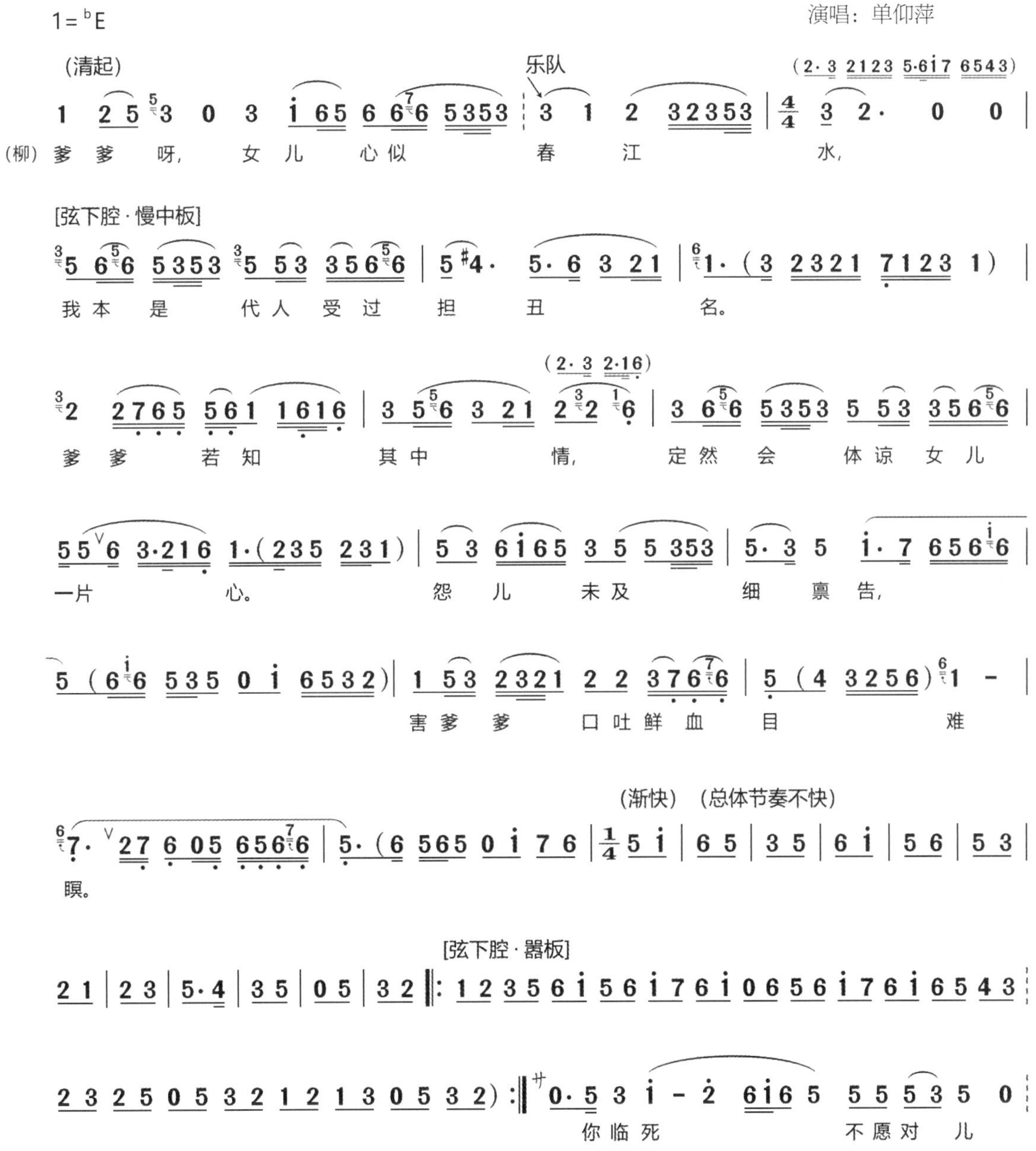

1 = ♭E

（清起）　乐队

（柳）爹爹呀，女儿心似春江水，

[弦下腔 · 慢中板]

我本是代人受过担丑名。

爹爹若知其中情，定然会体谅女儿一片心。

怨儿未及细禀告，

害爹爹口吐鲜血目难瞑。

（渐快）（总体节奏不快）

[弦下腔 · 嚣板]

你临死不愿对儿

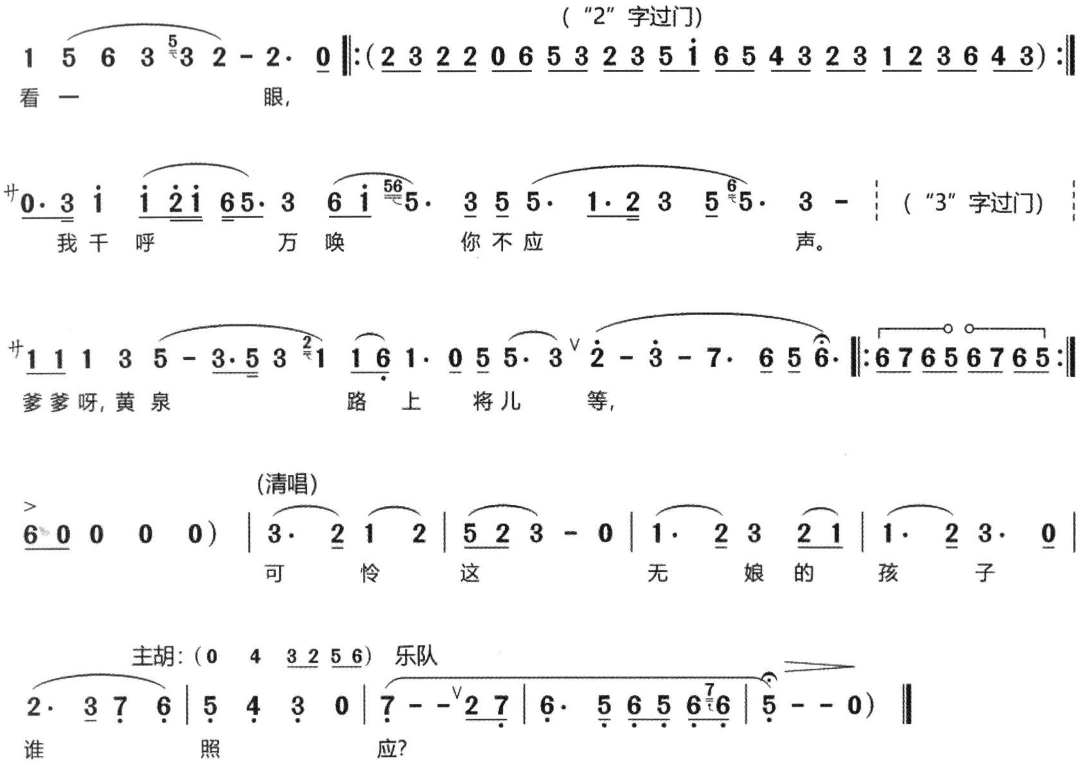

（“2”字过门）

1 5 6 3 ⁵3 2 – 2· 0 ‖:（2 3 2 2 0 6 5 3 2 3 5 i 6 5 4 3 2 3 1 2 3 6 4 3）:‖

看一 眼，

廿0· 3 i i 2i 65· 3 6 i ⁵⁶5· 3 5 5· 1· 2 3 5 ⁶5· 3 – ┆（“3”字过门）┆

我千呼 万唤 你不应 声。

廿1 1 1 3 5 – 3· 5 3 ²1 1 6 1· 0 5 5· 3 ∨ 2 – 3 – 7· 6 5 6· ‖:6 7 6 5 6 7 6 5:‖

爹爹呀，黄泉 路上将儿 等，

（清唱）

6 0 0 0 0） | 3· 2 1 2 | 5 2 3 – 0 | 1· 2 3 2 1 | 1· 2 3· 0 |

可怜这 无娘的孩子

主胡：（0 4 3 2 5 6） 乐队

2· 3 7 6 | 5 4 3 0 | 7 – – ∨2 7 | 6· 5 6 5 6 ⁷6 | 5 – – 0） ‖

谁 照 应？

丝丝缕缕牵动心

（《绣花女传奇》选段）

作词：包朝赞
作曲：金自新、陶根德
唱腔设计：何雅、金良
演唱：单仰萍

1＝D
竹笛solo

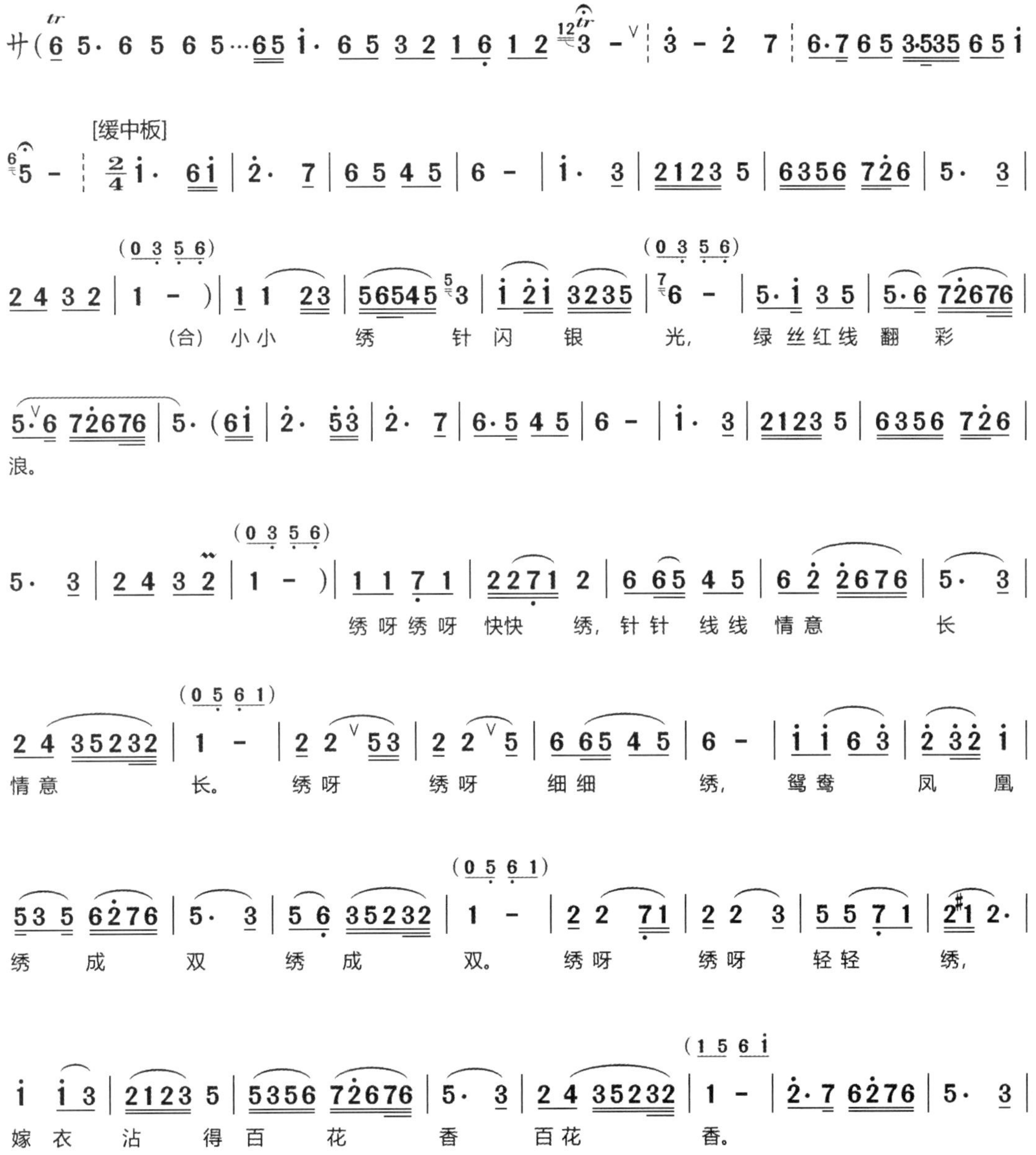

[缓中板]

（合）小小绣针闪银光，绿丝红线翻彩

浪。

绣呀绣呀快快绣，针针线线情意长

情意长。绣呀绣呀细细绣，鸳鸯凤凰

绣成双绣成双。绣呀绣呀轻轻绣，

嫁衣沾得百花香百花香。

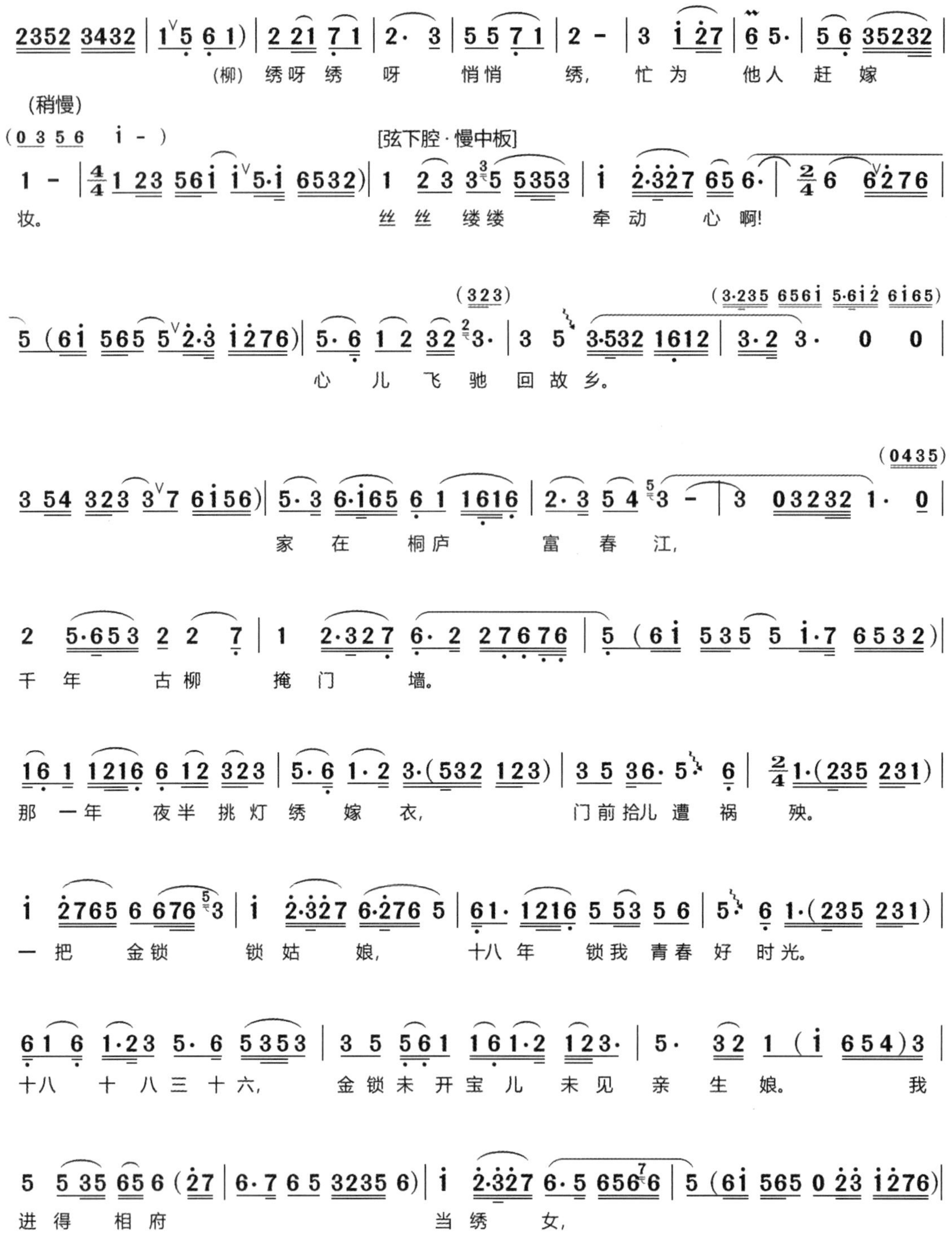

2352 3432 | 1 5 6 1) | 2 21 7 1 | 2· 3 | 5 5 7 1 | 2 – | 3 i 27 | 6 5· | 5 6 35232 |

(柳) 绣呀 绣 呀 悄悄 绣, 忙 为 他人 赶 嫁

(稍慢)

(0 3 5 6 i –)

[弦下腔·慢中板]

1 – | 4/4 1 23 56i i 5·i 6532) | 1 2 3 3 5 5353 | i 2·327 65 6· | 2/4 6 6276 |

妆。 丝 丝 缕缕 牵 动 心 啊!

(323) (3·235 656i 5·6i2 6i65)

5 (6i 565 5 2·3 i276) | 5· 6 1 2 32 3· | 3 5 3·532 1612 | 3·2 3· 0 0 |

心 儿 飞 驰 回 故 乡。

(0435)

3 54 323 3 7 6i56) | 5· 3 6·i65 6 1 1616 | 2· 3 5 4 3 – | 3 03232 1· 0 |

家 在 桐庐 富 春 江,

2 5·653 2 2 7 | 1 2·327 6· 2 27676 | 5 (6i 535 5 i·7 6532) |

千 年 古柳 掩 门 墙。

16 1 1216 6 12 323 | 5· 6 1· 2 3·(532 123) | 3 5 36· 5 6 | 2/4 1·(235 231) |

那 一年 夜半 挑 灯 绣 嫁 衣, 门前拾儿 遭 祸 殃。

i 2765 6 676 3 | i 2·327 6·276 5 | 61· 1216 5 53 5 6 | 5 6 1·(235 231) |

一 把 金锁 锁 姑 娘, 十八 年 锁我 青春 好 时光。

61 6 1·23 5· 6 5353 | 3 5 561 161·2 123· | 5· 32 1 (i 654)3 |

十八 十 八三 十 六, 金 锁 未 开 宝 儿 未 见 亲 生 娘。 我

5 5 35 65 6 (27 | 6·7 6 5 3235 6) | i 2·327 6· 5 6566 | 5 (6i 565 0 23 i276) |

进 得 相 府 当 绣 女,

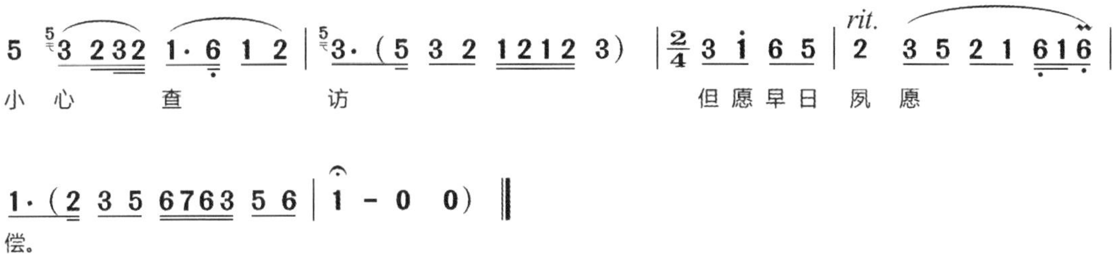

5 ⁵3 232 1·6 1 2 | ⁵3·（5 3 2 1212 3） | 2/4 3 i 6 5 | 2 *rit.* 3 5 2 1 616 |

小心查访　　但愿早日夙愿

1·（2 3 5 6763 5 6 | 1 - 0 0） ‖

偿。

山青青 水莹莹

（《桐花泪》选段）

作词：包朝赞
作曲：金良、金自新
唱腔设计：金良
演唱：单仰萍

1＝G

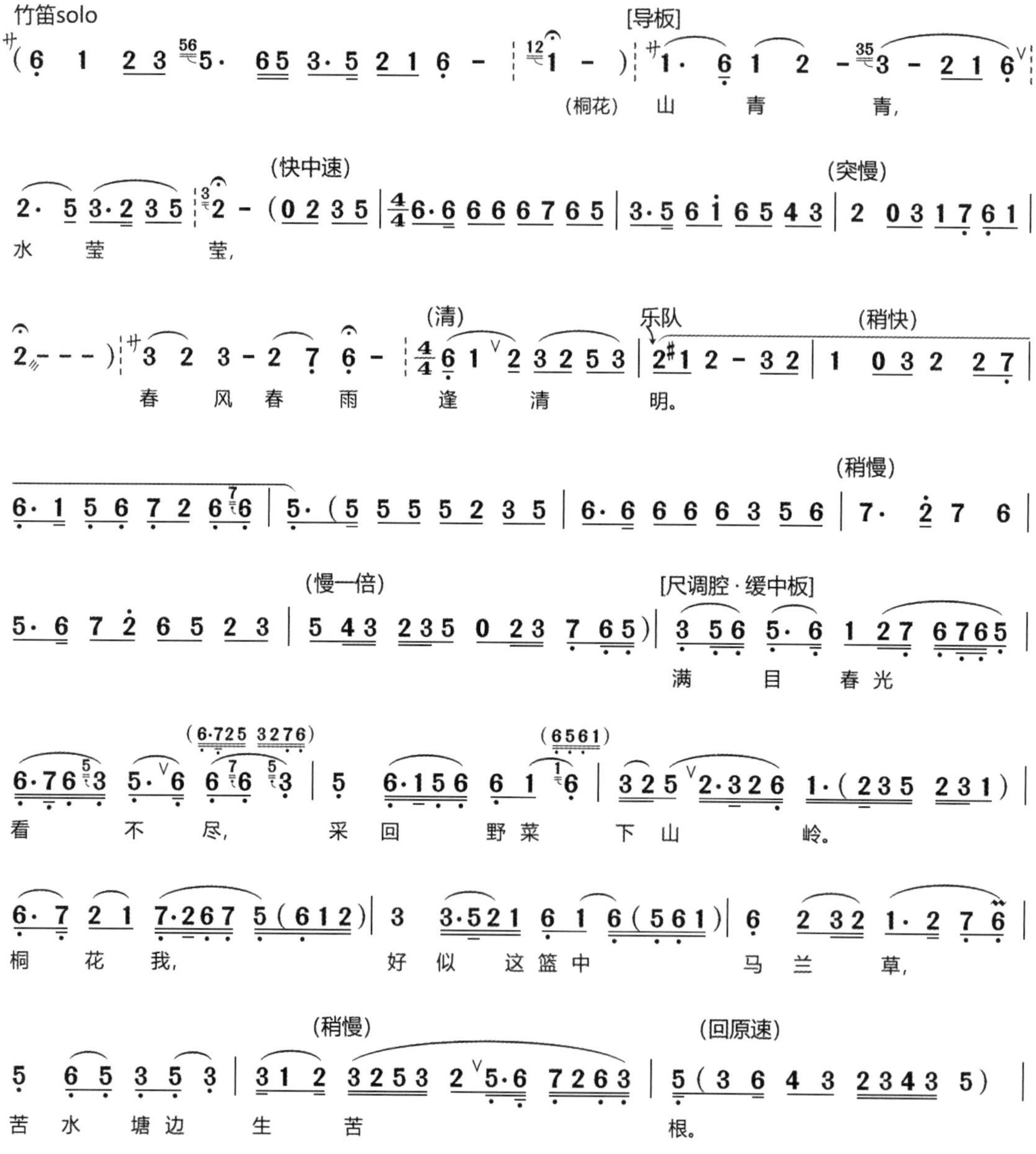

竹笛solo　　[导板]

(6 1 2 3 5· 65 3·5 2 1 6 – ¦ 1 –) ¦ 1· 6 1 2 – 3 – 2 1 6 ¦
(桐花) 山 青 青，

(快中速)　(突慢)

2· 5 3·2 3 5 ¦ 2 – (0 2 3 5 | 4/4 6·6 6 6 6 7 6 5 | 3·5 6 1 6 5 4 3 | 2 0 3 1 7 6 1 |
水 莹 莹，

(清)　乐队　(稍快)

2 – – –) ¦ 3 2 3 – 2 7 6 – ¦ 4/4 6 1 2 3 2 5 3 | 2 #1 2 – 3 2 | 1 0 3 2 2 7 |
春 风 春 雨 逢 清 明。

(稍慢)

6·1 5 6 7 2 6 6 | 5·(5 5 5 5 2 3 5 | 6·6 6 6 6 3 5 6 | 7· 2 7 6 |

(慢一倍)　[尺调腔·缓中板]

5·6 7 2 6 5 2 3 | 5 43 235 0 23 7 65) | 3 56 5·6 1 27 6765 |
满 目 春 光

(6·725 3276)　(6561)

6·76 3 5·6 6 6 3 | 5 6·156 6 1 6 | 325 2·326 1·(235 231) |
看 不 尽， 采 回 野 菜 下 山 岭。

6·7 2 1 7·267 5(612) | 3 3·521 6 1 6(561) | 6 2 32 1·2 7 6 |
桐 花 我， 好 似 这 篮 中 马 兰 草，

(稍慢)　(回原速)

5 6 5 3 5 3 | 31 2 3253 2 5·6 7263 | 5(3 6 4 3 2343 5) |
苦 水 塘 边 生 苦 根。

[托清板]

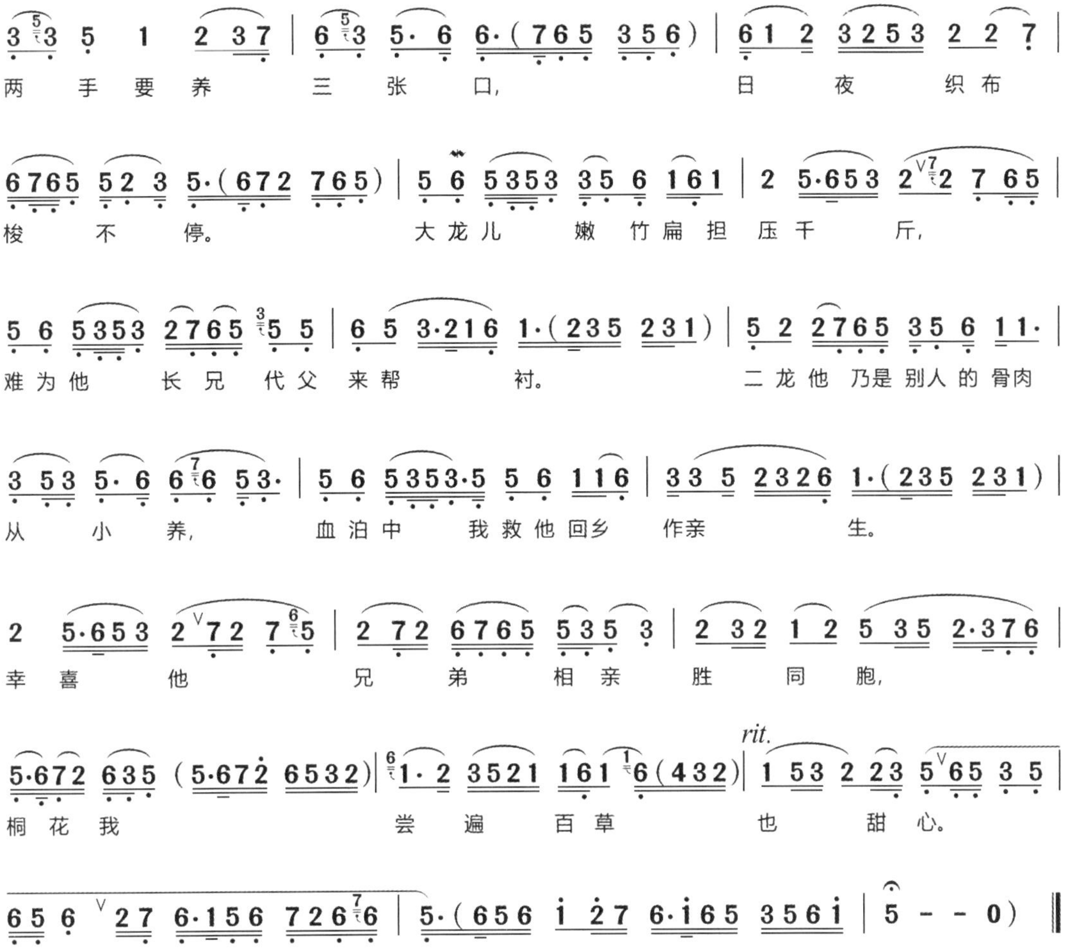

3 3 5 1 2 37 | 6 3 5· 6 6·(765 356) | 61 2 3253 2 2 7 |

两手要养三张口，日夜织布

6765 52 3 5·(672 765) | 5 6 5353 35 6 161 | 2 5·653 2 2 7 65 |

梭不停。大龙儿嫩竹扁担压千斤，

5 6 5353 2765 5 5 | 6 5 3·216 1·(235 231) | 5 2 2765 35 6 11· |

难为他长兄代父来帮衬。二龙他乃是别人的骨肉

3 53 5· 6 6 6 53· | 5 6 5353·5 5 6 116 | 33 5 2326 1·(235 231) |

从小养，血泊中我救他回乡作亲生。

2 5·653 2 72 7 5 | 2 72 6765 535 3 | 2 32 1 2 5 35 2·376 |

幸喜他兄弟相亲胜同胞，

5·672 635 (5·672 6532) | 1· 2 3521 161 6(432) | *rit.* 1 53 2 23 5 65 3 5 |

桐花我尝遍百草也甜心。

65 6 27 6·156 7266 | 5·(656 1 27 6·165 3561 | 5 - - 0) ‖

大龙是我心头宝

（《桐花泪》选段）

作词：包朝赞

作曲：金良、金自新

唱腔设计：金良

演唱：单仰萍

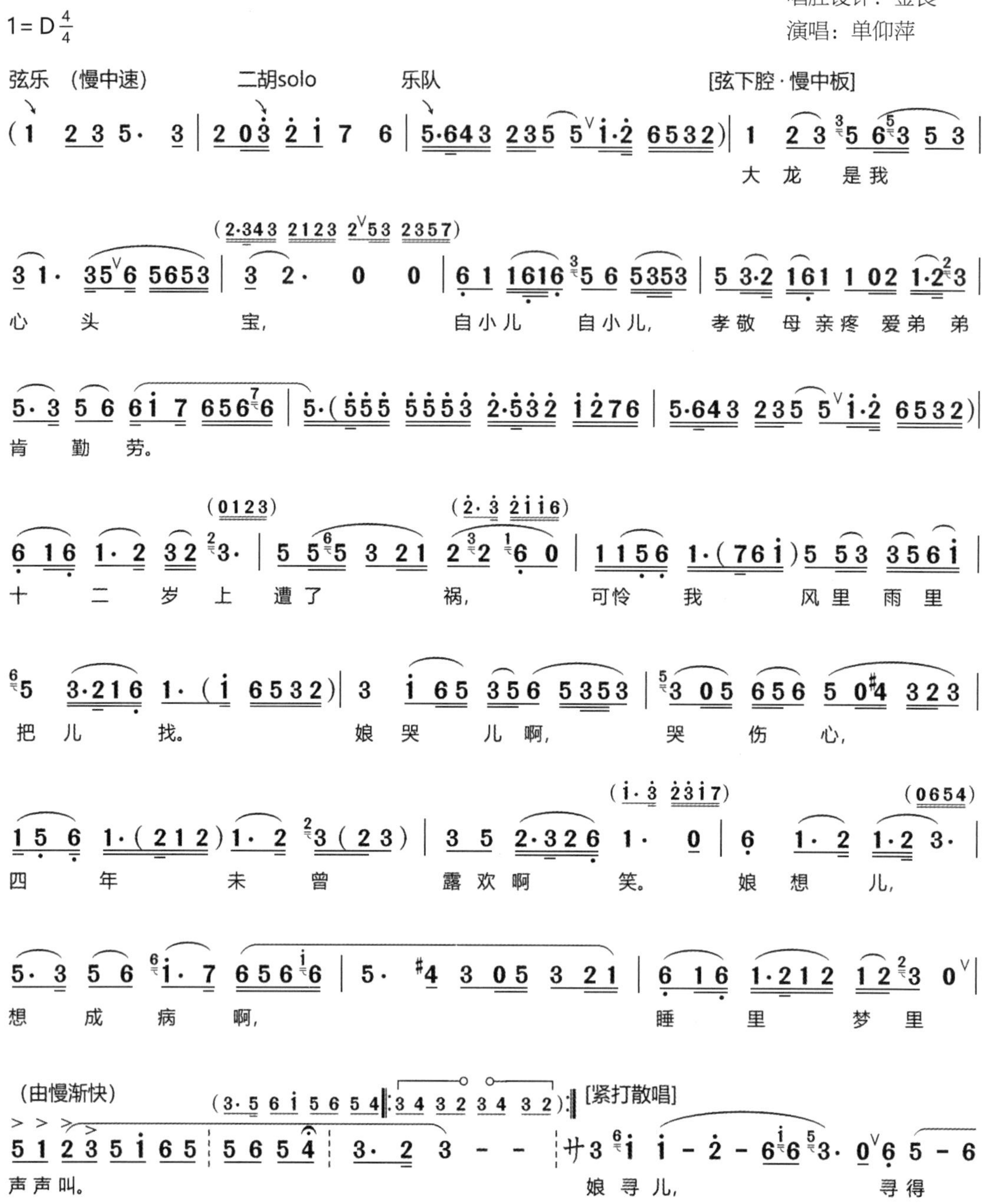

1＝D $\frac{4}{4}$

弦乐 （慢中速） 二胡solo 乐队 [弦下腔·慢中板]

大 龙 是我

心 头 宝， 自小儿 自小儿， 孝敬 母亲疼 爱弟 弟

肯 勤 劳。

十 二 岁 上 遭 了 祸， 可怜 我 风 里 雨 里

把 儿 找。 娘 哭 儿 啊， 哭 伤 心，

四 年 未 曾 露 欢 啊 笑。 娘 想 儿，

想 成 病 啊， 睡 里 梦 里

（由慢渐快） [紧打散唱]

声 声 叫。 娘 寻 儿， 寻 得

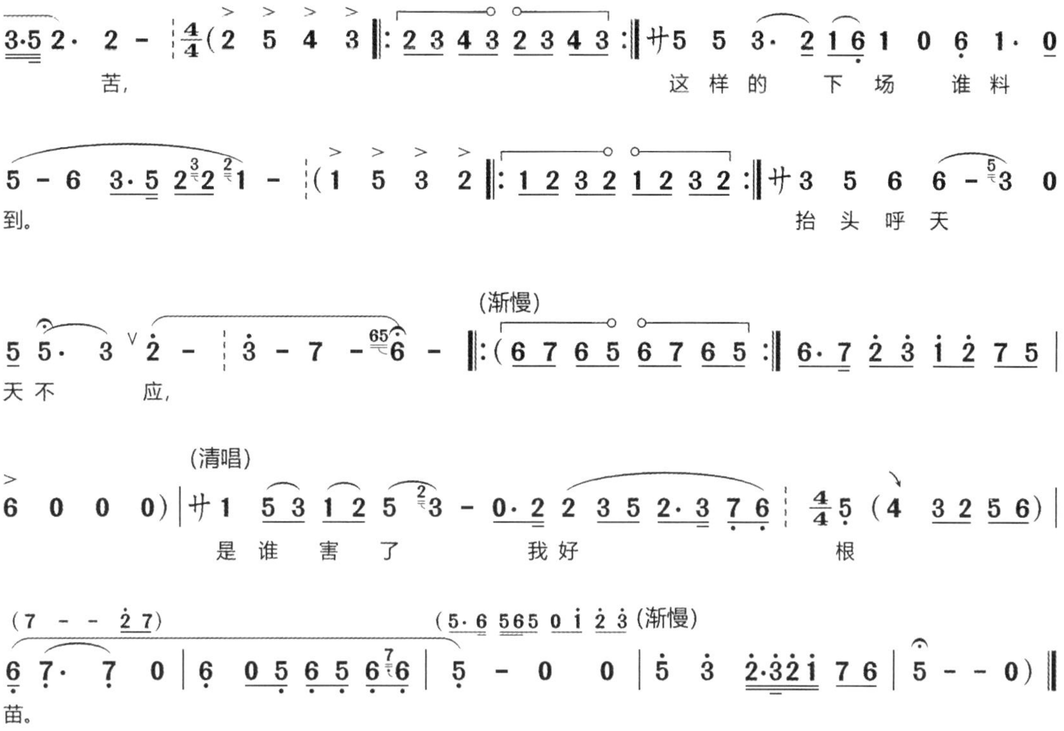

3·5 2· 2 - ┆ 4/4 (2 5 4 3 ‖: 2 3 4 3 2 3 4 3 :‖ 廿 5 5 3· 2 1 6 1 0 6 1· 0

苦， 这样的 下场 谁料

5 - 6 3· 5 2 3 2 2 1 - ┆ (1 5 3 2 ‖: 1 2 3 2 1 2 3 2 :‖ 廿 3 5 6 6 - 5 3 0

到。 抬头呼天

(渐慢)

5 5· 3 ∨ 2 - ┆ 3 - 7 - 65 6 - ‖: (6 7 6 5 6 7 6 5 :‖ 6· 7 2 3 1 2 7 5 |

天不 应，

(清唱)

6 0 0 0) | 廿 1 5 3 1 2 5 2 3 - 0· 2 2 3 5 2· 3 7 6 ┆ 4/4 5 (4 3 2 5 6) |

是谁害了 我好 根

(7 - - 2 7) (5· 6 565 0 1 2 3 (渐慢)

6 7· 7 0 | 6 0 5 6 5 6 7 6 | 5 - 0 0 | 5 3 2·321 7 6 | 5 - - 0) ‖

苗。

问苍天

（《西施归越》选段）

作词：罗怀臻
作曲：顾振遐、苏进邹
唱腔设计：顾振遐
演唱：单仰萍

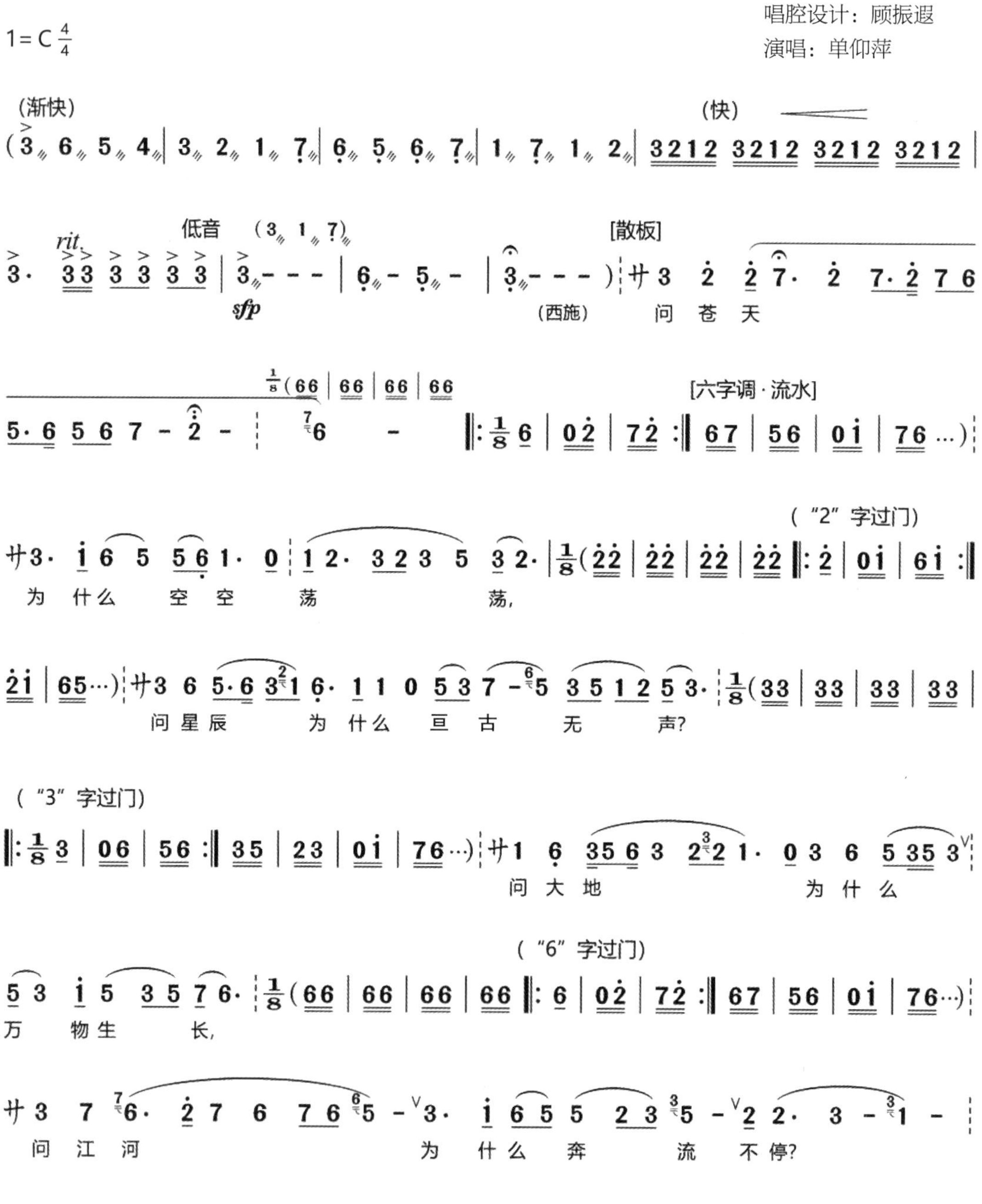

1＝C $\frac{4}{4}$

（渐快） （快）

rit. 低音 sfp （西施）

[散板]

问苍天

[六字调·流水]

为什么空空荡荡，

（“2”字过门）

问星辰为什么亘古无声？

（“3”字过门）

问大地为什么万物生长，

（“6”字过门）

问江河为什么奔流不停？

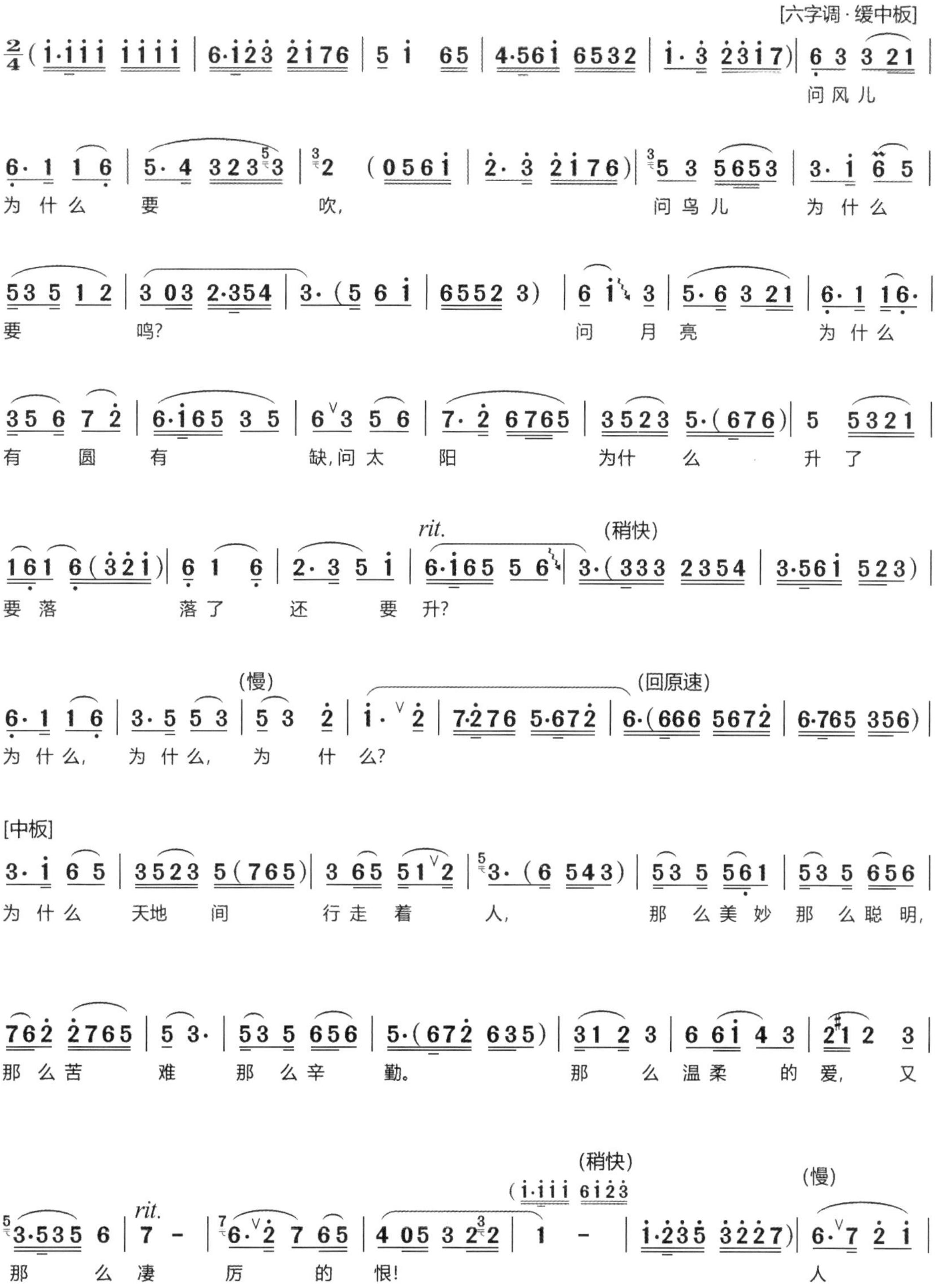

[六字调·缓中板]

问风儿为什么要吹，问鸟儿为什么要鸣？问月亮为什么有圆有缺，问太阳为什么升了

rit. (稍快)

要落落了还要升？

(慢) (回原速)

为什么，为什么，为什么？

[中板]

为什么天地间行走着人，那么美妙那么聪明，

那么苦难那么辛勤。那么温柔的爱，又

rit. (稍快) (慢)

那么凄厉的恨！人

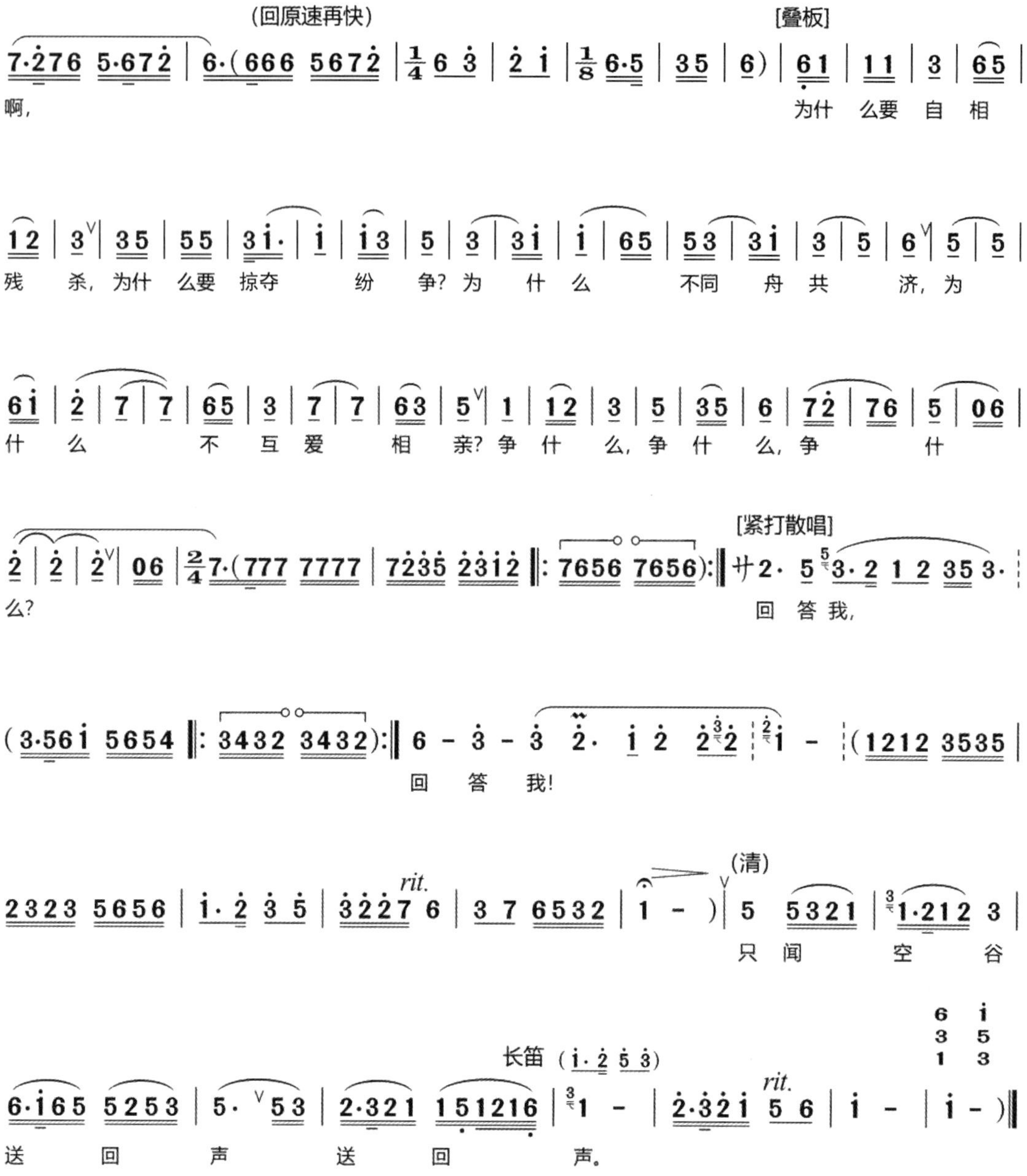

（回原速再快）　　[叠板]

啊，为什么要自相

残杀，为什么要掠夺纷争？为什么不同舟共济，为

什么不互爱相亲？争什么，争什么，争什么？

[紧打散唱]

回答我，

回答我！

rit.

（清）

只闻空谷

长笛

rit.

送回声送回声。

一支玉钗托情愫

（《紫玉钗》选段）

作词：吴兆芬、罗怀臻
作曲：顾振遐
唱腔设计：顾振遐
演唱：单仰萍

1＝C

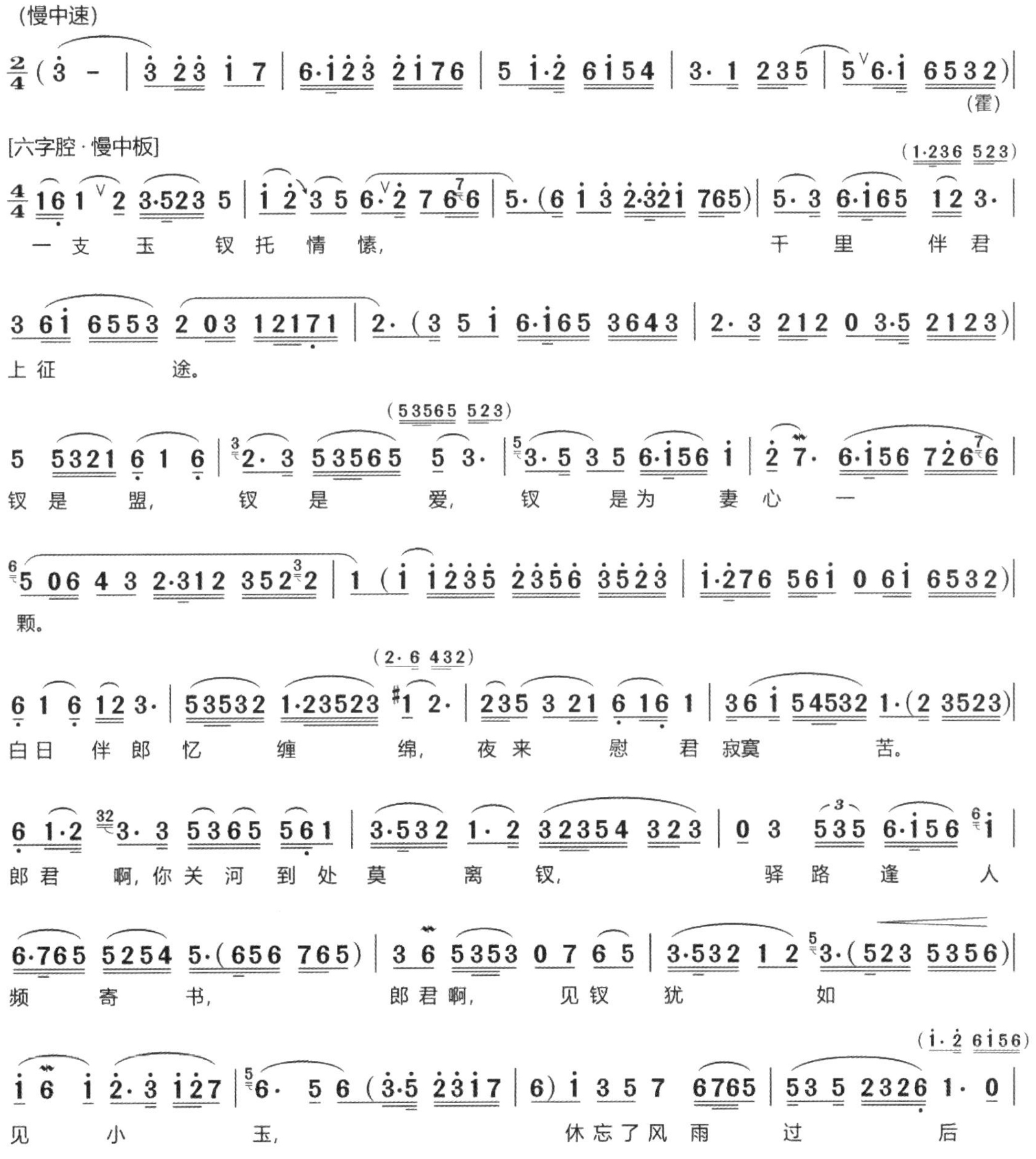

（慢中速）

（霍）

[六字腔 · 慢中板]

一支玉钗托情愫，千里伴君

上征途。

钗是盟，钗是爱，钗是为妻心一

颗。

白日伴郎忆缠绵，夜来慰君寂寞苦。

郎君啊，你关河到处莫离钗，驿路逢人

频寄书，郎君啊，见钗犹如

见小玉，休忘了风雨过后

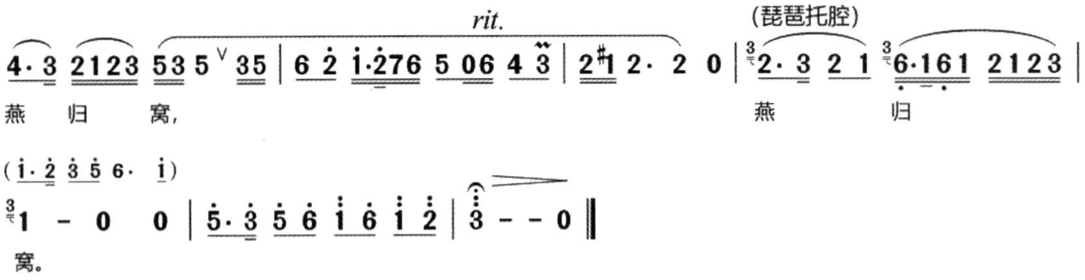

rit.　　　　　　　　　　　　　　　　　　（琵琶托腔）

4·3 2123 535 ∨ 35 | 6 2 1·276 5 06 4 3 | 2♯1 2· 2 0 | 2· 3 2 1 6·161 2123 |

燕　归　窝，　　　　　　　　　　　　　　　燕　　　归

（1·2 3 5 6· 1）

1 － 0 0 | 5·3 5 6 1 6 1 2 | 3 － － 0 ‖

窝。

妹妹后山采香菌

（《情洒罗山》选段）

作词：陈正国
作曲：金良、王林松
唱腔设计：金良
演唱：单仰萍

1 = C 4/4

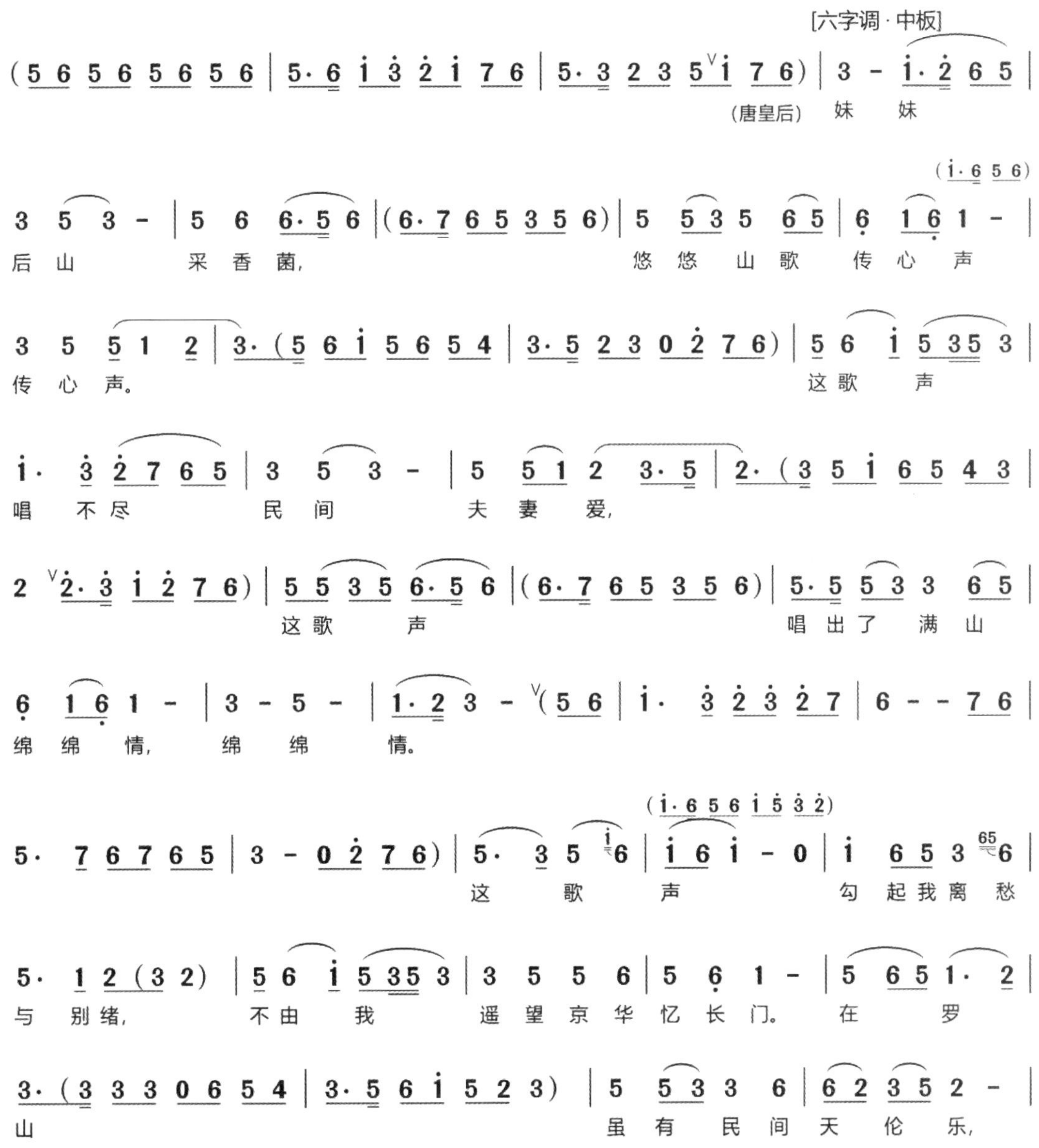

[六字调·中板]

(5 6 5 6 5 6 5 6 | 5· 6 1 3 2 1 7 6 | 5· 3 2 3 5 V1 7 6) | 3 – 1· 2 6 5 |
(唐皇后) 妹 妹

(1·6 5 6)
3 5 3 – | 5 6 6· 5 6 | (6· 7 6 5 3 5 6) | 5 5 3 5 6 5 | 6 1 6 1 – |
后 山 采 香 菌， 悠 悠 山 歌 传 心 声

3 5 5 1 2 | 3· (5 6 1 5 6 5 4 | 3· 5 2 3 0 2 7 6) | 5 6 1 5 3 5 3 |
传 心 声。 这 歌 声

1· 3 2 7 6 5 | 3 5 3 – | 5 5 1 2 3· 5 | 2· (3 5 1 6 5 4 3 |
唱 不 尽 民 间 夫 妻 爱，

2 V2· 3 1 2 7 6) | 5 5 3 5 6· 5 6 | (6· 7 6 5 3 5 6) | 5· 5 5 3 3 6 5 |
这 歌 声 唱 出 了 满 山

6 1 6 1 – | 3 – 5 – | 1· 2 3 – V(5 6 | 1· 3 2 3 2 7 | 6 – – 7 6 |
绵 绵 情， 绵 绵 情。

(1·6 5 6 1 5 3 2)
5· 7 6 7 6 5 | 3 – 0 2 7 6) | 5· 3 5 16 | 1 6 1 – 0 | 1 6 5 3 656 |
这 歌 声 勾 起 我 离 愁

5· 1 2 (3 2) | 5 6 1 5 3 5 3 | 3 5 5 6 | 5 6 1 – | 5 6 5 1· 2 |
与 别 绪， 不 由 我 遥 望 京 华 忆 长 门。 在 罗

3· (3 3 3 0 6 5 4 | 3· 5 6 1 5 2 3) | 5 5 3 3 6 | 6 2 3 5 2 – |
山 虽 有 民 间 天 伦 乐，

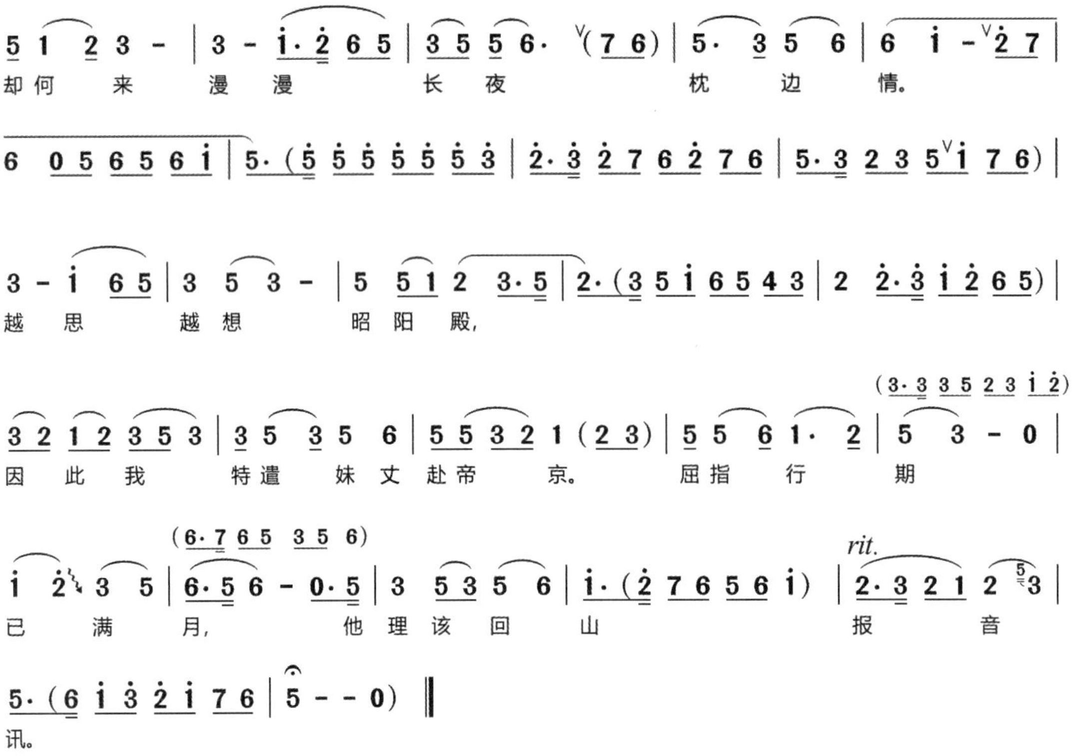

5 1 2 3 - | 3 - i· 2 6 5 | 3 5 5 6· ˇ(7 6) | 5· 3 5 6 | 6 i - ˇ2 7 |

却何来漫漫长夜枕边情。

6 0 5 6 5 6 i | 5·(5 5 5 5 5 5 3 | 2· 3 2 7 6 2 7 6 | 5· 3 2 3 5ˇi 7 6) |

3 - i 6 5 | 3 5 3 - | 5 5 1 2 3· 5 | 2·(3 5 i 6 5 4 3 | 2 2· 3 i 2 6 5) |

越思越想昭阳殿，

(3· 3 3 5 2 3 i 2)

3 2 1 2 3 5 3 | 3 5 3 5 6 | 5 5 3 2 1 (2 3) | 5 5 6 1· 2 | 5 3 - 0 |

因此我特遣妹文赴帝京。屈指行期

(6· 7 6 5 3 5 6)

i 2 3 5 | 6· 5 6 - 0· 5 | 3 5 3 5 6 | i·(2 7 6 5 6 i) | *rit.* 2· 3 2 1 2 3 |

已满月，他理该回山报音

5·(6 i 3 2 i 7 6 | 5 - - 0) ‖

讯。

事到如今无遗恨

（《秦淮烟云》选段）

作词：罗怀臻、纪乃咸、任沙
作曲：刘如曾
唱腔设计：刘如曾
演唱：单仰萍

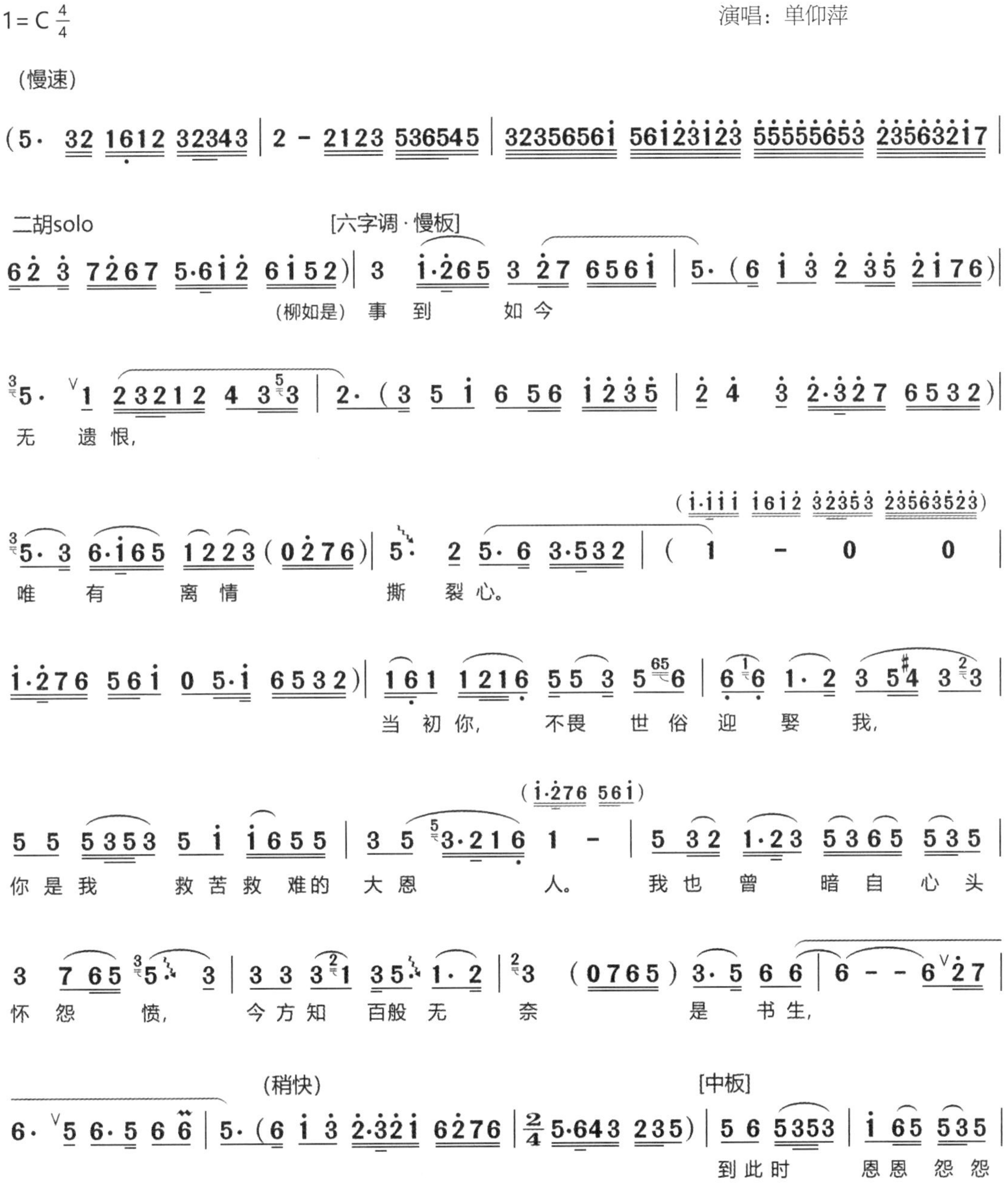

1 = C $\frac{4}{4}$

（慢速）

二胡solo　　[六字调·慢板]

（柳如是）事　到　如今

无　遗恨，

唯　有　离情　撕　裂心。

当初你，不畏　世俗　迎　娶　我，

你是我　救苦救　难的　大恩　人。我也曾　暗自　心头

怀　怨　愤，今方知　百般无　奈　是　书生，

（稍快）　[中板]

到此时　恩恩　怨怨

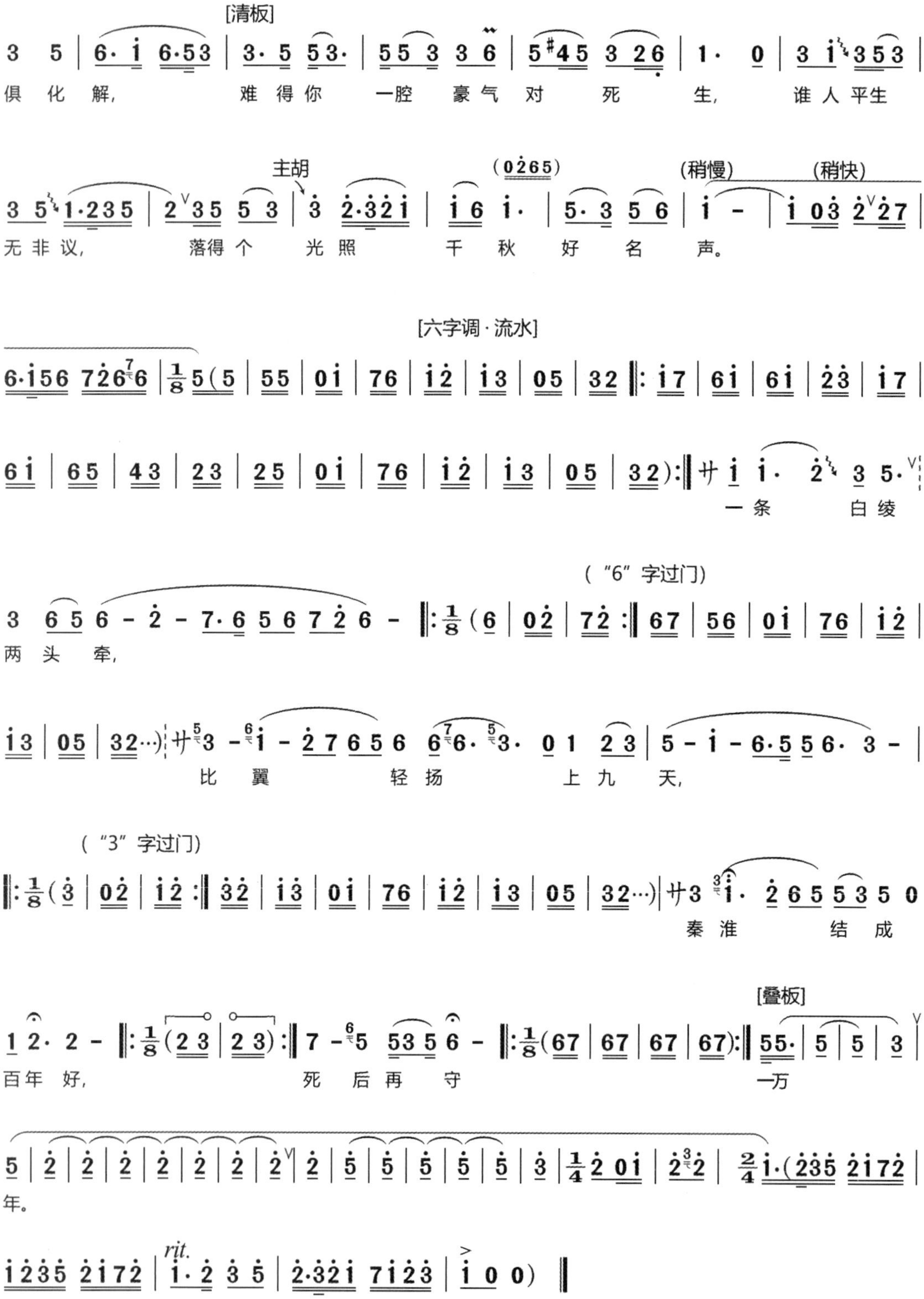

[清板]

3 5 | 6· i 6·53 | 3· 5 53· | 55 3 3 6 | 5 #45 3 26 | 1· 0 | 3 i 353 |

俱 化 解， 难 得 你 一腔 豪 气 对 死 生， 谁 人 平生

主胡 (0265) (稍慢) (稍快)

3 5 1·235 | 2 35 5 3 | 3 2·32i | i6 i· | 5· 3 5 6 | i – | i 03 2 27 |

无 非 议， 落 得 个 光 照 千 秋 好 名 声。

[六字调·流水]

6·i56 72676 | 1/8 5(5 | 55 | 0i | 76 | i2 | i3 | 05 | 32 ‖: i7 | 6i | 6i | 23 | i7 |

6i | 65 | 43 | 23 | 25 | 0i | 76 | i2 | i3 | 05 | 32):‖ 廿 i i· 2 3 5·

一 条 白 绫

（“6”字过门）

3 6 5 6 – 2 – 7·6 5 6 7 2 6 – ‖: 1/8 (6 | 02 | 72 :‖ 67 | 56 | 0i | 76 | i2 |

两 头 牵，

i3 | 05 | 32…) 廿 3 – i – 2 7 6 5 6 6 6· 3· 0 1 2 3 | 5 – i – 6·5 5 6· 3 – |

比 翼 轻 扬 上 九 天，

（“3”字过门）

‖: 1/8 (3 | 02 | i2 :‖ 32 | i3 | 0i | 76 | i2 | i3 | 05 | 32…) 廿 3 i· 2 6 5 5 3 5 0

秦 淮 结 成

[叠板]

1 2· 2 – ‖: 1/8 (2 3 | 2 3):‖ 7 – 5 53 5 6 – ‖: 1/8 (67 | 67 | 67 | 67):‖ 55· | 5 | 5 | 3 |

百 年 好， 死 后 再 守 一万

5 | 2 | 2 | 2 | 2 | 2 | 2 | 2 | 2 | 5 | 5 | 5 | 5 | 5 | 3 | 1/4 2 0i | 2 2 | 2/4 i·(235 2172 |

年。

i235 2172 | *rit.* i· 2 3 5 | 2·32i 7123 | i 0 0) ‖

西风黄叶雁行单

（《曹植与甄洛》选段）

作词：言秋士

作曲：苏进邹、庄德义

唱腔设计：陈钧

演唱：单仰萍

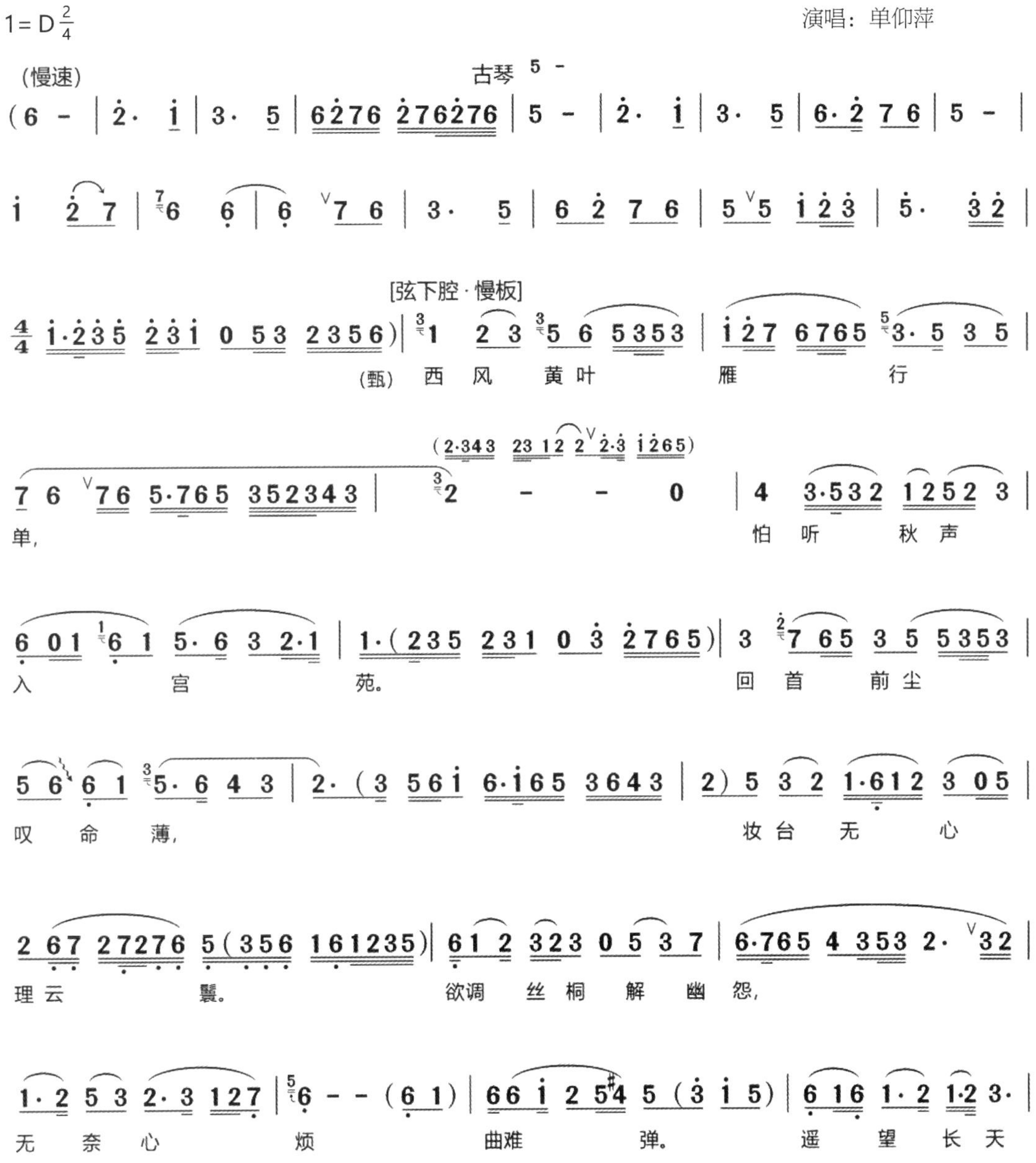

1＝D $\frac{2}{4}$

（慢速）

古琴

［弦下腔 · 慢板］

（甄）西风黄叶雁行

单，怕听秋声

入宫苑。回首前尘

叹命薄，妆台无心

理云鬓。欲调丝桐解幽怨，

无奈心烦曲难弹。遥望长天

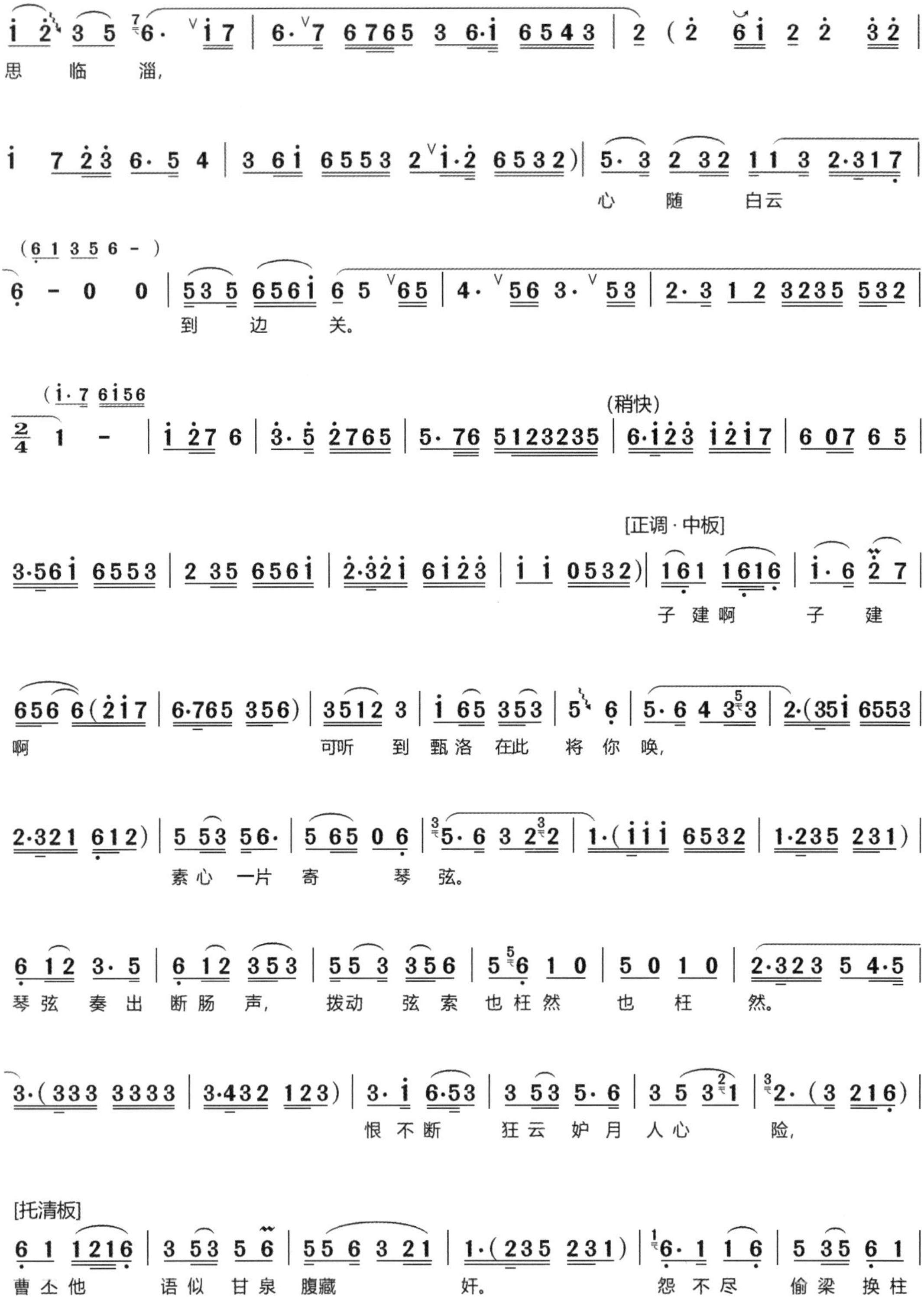

i 2 3 5 6· i7 | 6·7 6765 3 6·i 6543 | 2 (2 6i 2 2 32 |

思 临 淄，

i 7 23 6· 5 4 | 3 6i 6553 2 i·2 6532) | 5· 3 2 32 11 3 2·317 |

心 随 白云

(6 1 3 5 6 –)

6 – 0 0 | 53 5 656i 6 5 65 | 4· 56 3· 53 | 2· 3 1 2 3235 532 |

到 边 关。

(i· 7 6i56

(稍快)

2/4 1 – | i 27 6 | 3· 5 2765 | 5· 76 5123235 | 6·i23 i2i7 | 6 07 6 5 |

[正调 · 中板]

3·56i 6553 | 2 35 656i | 2·32i 6i23 | i i 0532) | 161 1616 | i· 6 2 7 |

子 建 啊 子 建

656 6(2i7 | 6·765 356) | 3512 3 | i 65 353 | 5 6 | 5· 6 4 3 3 | 2·(35i 6553 |

啊 可听 到 甄 洛 在此 将 你 唤，

2·321 612) | 5 53 56· | 5 65 0 6 | 5· 6 3 2 2 | 1·(i i i 6532 | 1·235 231) |

素 心 一片 寄 琴 弦。

6 12 3· 5 | 6 12 353 | 55 3 356 | 5 6 1 0 | 5 0 1 0 | 2·323 5 4·5 |

琴 弦 奏 出 断 肠 声， 拨 动 弦 索 也 枉 然 也 枉 然。

3·(333 3333 | 3·432 123) | 3· i 6·53 | 3 53 5· 6 | 3 5 3 1 | 2· (3 216) |

恨 不 断 狂 云 妒 月 人 心 险，

[托清板]

6 1 1216 | 3 53 5 6 | 55 6 3 21 | 1·(235 231) | 6· 1 1 6 | 5 35 6 1 |

曹 丕 他 语 似 甘 泉 腹 藏 奸。 怨 不 尽 偷 梁 换 柱

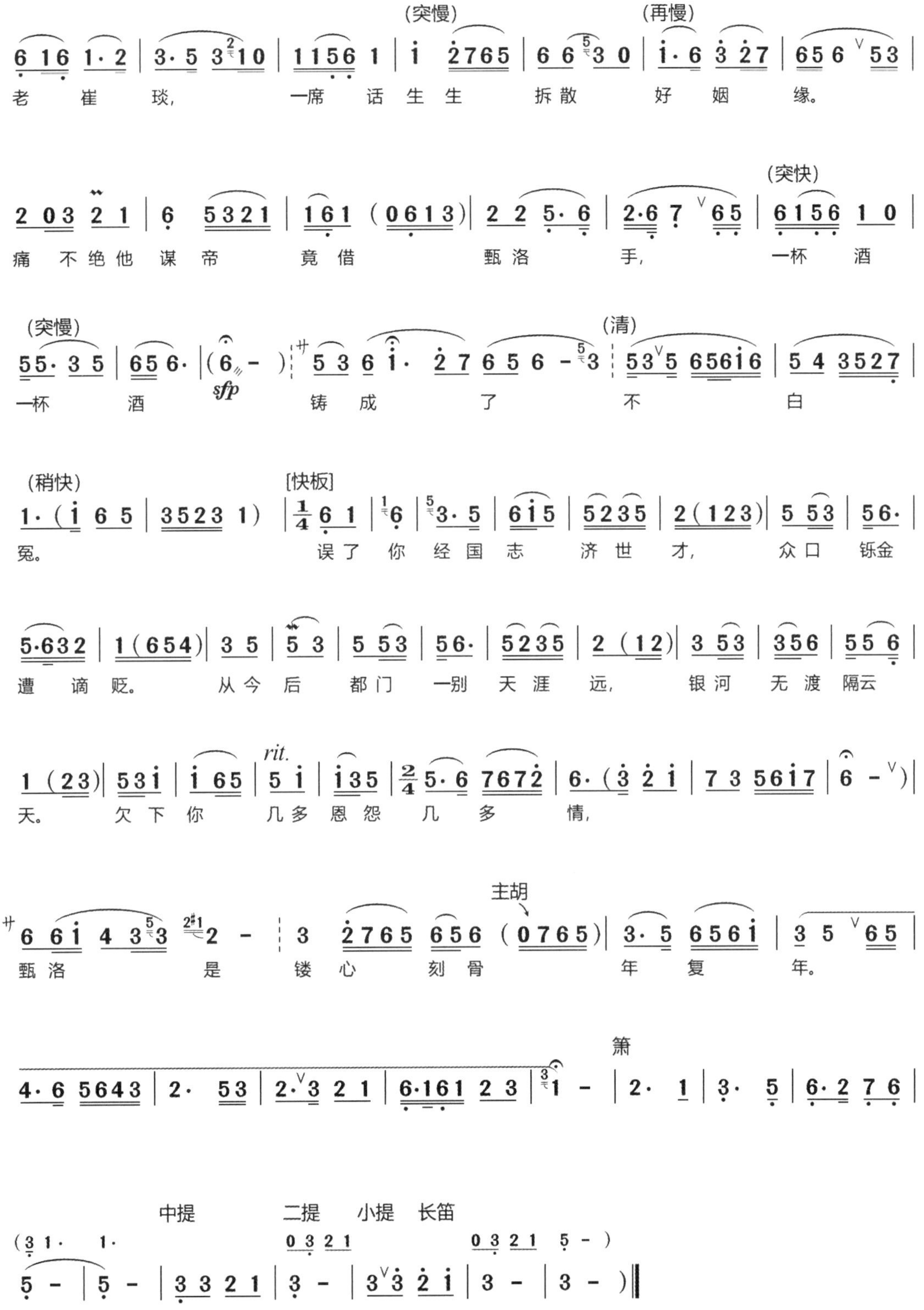

(突慢) (再慢)

6 16 1·2 | 3·5 3 10 | 1156 1 | i 2765 | 6 6 3 0 | i·6 3 27 | 656 53 |

老 崔 琰， 一席 话 生 生 拆 散 好 姻 缘。

(突快)

2 03 2 1 | 6 5321 | 161 (0613) | 2 2 5·6 | 2·6 7 65 | 6156 1 0 |

痛 不 绝 他 谋 帝 竟 借 甄 洛 手， 一杯 酒

(突慢) (清)

55·3 5 | 65 6· | (6 -) sfp | 5 3 6 i· 2 7 6 5 6 - 3 | 53 5 6561 6 | 5 4 3527 |

一杯 酒 铸 成 了 不 白

(稍快) [快板]

1·(i 6 5 | 3523 1) | 1/4 6 1 | 6 | 3·5 | 6 i 5 | 5235 | 2(123) | 5 53 | 56· |

冤。 误 了 你 经 国 志 济 世 才， 众 口 铄金

5·632 | 1(654) | 3 5 | 5 3 | 5 53 | 56· | 5235 | 2 (12) | 3 53 | 356 | 55 6 |

遭 谪 贬。 从 今 后 都 门 一别 天 涯 远， 银 河 无 渡 隔云

rit.

1 (23) | 53i | i 65 | 5 i | i35 | 2/4 5·6 7672 | 6·(3 2 i | 7 3 56i7 | 6 -) |

天。 欠 下 你 几 多 恩 怨 几 多 情，

主胡

6 6i 4 3 3 2 - | 3 2765 656 (0765) | 3·5 656i | 3 5 65 |

甄 洛 是 镂 心 刻 骨 年 复 年。

箫

4·6 5643 | 2· 53 | 2·3 2 1 | 6·161 2 3 | 1 - | 2· 1 | 3· 5 | 6·2 7 6 |

中提 二提 小提 长笛

(3 1· 1· 0 3 2 1 0 3 2 1 5 -)

5 - | 5 - | 3 3 2 1 | 3 - | 3 3 2 i | 3 - | 3 -) ‖

銮铃响 车马喧

（《元妃省亲》选段）

作词：吴兆芬
作曲：陈钧
唱腔设计：陈钧
演唱：单仰萍

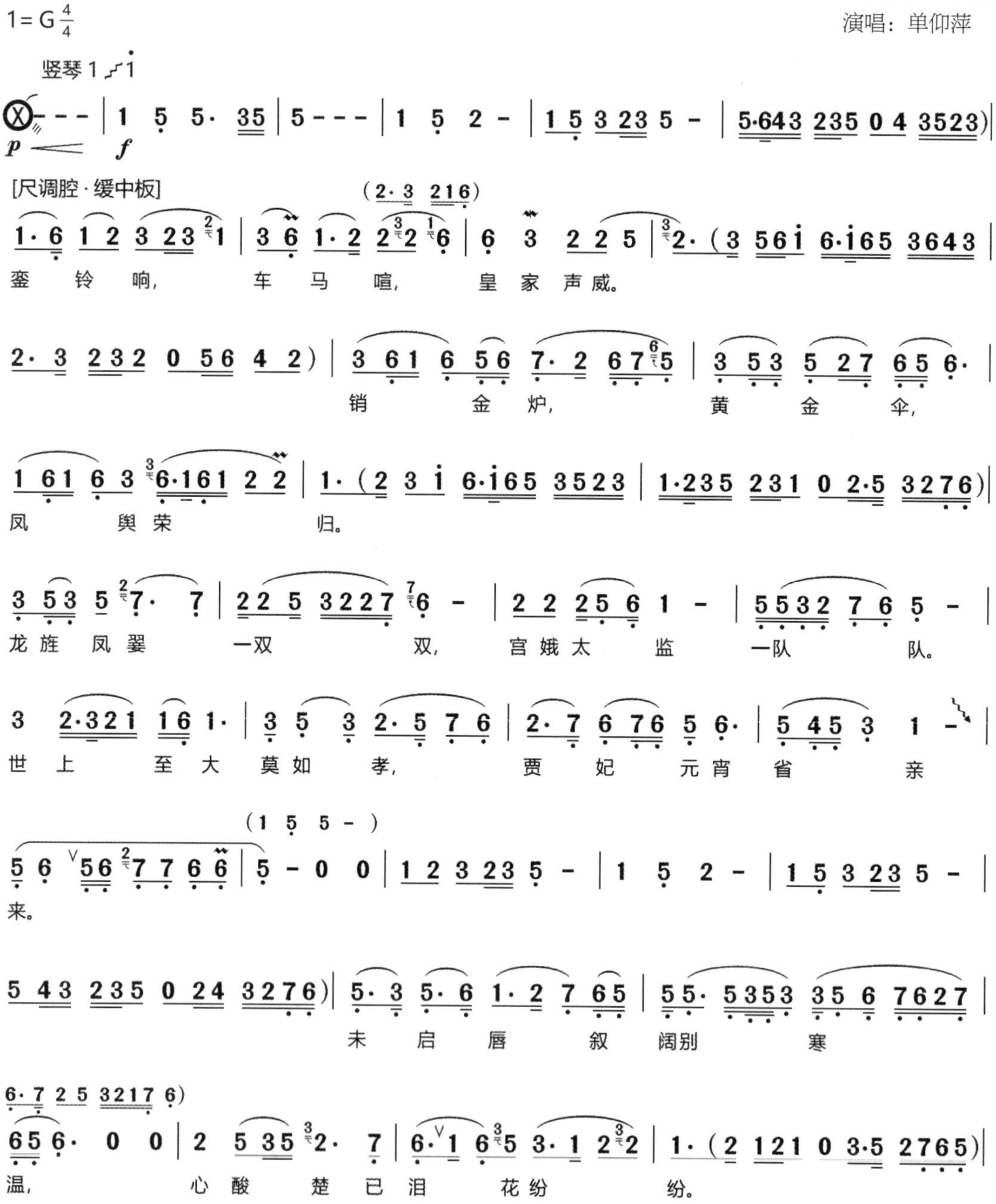

1＝G $\frac{4}{4}$

竖琴

[尺调腔·缓中板]

銮铃响，车马喧，皇家声威。

销金炉，黄金伞，

凤舆荣归。

龙旌凤翣一双双，宫娥太监一队队。

世上至大莫如孝，贾妃元宵省亲

来。

未启唇叙阔别寒

温，心酸楚已泪花纷纷。

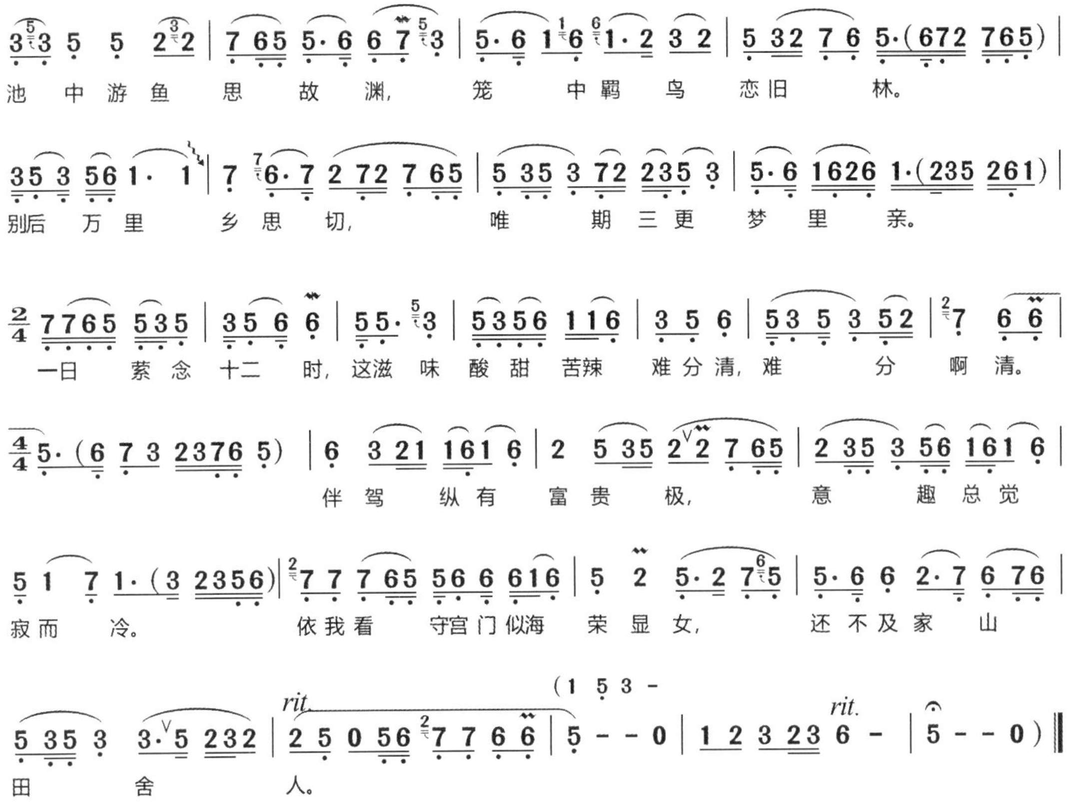

池中游鱼思故渊，笼中羁鸟恋旧林。

别后万里乡思切，唯期三更梦里亲。

一日萦念十二时，这滋味酸甜苦辣难分清，难分啊清。

伴驾纵有富贵极，意趣总觉寂而冷。

依我看守宫门似海荣显女，还不及家山田舍人。

天生我材必有用

（《则天皇帝》选段）

作词：吴琛（执笔）
作曲：金良
唱腔设计：金良
演唱：单仰萍

1 = G $\frac{2}{4}$

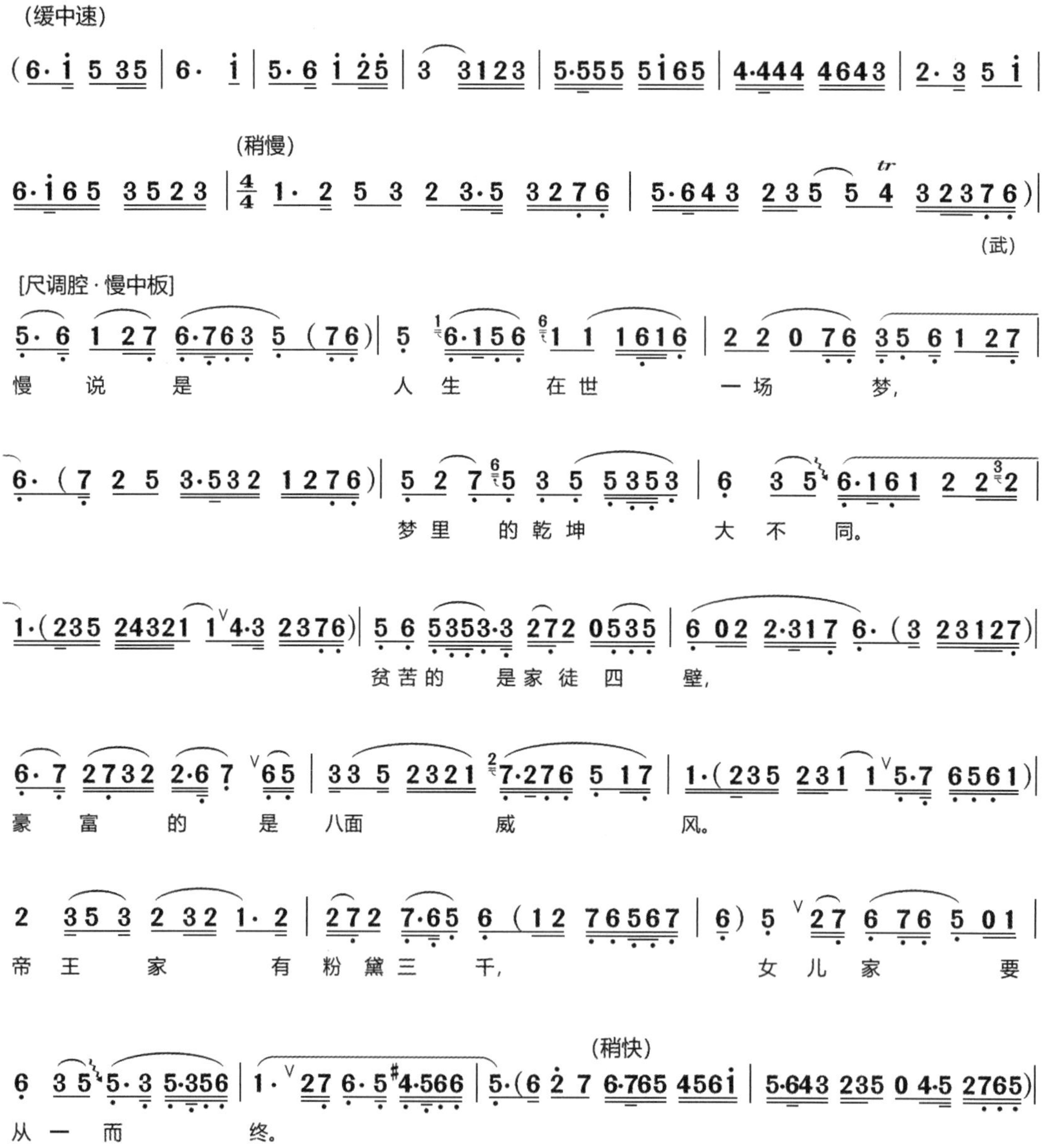

（缓中速）

（稍慢）

（武）

[尺调腔 · 慢中板]

慢 说 是 人 生 在 世 一 场 梦，

梦 里 的 乾 坤 大 不 同。

贫 苦 的 是 家 徒 四 壁，

豪 富 的 是 八面 威 风。

帝 王 家 有 粉 黛 三 千， 女 儿 家 要

（稍快）

从 一 而 终。

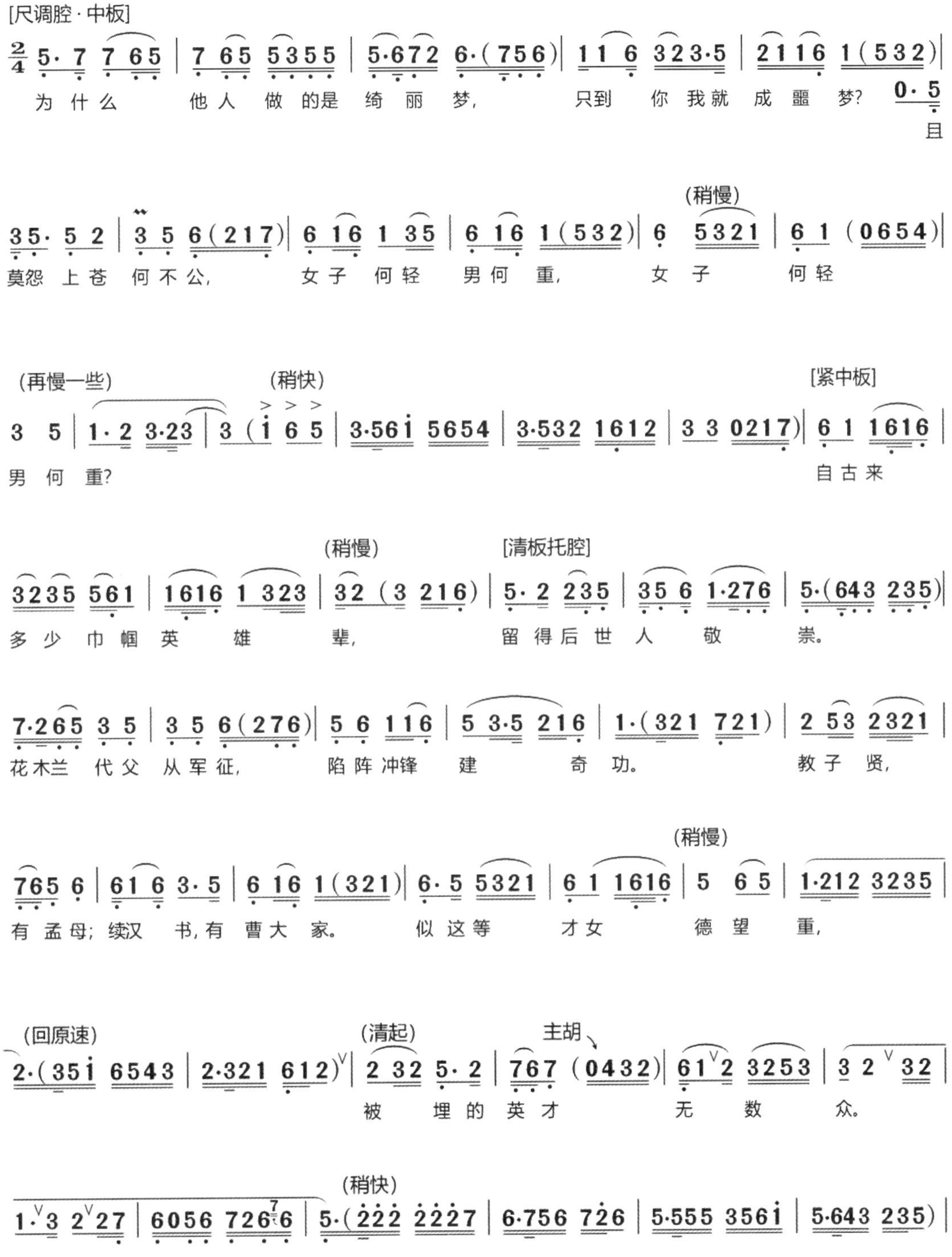

[尺调腔 · 中板]

2/4 5· 7 7 65 | 7 65 5355 | 5·672 6·(756) | 11 6 323·5 | 2116 1(532) | 0· 5

为什么 他人做的是绮丽梦， 只到你我就成噩梦？ 且

(稍慢)

35· 5 2 | 3 5 6(217) | 6 16 1 35 | 6 16 1(532) | 6 5321 | 6 1 (0654) |

莫怨上苍何不公， 女子何轻男何重， 女子 何轻

(再慢一些) (稍快) [紧中板]

3 5 | 1· 2 3·23 | 3 (i 6 5 | 3·56i 5654 | 3·532 1612 | 3 3 0217) | 6 1 1616 |

男何重？ 自古来

(稍慢) [清板托腔]

3235 561 | 1616 1 323 | 32 (3 216) | 5· 2 235 | 35 6 1·276 | 5·(643 235) |

多少巾帼英雄辈， 留得后世人敬崇。

7·265 3 5 | 3 5 6(276) | 5 6 116 | 5 3·5 216 | 1·(321 721) | 2 53 2321 |

花木兰代父从军征， 陷阵冲锋建奇功。 教子贤，

(稍慢)

765 6 | 61 6 3· 5 | 6 16 1(321) | 6· 5 5321 | 6 1 1616 | 5 65 | 1·212 3235 |

有孟母；续汉书，有曹大家。 似这等才女德望重，

(回原速) (清起) 主胡

2·(35i 6543 | 2·321 612)ᐯ | 2 32 5· 2 | 767 (0432) | 61ᐯ2 3253 | 3 2ᐯ32 |

被埋的英才 无数众。

(稍快)

1·ᐯ3 2ᐯ27 | 6056 7267 6 | 5·(222 2227 | 6·756 726 | 5·555 356i | 5·643 235) |

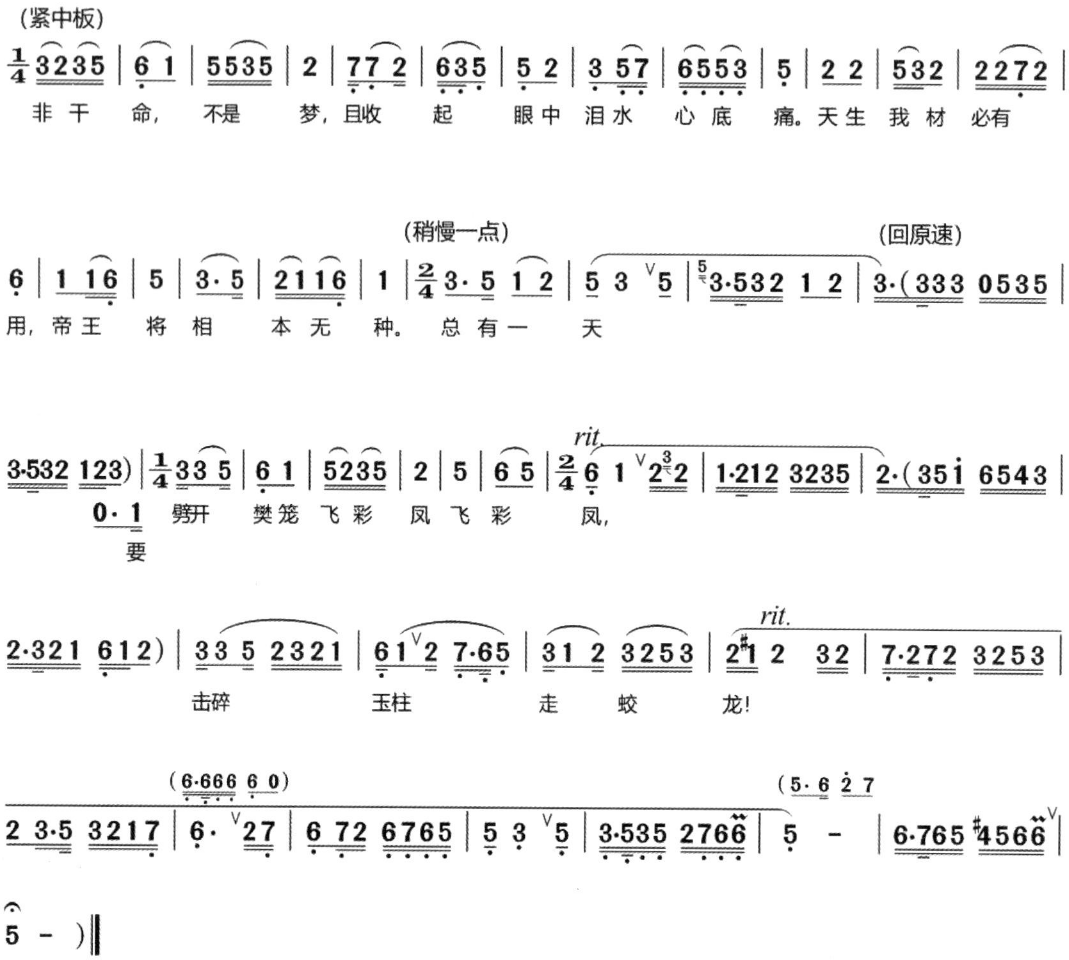

(紧中板)

1/4 3235 | 6 1 | 5535 | 2 | 77 2 | 635 | 5 2 | 3 57 | 6553 | 5 | 2 2 | 532 | 2272 |

非干命，不是梦，且收起眼中泪水心底痛。天生我材必有

(稍慢一点) (回原速)

6 | 1 16 | 5 | 3· 5 | 2116 | 1 | 2/4 3· 5 1 2 | 5 3 5 | 3·532 1 2 | 3·(333 0535 |

用，帝王将相本无种。总有一天

rit.

3·532 123) | 1/4 33 5 | 6 1 | 5235 | 2 | 5 | 6 5 | 2/4 6 1 22 | 1·212 3235 | 2·(351 6543 |

0· 1 劈开樊笼飞彩凤飞彩凤，

要

rit.

2·321 612) | 33 5 2321 | 61 2 7·65 | 31 2 3253 | 21 2 32 | 7·272 3253 |

击碎玉柱走蛟龙！

(6·666 6 0) (5· 6 2 7

2 3·5 3217 | 6· 27 | 6 72 6765 | 5 3 5 | 3·535 2766 | 5 – | 6·765 #4566 |

5 –) ‖

一身罪衣裹双肩

（《舞台姐妹》选段）

作词：薛允璜
作曲：苏进邹
唱腔设计：苏进邹
演唱：单仰萍

1 = G

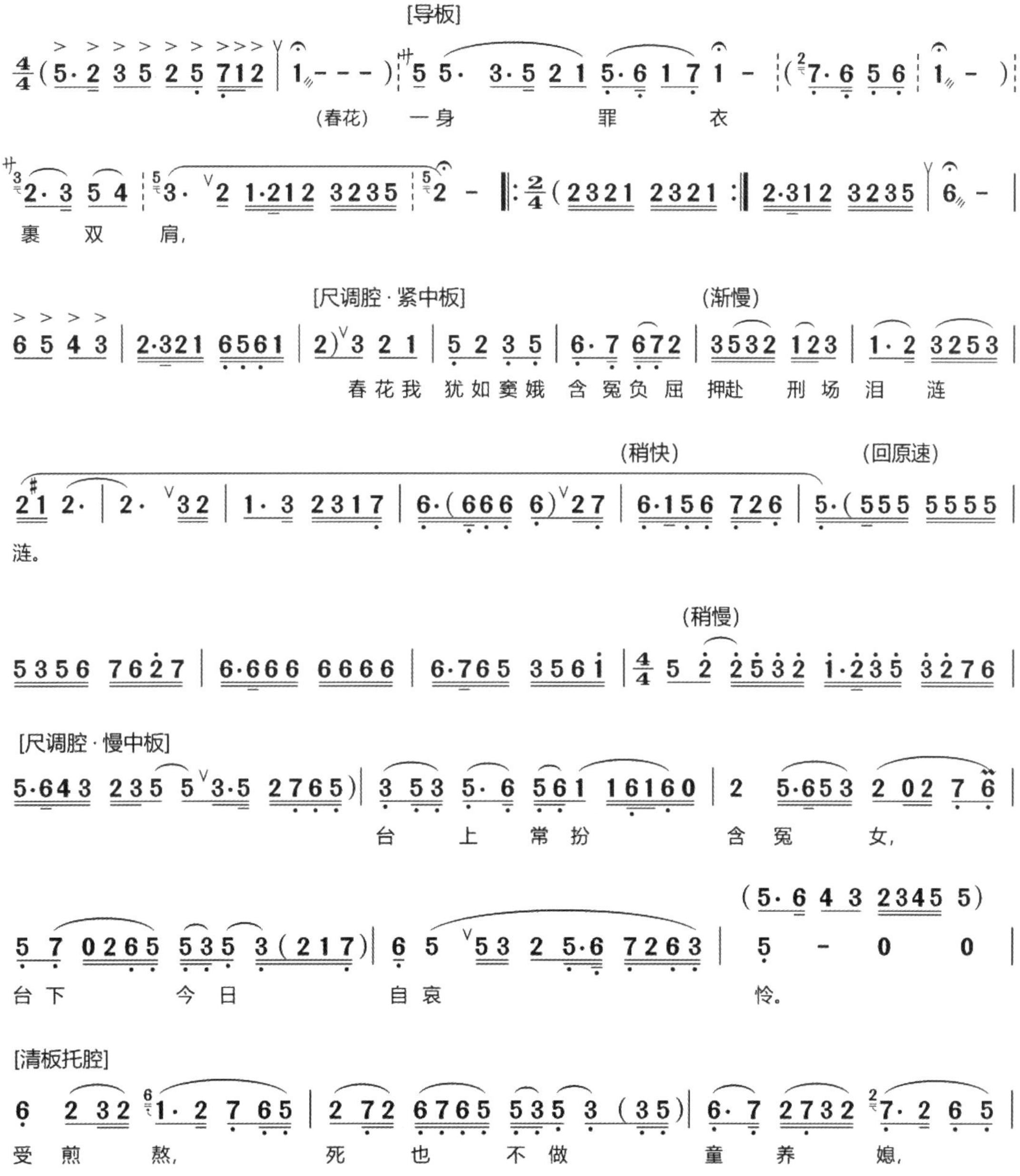

[导板]

（春花）一身 罪 衣

裹 双 肩，

[尺调腔 · 紧中板] (渐慢)

春花我 犹如窦娥 含 冤负 屈 押赴 刑 场 泪 涟

涟。

(稍快) (回原速)

(稍慢)

[尺调腔 · 慢中板]

台 上 常 扮 含 冤 女，

台下 今 日 自 哀 怜。

[清板托腔]

受 煎 熬，死 也 不 做 童 养 媳，

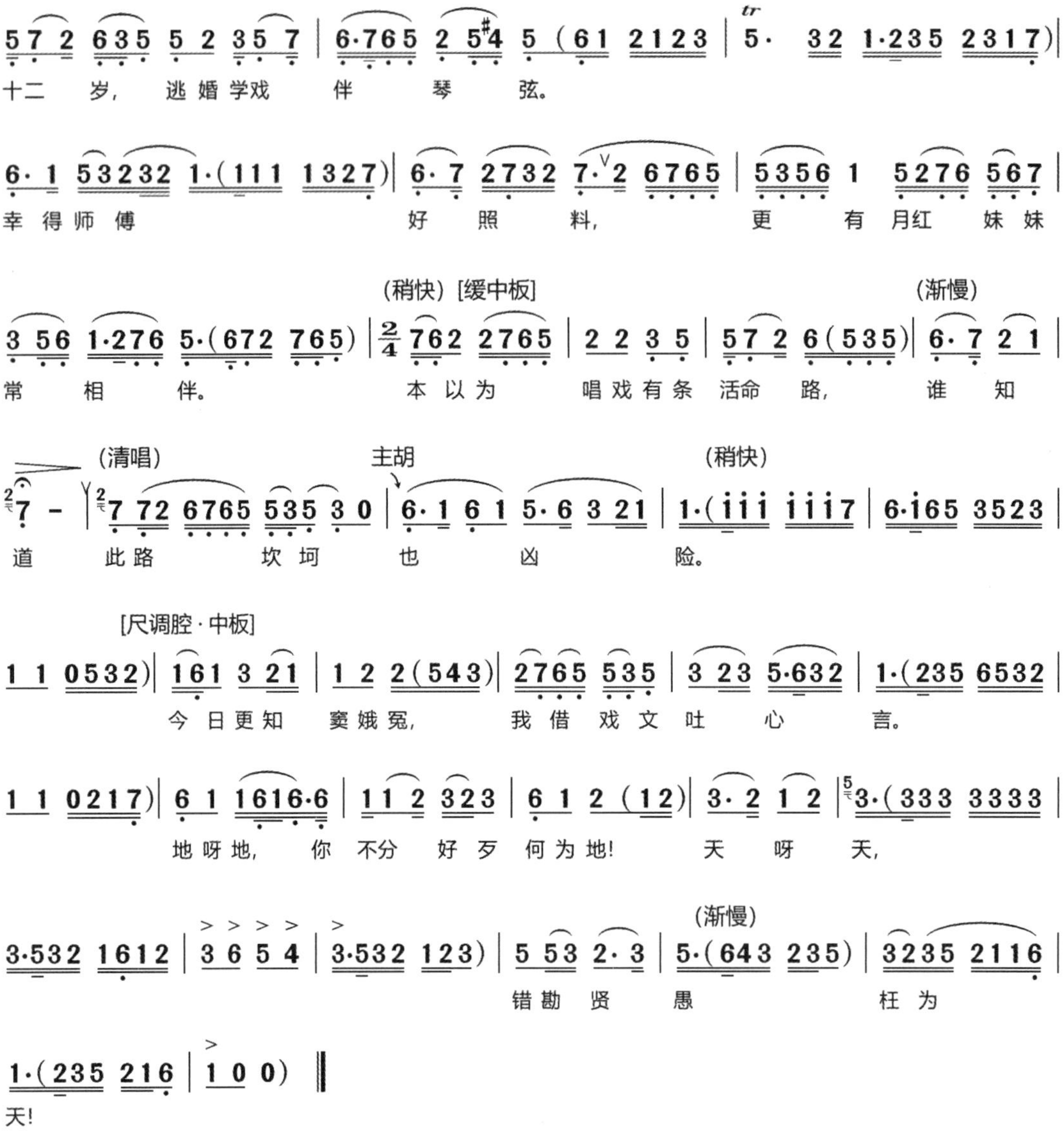

5 7 2 6 3 5 5 2 3 5 7 | 6·7 6 5 2 5 #4 5 (6 1 2 1 2 3 | 5· 3 2 1·2 3 5 2 3 1 7) |

十二 岁，逃婚学戏 伴 琴 弦。

6· 1 5 3 2 3 2 1·(1 1 1 1 3 2 7) | 6· 7 2 7 3 2 7· 2 6 7 6 5 | 5 3 5 6 1 5 2 7 6 5 6 7 |

幸得师傅 好 照 料，更 有 月红 妹 妹

(稍快) [缓中板] (渐慢)

3 5 6 1·2 7 6 5·(6 7 2 7 6 5) | 2/4 7 6 2 2 7 6 5 | 2 2 3 5 | 5 7 2 6 (5 3 5) | 6· 7 2 1 |

常 相 伴。本 以 为 唱 戏 有 条 活 命 路，谁 知

(清唱) 主胡 (稍快)

7 – | 7 7 2 6 7 6 5 5 3 5 3 0 | 6· 1 6 1 5· 6 3 2 1 | 1·(i i i i i i 7 | 6·i 6 5 3 5 2 3 |

道 此 路 坎 坷 也 凶 险。

[尺调腔·中板]

1 1 0 5 3 2) | 1 6 1 3 2 1 | 1 2 2 (5 4 3) | 2 7 6 5 5 3 5 | 3 2 3 5·6 3 2 | 1·(2 3 5 6 5 3 2 |

今 日 更 知 窦 娥 冤，我 借 戏 文 吐 心 言。

1 1 0 2 1 7) | 6 1 1 6 1 6·6 | 1 1 2 3 2 3 | 6 1 2 (1 2) | 3· 2 1 2 | 3·(3 3 3 3 3 3 3 |

地 呀 地，你 不分 好 歹 何 为 地！天 呀 天，

(渐慢)

3·5 3 2 1 6 1 2 | 3 6 5 4 | 3·5 3 2 1 2 3) | 5 5 3 2· 3 | 5·(6 4 3 2 3 5) | 3 2 3 5 2 1 1 6 |

错 勘 贤 愚 枉 为

1·(2 3 5 2 1 6 | 1 0 0) ‖

天！

一声戏子轻出口

（《舞台姐妹》选段）

作词：薛允璜
作曲：苏进邹
唱腔设计：苏进邹
演唱：单仰萍

1＝C $\frac{4}{4}$

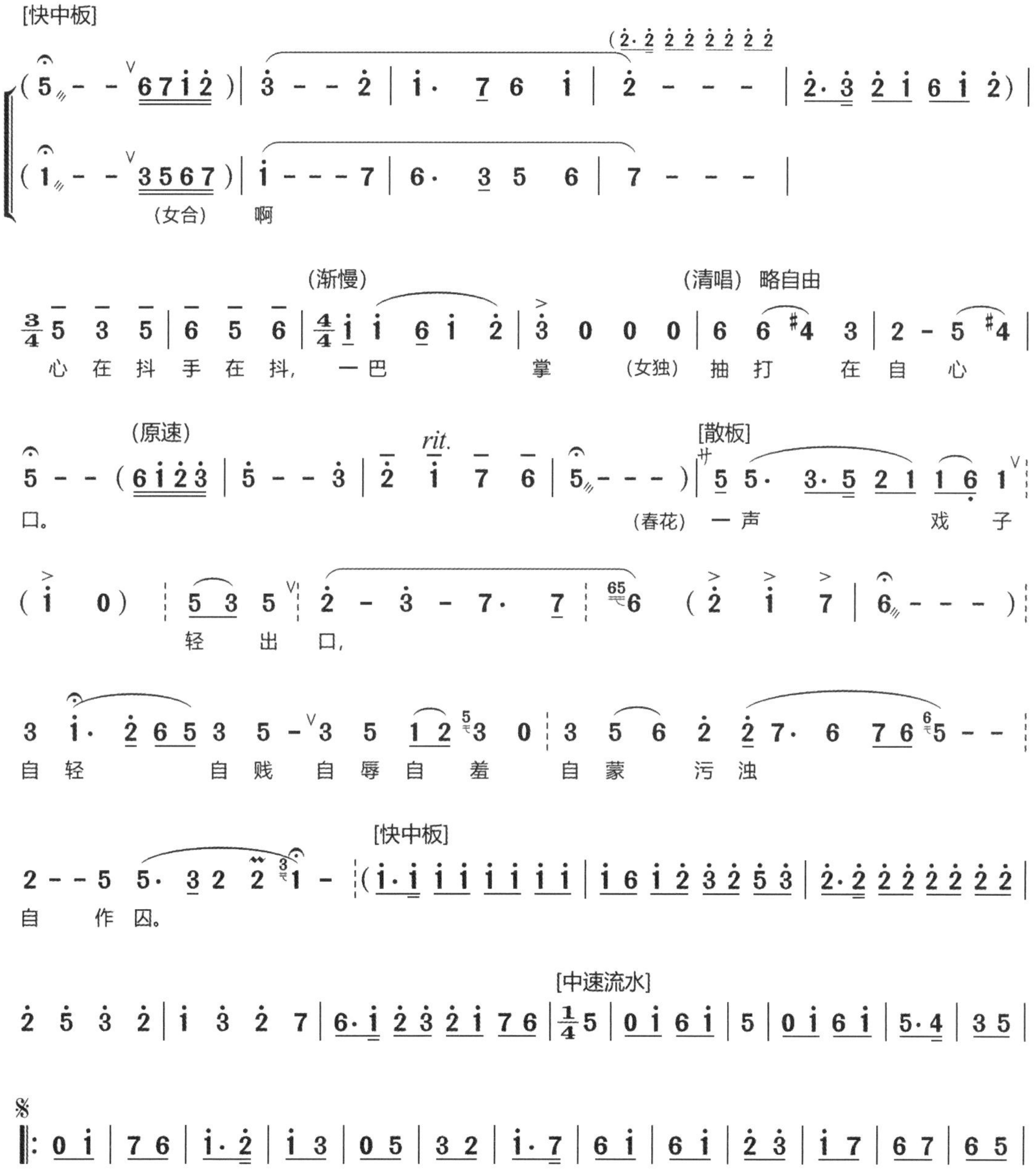

[快中板]

（女合） 啊

（渐慢）

心在抖手在抖，一巴掌

（清唱） 略自由

（女独） 抽打在自心口。

（原速）

rit.

[散板]

（春花）一声戏子轻出口，

自轻自贱自辱自羞自蒙污浊自作囚。

[快中板]

[中速流水]

𝄋

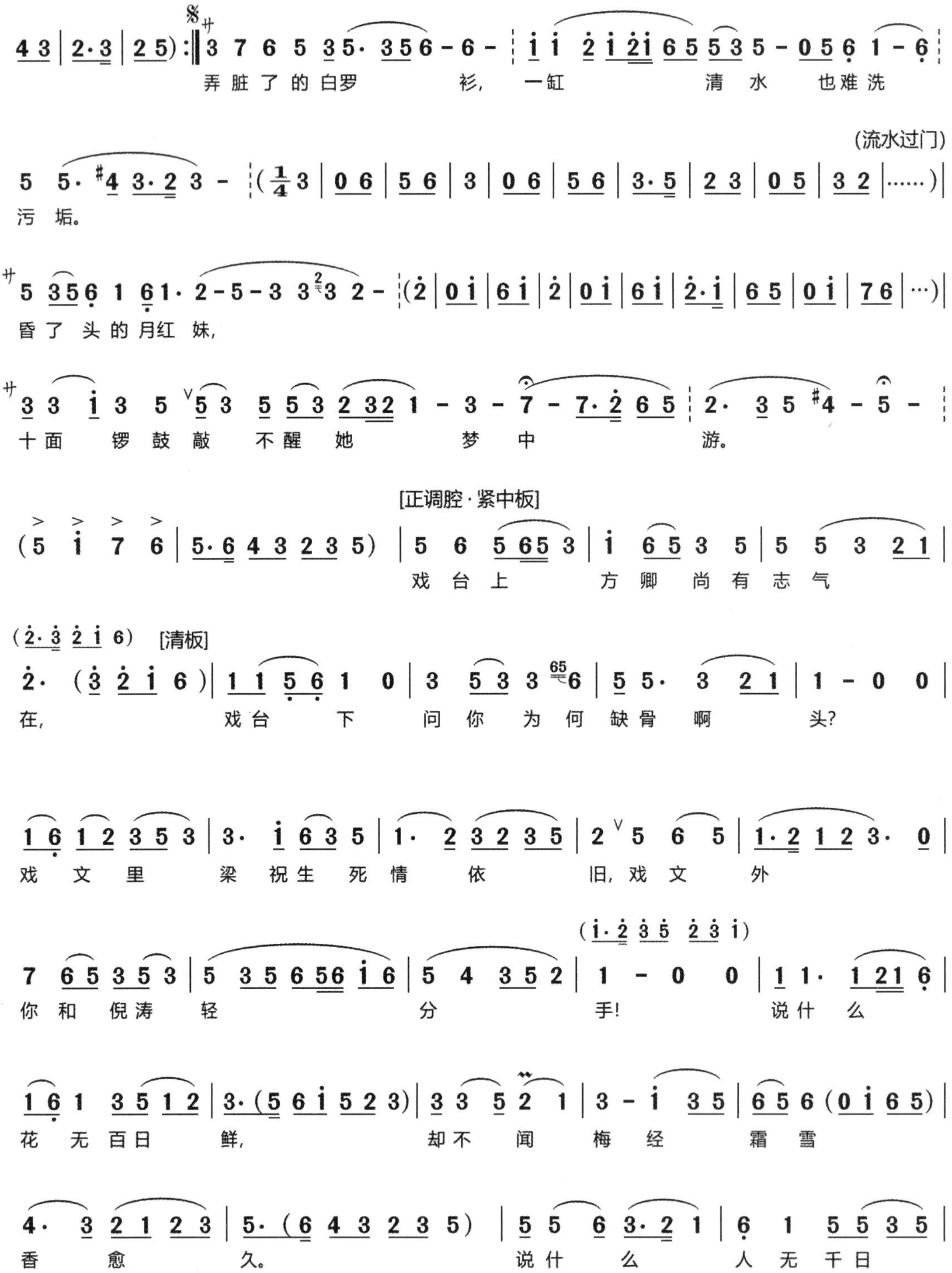

4 3 | 2·3 | 2 5):‖ 3 7 6 5 3 5· 3 5 6 - 6 - ¦ 1 1 2 1 2 1 6 5 5 3 5 - 0 5 6 1 - 6 ¦

弄脏了的白罗衫，一缸清水也难洗

(流水过门)

5 5· #4 3·2 3 - ¦(1/4 3 | 0 6 | 5 6 | 3 | 0 6 | 5 6 | 3·5 | 2 3 | 0 5 | 3 2 |……)|

污垢。

5 3 5 6 1 6 1· 2 - 5 - 3 3 3 2 - ¦(2 | 0 1 | 6 1 | 2 | 0 1 | 6 1 | 2·1 | 6 5 | 0 1 | 7 6 | …)|

昏了头的月红妹，

3 3 1 3 5 5 3 5 5 3 2 3 2 1 - 3 - 7 - 7·2 6 5 ¦ 2· 3 5 #4 - 5 - ¦

十面锣鼓敲不醒她梦中游。

[正调腔·紧中板]

(5 1 7 6 | 5·6 4 3 2 3 5) | 5 6 5 6 5 3 | 1 6 5 3 5 | 5 5 3 2 1 |

戏台上方卿尚有志气

(2·3 2 1 6) [清板]

2· (3 2 1 6) | 1 1 5 6 1 0 | 3 5 3 3 6 | 5 5· 3 2 1 | 1 - 0 0 |

在，戏台下问你为何缺骨啊头？

1 6 1 2 3 5 3 | 3· 1 6 3 5 | 1· 2 3 2 3 5 | 2 5 6 5 | 1·2 1 2 3· 0 |

戏文里梁祝生死情依旧，戏文外

(1·2 3 5 2 3 1)

7 6 5 3 5 3 | 5 3 5 6 5 6 1 6 | 5 4 3 5 2 | 1 - 0 0 | 1 1· 1 2 1 6 |

你和倪涛轻分手！说什么

1 6 1 3 5 1 2 | 3·(5 6 1 5 2 3) | 3 3 5 2 1 | 3 - 1 3 5 | 6 5 6 (0 1 6 5) |

花无百日鲜，却不闻梅经霜雪

4· 3 2 1 2 3 | 5·(6 4 3 2 3 5) | 5 5 6 3·2 1 | 6 1 5 5 3 5 |

香愈久。说什么人无千日

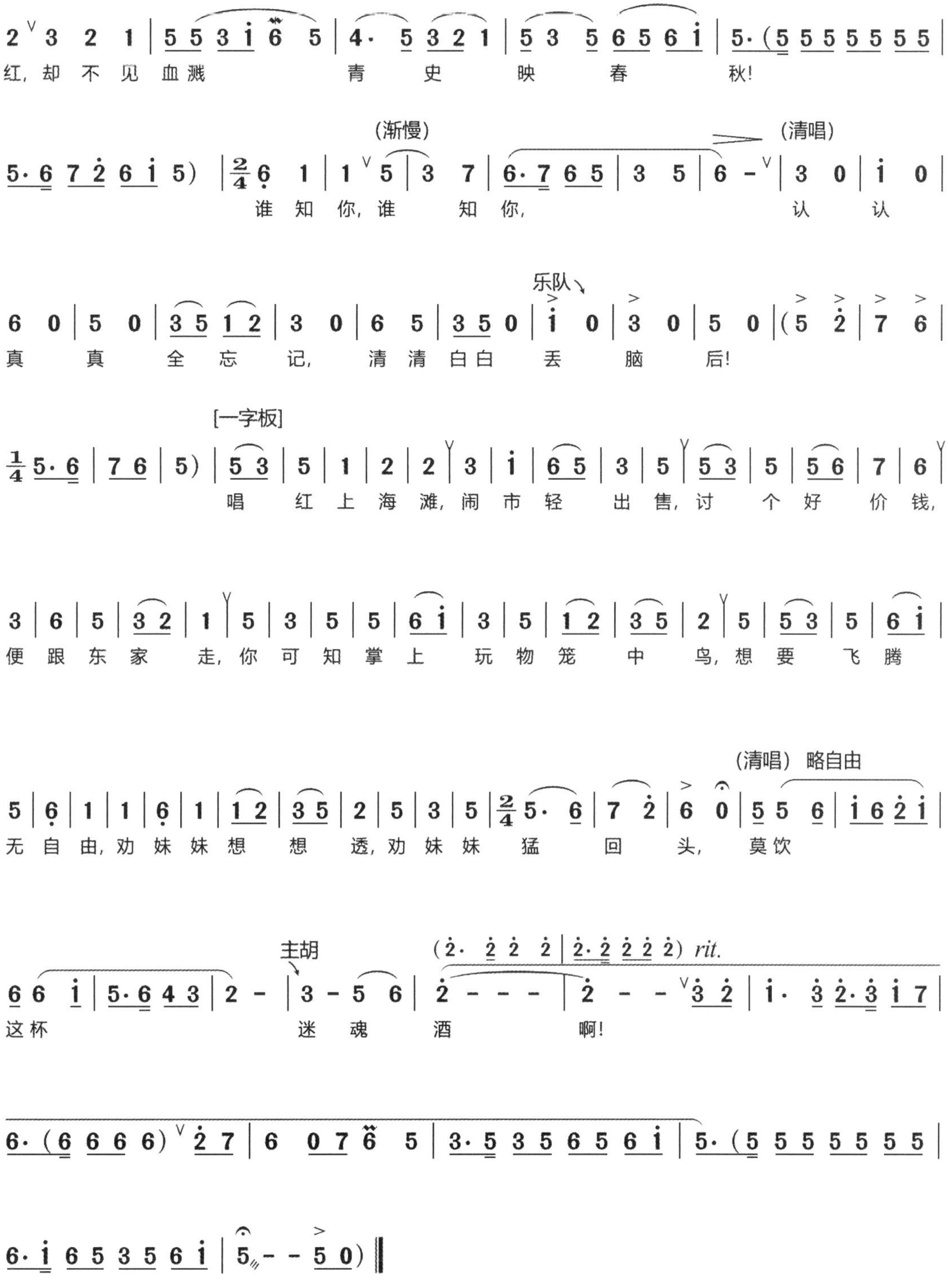

红，却不见血溅青史映春秋！

（渐慢）　（清唱）

谁知你，谁知你，认认

乐队

真真全忘记，清清白白丢脑后！

[一字板]

唱红上海滩，闹市轻出售，讨个好价钱，

便跟东家走，你可知掌上玩物笼中鸟，想要飞腾

（清唱）略自由

无自由，劝妹妹想想透，劝妹妹猛回头，莫饮

主胡

rit.

这杯迷魂酒啊！

送兄别妹

（《舞台姐妹》选段）

作词：薛允璜
作曲：苏进邹
唱腔设计：苏进邹
演唱：钱惠丽、单仰萍

1 = G $\frac{4}{4}$

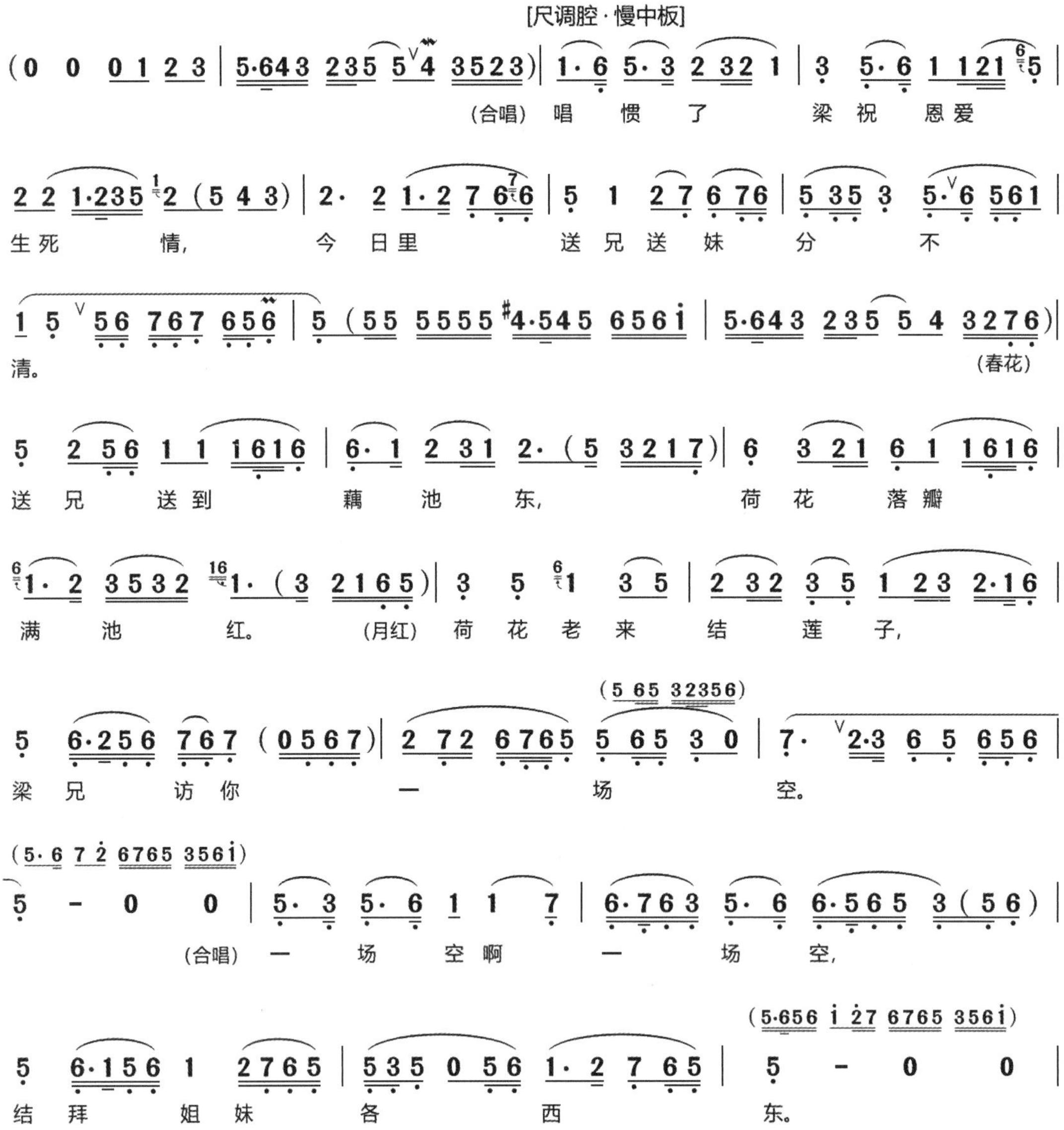

[尺调腔 · 慢中板]

(0 0 0 1 2 3 | 5·643 235 5 4 3523) | 1· 6 5· 3 2 32 1 | 3 5· 6 1 121 5 |
(合唱) 唱 惯 了 梁 祝 恩爱

2 2 1·235 2 (5 4 3) | 2· 2 1· 2 7 6 6 | 5 1 2 7 6 76 | 5 35 3 5· 6 561 |
生 死 情， 今 日 里 送 兄 送 妹 分 不

1 5 56 767 656 | 5 (55 5555 #4·545 6561 | 5·643 235 5 4 3276) |
清。 (春花)

5 2 56 1 1 1616 | 6· 1 2 31 2· (5 3217) | 6 3 21 6 1 1616 |
送 兄 送 到 藕 池 东， 荷 花 落 瓣

1· 2 3532 1· (3 2165) | 3 5 1 3 5 | 2 32 3 5 1 23 2·16 |
满 池 红。 (月红) 荷 花 老 来 结 莲 子，

(5 65 32356)
5 6·256 767 (0567) | 2 72 6765 5 65 3 0 | 7· 2·3 6 5 656 |
梁 兄 访 你 一 场 空。

(5· 6 7 2 6765 3561)
5 - 0 0 | 5· 3 5· 6 1 1 7 | 6·763 5· 6 6·565 3 (5 6) |
(合唱) 一 场 空 啊 一 场 空，

(5·656 1 27 6765 3561)
5 6·156 1 2765 | 535 0 56 1· 2 7 65 | 5 - 0 0 |
结 拜 姐 妹 各 西 东。

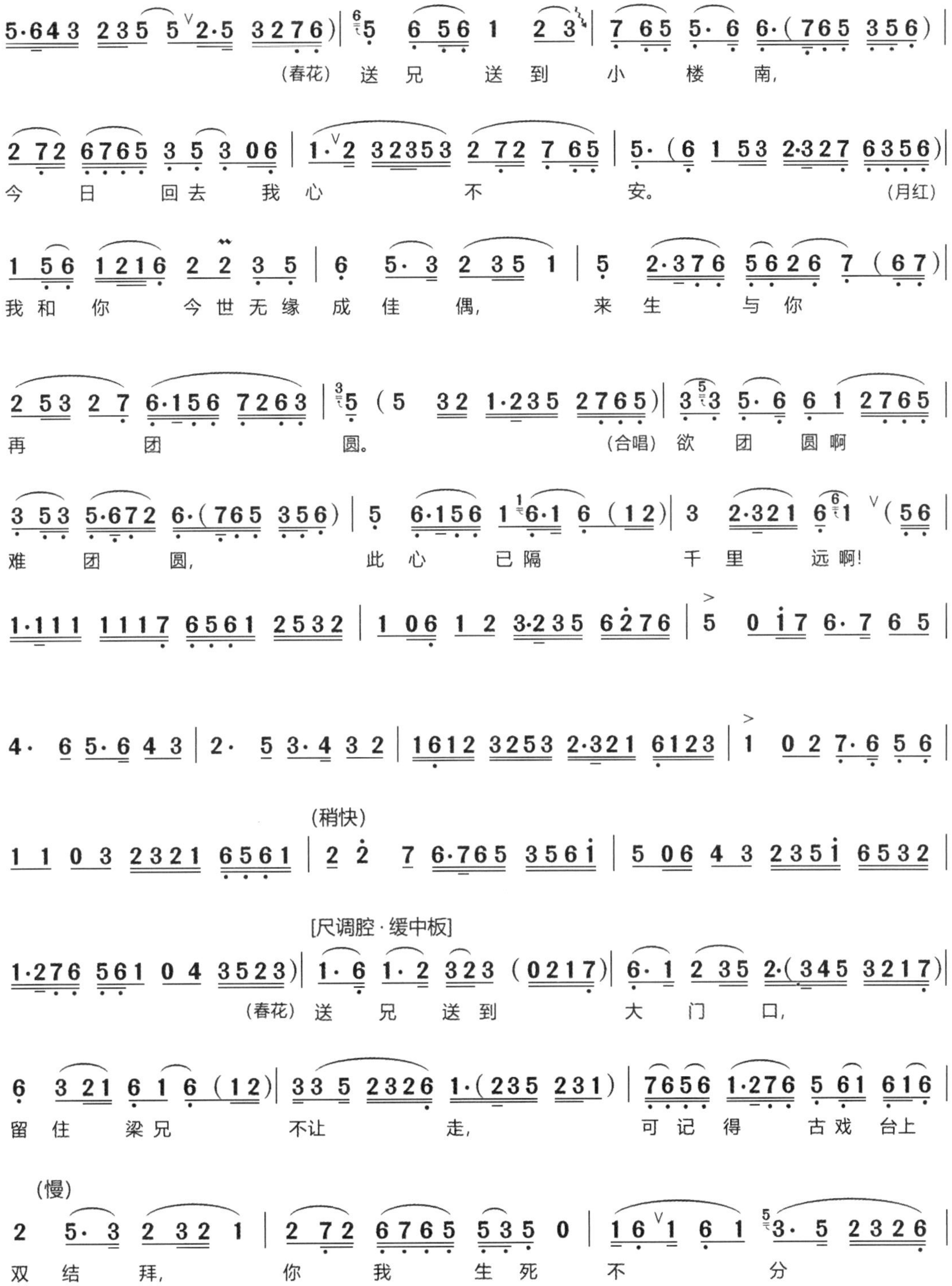

5·643 235 5 2·5 3276) | 5 6 56 1 2 3 | 7 65 5· 6 6·(765 356) |

(春花) 送 兄 送 到 小 楼 南，

272 6765 3 5 3 06 | 1· 2 32353 272 7 65 | 5·(6 1 53 2·327 6356) |

今 日 回去 我 心 不 安。 (月红)

1 56 1216 2 2 3 5 | 6 5· 3 2 35 1 | 5 2·376 5626 7 (67) |

我和 你 今世无缘 成 佳 偶， 来 生 与 你

2 53 2 7 6·156 7263 | 5 (5 32 1·235 2765) | 3 3 5· 6 6 1 2765 |

再 团 圆。 (合唱) 欲 团 圆啊

3 53 5·672 6·(765 356) | 5 6·156 1 6·1 6 (12) | 3 2·321 6 1 (56 |

难 团 圆， 此 心 已隔 千 里 远 啊！

1·111 1117 6561 2532 | 1 06 1 2 3·235 6276 | 5 0 17 6· 7 6 5 |

4· 6 5· 6 4 3 | 2· 5 3· 4 3 2 | 1612 3253 2·321 6123 | 1 0 2 7· 6 5 6 |

(稍快)

1 1 0 3 2321 6561 | 2 2 7 6·765 3561 | 5 06 4 3 2351 6532 |

[尺调腔·缓中板]

1·276 561 0 4 3523) | 1· 6 1· 2 323 (0217) | 6· 1 2 35 2·(345 3217) |

(春花) 送 兄 送 到 大 门 口，

6 3 21 6 1 6 (12) | 33 5 2326 1·(235 231) | 7656 1·276 5 61 616 |

留 住 梁兄 不让 走， 可 记 得 古 戏 台上

(慢)

2 5· 3 2 32 1 | 2 72 6765 535 0 | 16 1 6 1 3· 5 2326 |

双 结 拜， 你 我 生 死 不 分

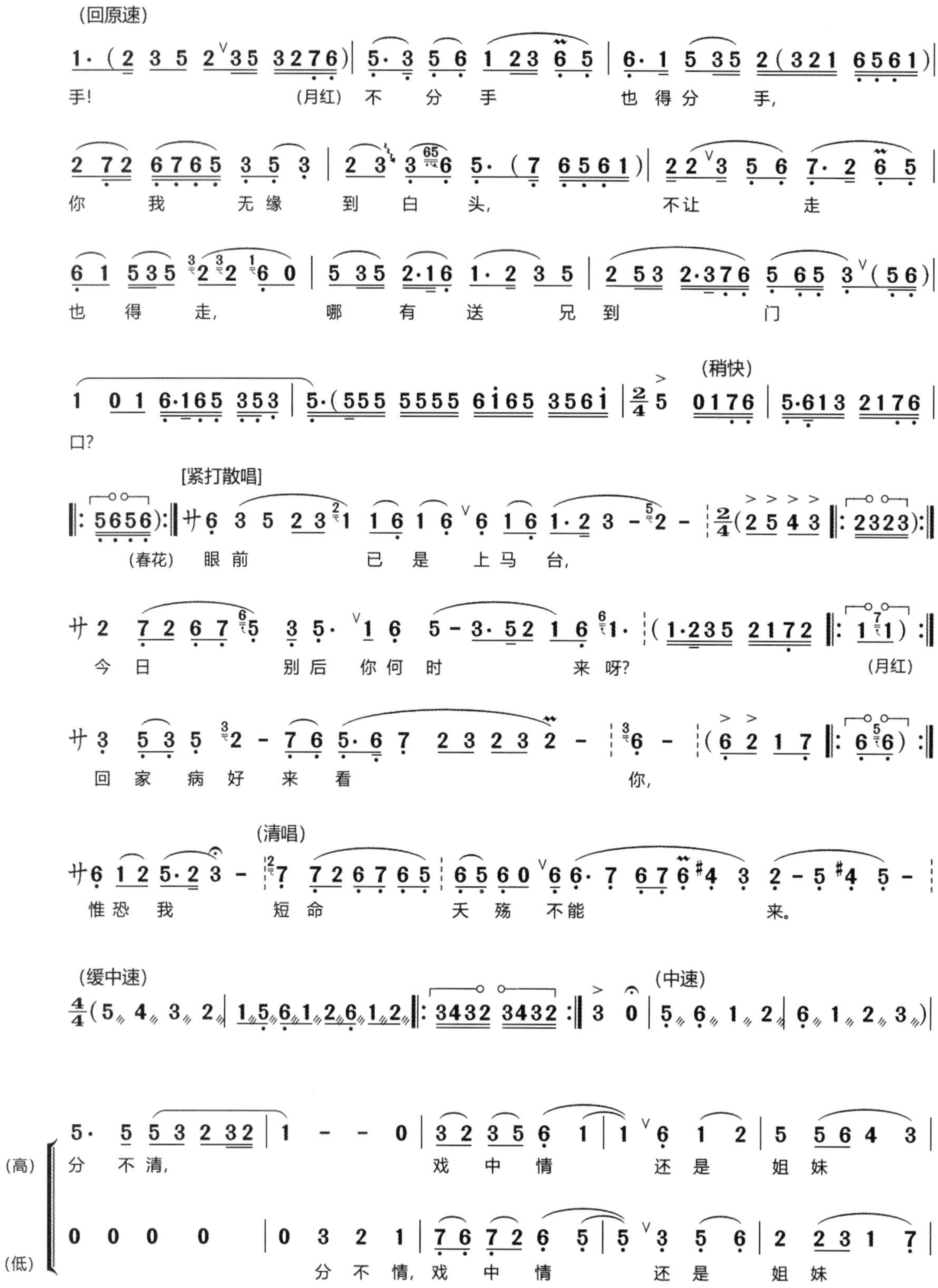

（回原速）

1·（2 3 5 2 35 3276）| 5·3 5 6 1 23 6 5 | 6·1 5 35 2（321 6561）|

手！　（月红）不 分 手　也 得 分 手，

2 72 6765 3 5 3 | 2 3 3 6 5·（7 6561）| 22 3 5 6 7·2 6 5 |

你 我 无 缘 到 白 头，　不让 走

6 1 535 2 2 6 0 | 5 35 2·16 1·2 3 5 | 2 53 2·376 5 65 3（56）|

也 得 走，　哪 有 送 兄 到　门

1 0 1 6·165 353 | 5·（555 5555 6165 3561 |（稍快）2/4 5 0176 | 5·613 2176 |

口？

［紧打散唱］

‖: 5656 :‖ 6 3 5 2 3 1 1 6 1 6 6 1 6 1·2 3 - 2 - 2/4（2 5 4 3 ‖: 2323 :‖

（春花）眼 前　已 是 上 马 台，

2 7 2 6 7 5 3 5· 1 6 5 - 3·52 1 6 1·（1·235 2172 ‖: 1 1）:‖

今 日　别 后 你 何 时　来 呀？　（月红）

3 5 3 5 2 - 7 6 5·6 7 2 3 2 3 2 - 6 -（6 2 1 7 ‖: 6 6）:‖

回 家 病 好 来 看　你，

（清唱）

6 1 2 5·2 3 - 7 7 2 6 7 6 5 6 5 6 0 6 6·7 6 7 6 #4 3 2 - 5 #4 5 -

惟 恐 我　短 命　天 殇 不 能　来。

（缓中速）　（中速）

4/4（5 4 3 2 | 1 5 6 1 2 6 1 2 ‖: 3432 3432 :‖ 3 0 | 5 6 1 2 | 6 1 2 3）|

（高）5· 5 5 3 2 32 | 1 - - 0 | 3 2 3 5 6 1 | 1 6 1 2 | 5 5 6 4 3 |

分 不 清，　戏 中 情　还 是　姐 妹

（低）0 0 0 0 | 0 3 2 1 | 7 6 7 2 6 5 | 5 3 5 6 | 2 2 3 1 7 |

分 不 情，戏 中 情　还 是　姐 妹

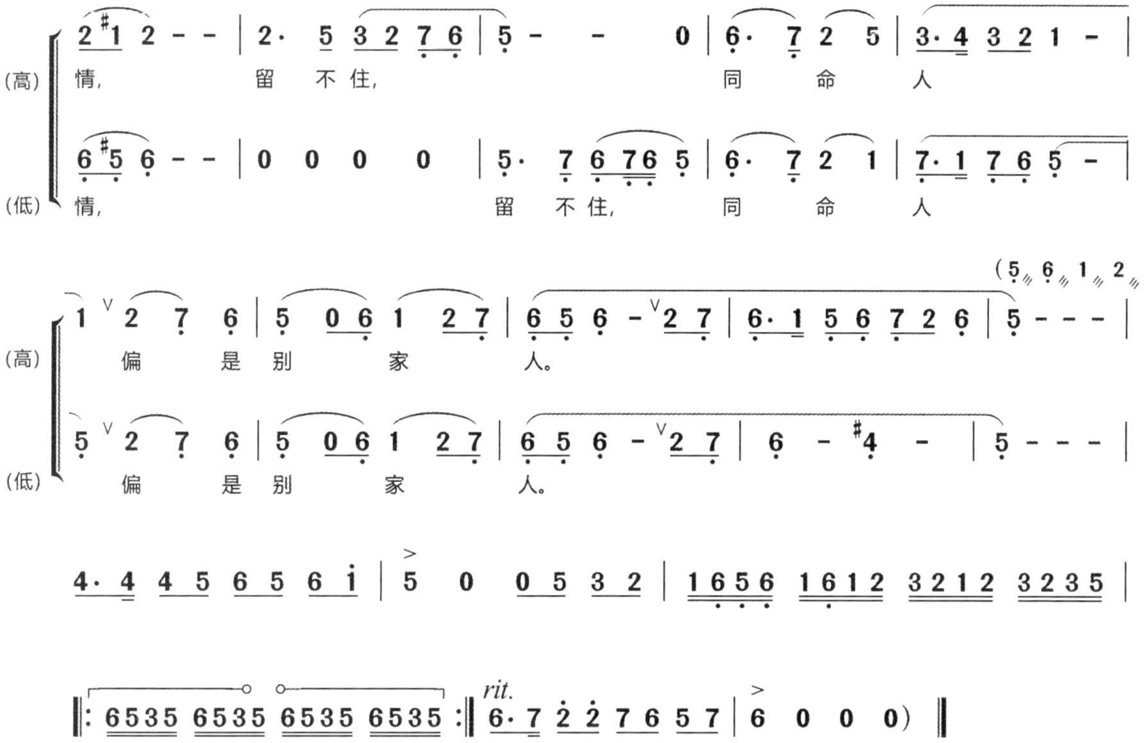

(高) 情，留不住，同命人

(低) 情，留不住，同命人

(高) 偏是别家人。

(低) 偏是别家人。

苍天有眼地知情

（《舞台姐妹》选段）

作词：薛允璜
作曲：苏进邹
唱腔设计：苏进邹
演唱：单仰萍

1＝D $\frac{4}{4}$ （激动的）

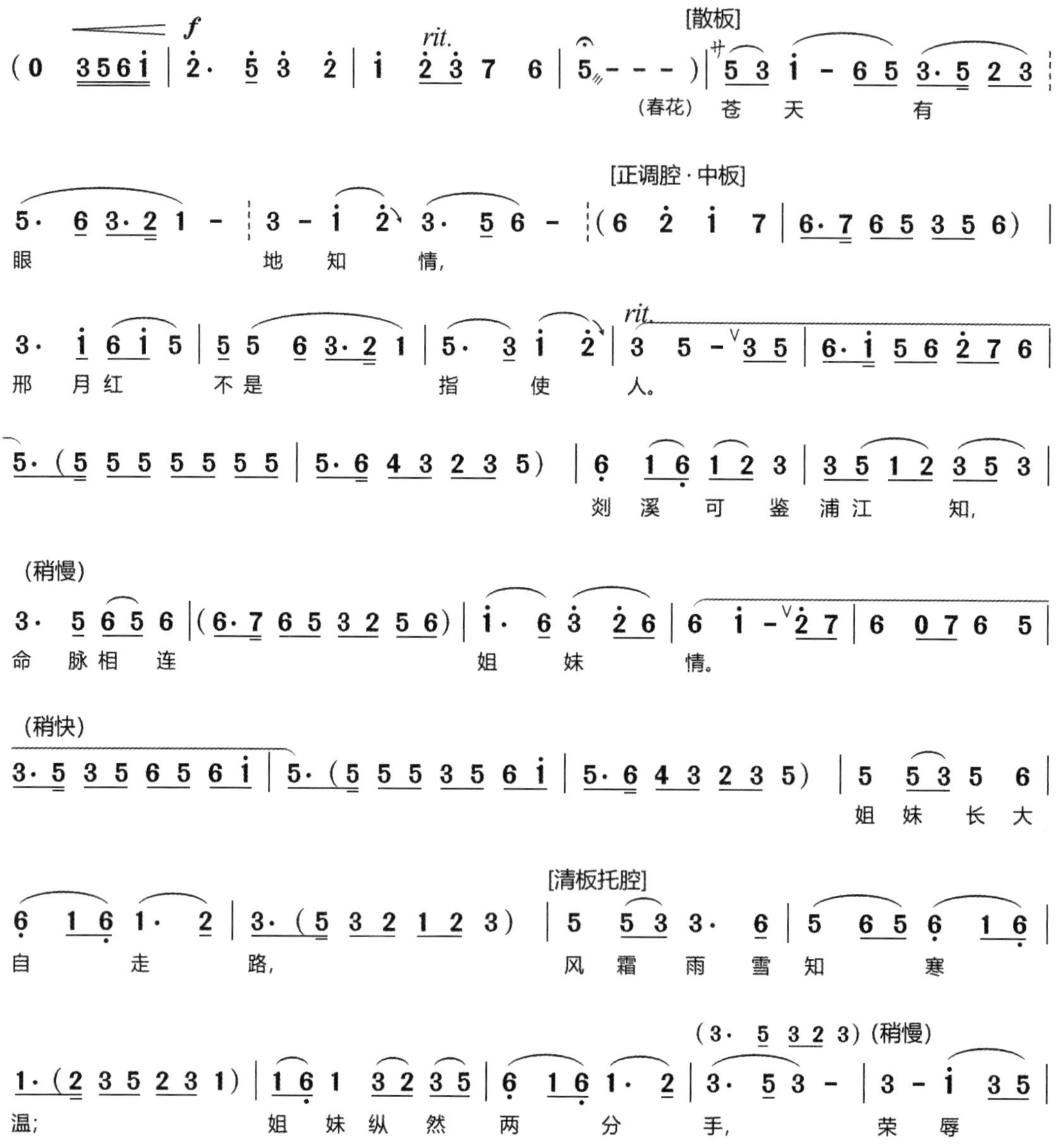

f *rit.* [散板]

（0 3561 | 2· 5 3 2 | 1 2 3 7 6 | 5 - - - ）| 5 3 1 - 6 5 3·5 2 3 |

（春花）苍 天 有

[正调腔·中板]

5· 6 3·2 1 - | 3 - 1 2 3· 5 6 - |（6 2 1 7 | 6·7 6 5 3 5 6）|

眼 地 知 情，

rit.

3· 1 6 1 5 | 5 5 6 3·2 1 | 5· 3 1 2 | 3 5 - 3 5 | 6·1 5 6 2 7 6 |

邢 月红 不是 指 使 人。

5·（5 5 5 5 5 5 5 | 5·6 4 3 2 3 5）| 6 1 6 1 2 3 | 3 5 1 2 3 5 3 |

剡 溪 可 鉴 浦江 知，

（稍慢）

3· 5 6 5 6 |（6·7 6 5 3 2 5 6）| 1· 6 3 2 6 | 6 1 - 2 7 | 6 0 7 6 5 |

命 脉相 连 姐 妹 情。

（稍快）

3·5 3 5 6 5 6 1 | 5·（5 5 5 3 5 6 1 | 5·6 4 3 2 3 5）| 5 5 3 5 6 |

姐 妹 长 大

[清板托腔]

6 1 6 1· 2 | 3·（5 3 2 1 2 3）| 5 5 3 3· 6 | 5 6 5 6 1 6 |

自 走 路， 风 霜 雨 雪 知 寒

（3· 5 3 2 3）（稍慢）

1·（2 3 5 2 3 1）| 1 6 1 3 2 3 5 | 6 1 6 1· 2 | 3· 5 3 - | 3 - 1 3 5 |

温； 姐 妹 纵 然 两 分 手， 荣 辱

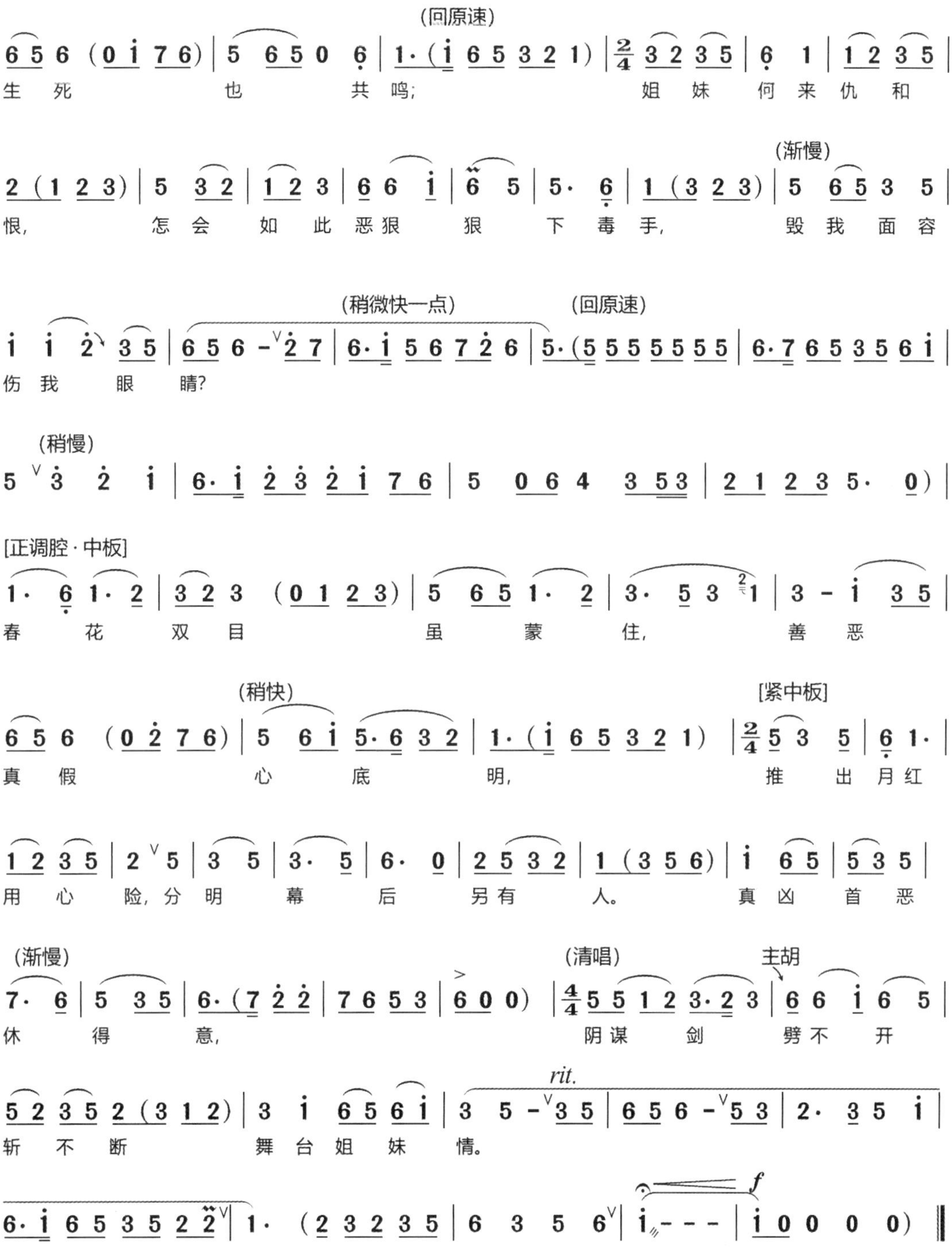

(回原速)

6 5 6 (0 1 7 6) | 5 6 5 0 6 | 1· (1 6 5 3 2 1) | 2/4 3 2 3 5 | 6 1 | 1 2 3 5 |

生 死 也 共 鸣; 姐 妹 何 来 仇 和

(渐慢)

2 (1 2 3) | 5 3 2 | 1 2 3 | 6 6 1 | 6 5 | 5· 6 | 1 (3 2 3) | 5 6 5 3 5 |

恨, 怎 会 如 此 恶 狠 狠 下 毒 手, 毁 我 面 容

(稍微快一点) (回原速)

1 1 2 3 5 | 6 5 6 - 2 7 | 6· 1 5 6 7 2 6 | 5· (5 5 5 5 5 5 5 | 6· 7 6 5 3 5 6 1 |

伤 我 眼 睛?

(稍慢)

5 3 2 1 | 6· 1 2 3 2 1 7 6 | 5 0 6 4 3 5 3 | 2 1 2 3 5· 0) |

[正调腔·中板]

1· 6 1· 2 | 3 2 3 (0 1 2 3) | 5 6 5 1· 2 | 3· 5 3 1 | 3 - 1 3 5 |

春 花 双 目 虽 蒙 住, 善 恶

(稍快) [紧中板]

6 5 6 (0 2 7 6) | 5 6 1 5· 6 3 2 | 1· (1 6 5 3 2 1) | 2/4 5 3 5 | 6 1· |

真 假 心 底 明, 推 出 月 红

1 2 3 5 | 2 5 | 3 5 | 3· 5 | 6· 0 | 2 5 3 2 | 1 (3 5 6) | 1 6 5 | 5 3 5 |

用 心 险, 分 明 幕 后 另 有 人。 真 凶 首 恶

(渐慢) (清唱) 主胡

7· 6 | 5 3 5 | 6· (7 2 2 | 7 6 5 3 | 6 0 0) | 4/4 5 5 1 2 3· 2 3 | 6 6 1 6 5 |

休 得 意, 阴 谋 剑 劈 不 开

rit.

5 2 3 5 2 (3 1 2) | 3 1 6 5 6 1 | 3 5 - 3 5 | 6 5 6 - 5 3 | 2· 3 5 1 |

斩 不 断 舞 台 姐 妹 情。

f

6· 1 6 5 3 5 2 2 | 1· (2 3 2 3 5 | 6 3 5 6 | 1 - - - | 1 0 0 0 0) ‖

心一片 情一片

（《舞台姐妹》选段）

作词：薛允璜
作曲：苏进邹
唱腔设计：苏进邹
演唱：单仰萍

1 = G $\frac{4}{4}$

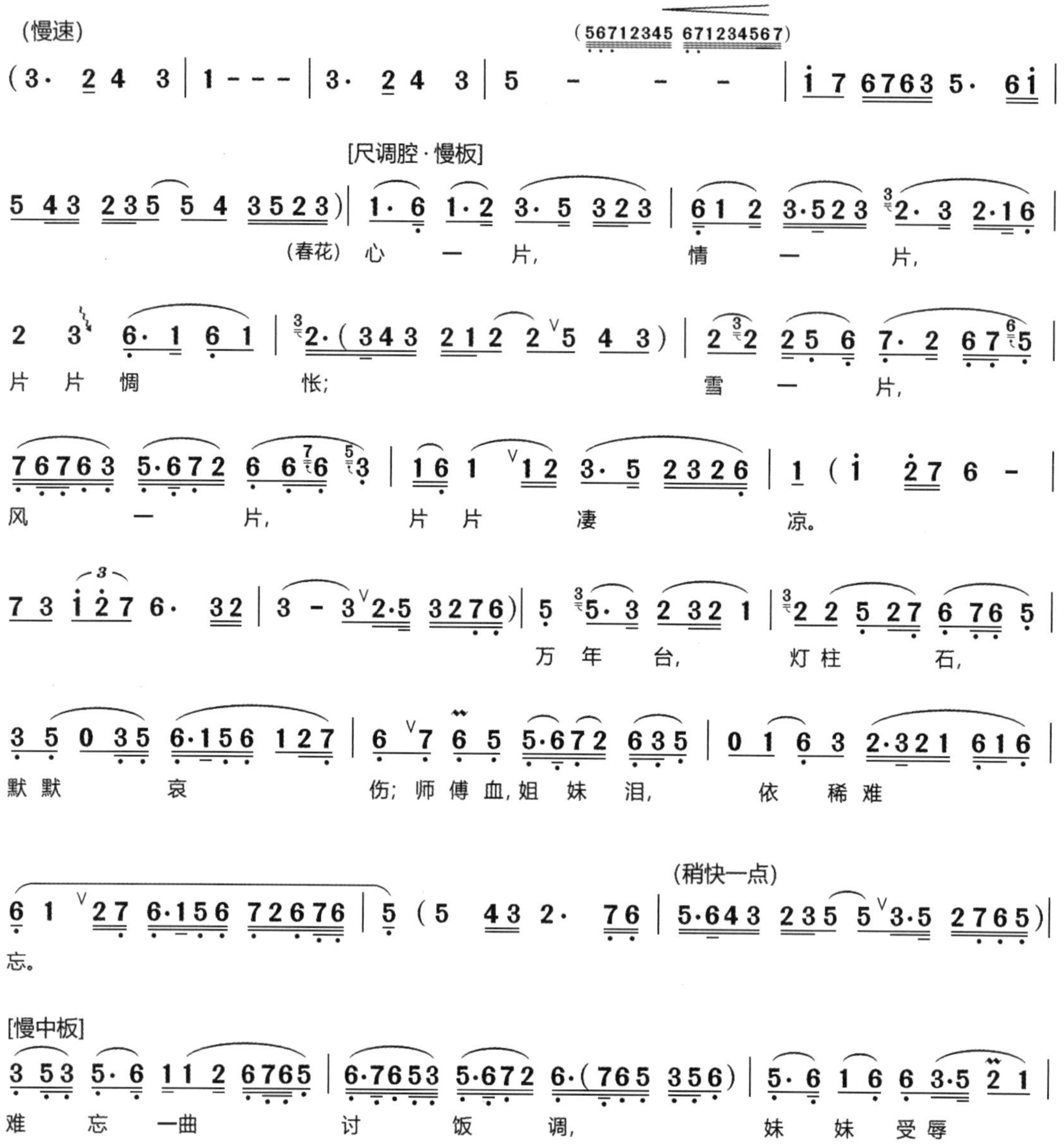

（慢速）

[尺调腔 · 慢板]

（春花）心 一 片， 情 一 片，

片 片 惆 怅；雪 一 片，

风 一 片，片 片 凄 凉。

万 年 台， 灯 柱 石，

默 默 哀 伤；师 傅 血，姐 妹 泪， 依 稀 难

忘。

（稍快一点）

[慢中板]

难 忘 一曲 讨 饭 调， 妹 妹 受 辱

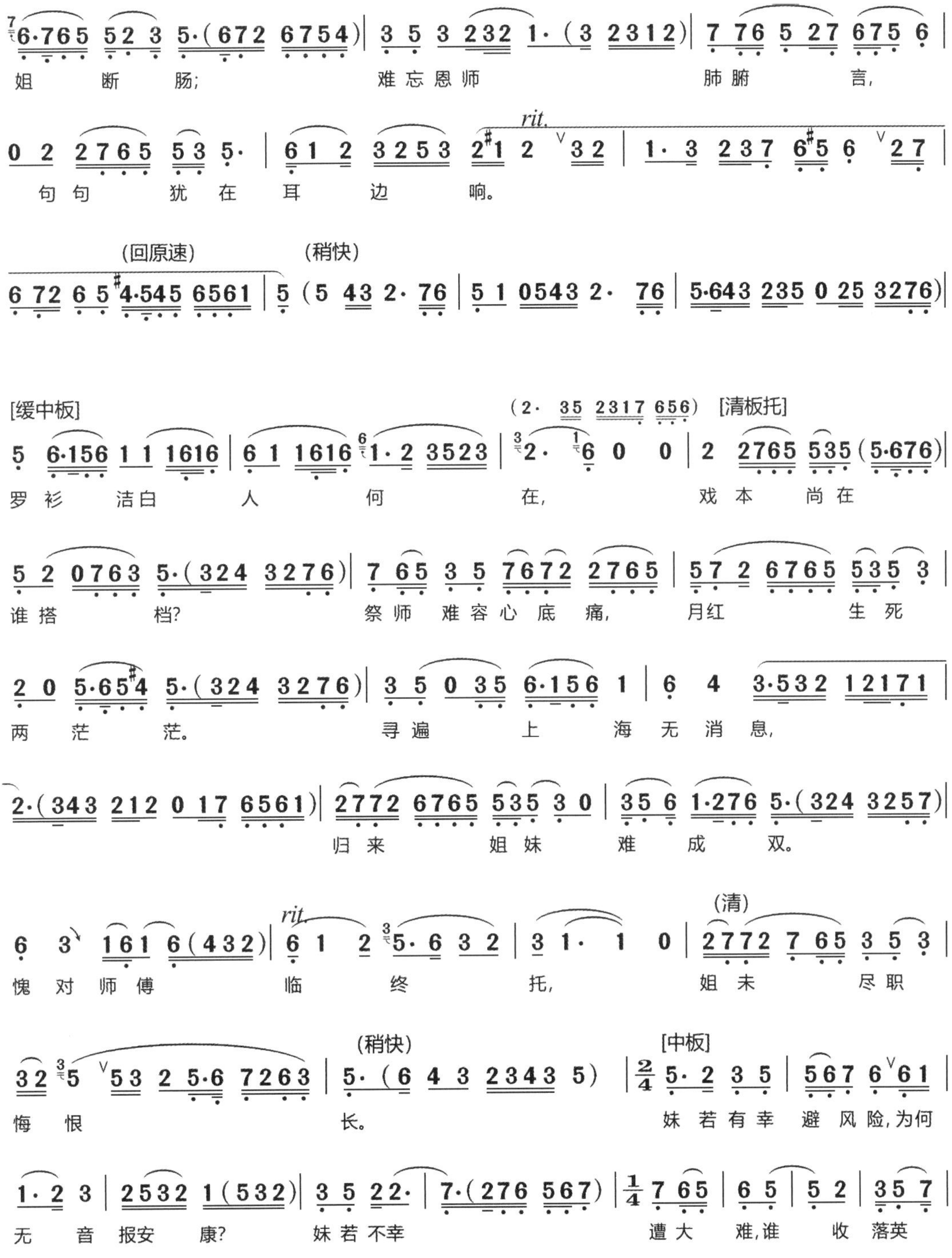

6·765 52 3 5·(672 6754) | 3 5 3 232 1·(3 2312) | 7 76 5 27 675 6 |
姐 断 肠； 难忘恩师 肺腑 言，

rit.
0 2 2765 53 5· | 61 2 3253 2 #1 2 32 | 1· 3 237 6 #5 6 27 |
句句 犹 在 耳 边 响。

(回原速) (稍快)
6 72 6 5 #4·545 6561 | 5 (5 43 2· 76 | 5 1 0543 2· 76 | 5·643 235 0 25 3276) |

[缓中板] (2· 35 2317 656) [清板托]
5 6·156 1 1 1616 | 6 1 1616 1· 2 3523 | 2· 6 0 0 | 2 2765 535 (5·676) |
罗 衫 洁白 人 何 在， 戏 本 尚 在

5 2 0763 5·(324 3276) | 7 65 3 5 7672 2765 | 57 2 6765 535 3 |
谁 搭 档？ 祭 师 难 容 心 底 痛， 月红 生 死

2 0 5·65 #4 5·(324 3276) | 3 5 0 35 6·156 1 | 6 4 3·532 12171 |
两 茫 茫。 寻 遍 上 海 无 消 息，

2·(343 212 0 17 6561) | 2772 6765 535 3 0 | 35 6 1·276 5·(324 3257) |
归 来 姐 妹 难 成 双。

rit. (清)
6 3 161 6(432) | 6 1 2 5· 6 3 2 | 3 1· 1 0 | 2772 7 65 3 5 3 |
愧 对 师 傅 临 终 托， 姐 未 尽 职

(稍快) [中板]
32 5 53 2 5·6 7263 | 5· (6 4 3 2343 5) | 2/4 5· 2 3 5 | 567 6 61 |
悔 恨 长。 妹 若 有 幸 避 风 险，为何

1· 2 3 | 2532 1(532) | 3 5 22· | 7·(276 567) | 1/4 7 65 | 6 5 | 5 2 | 35 7 |
无 音 报安 康？ 妹 若 不幸 遭 大 难，谁 收 落英

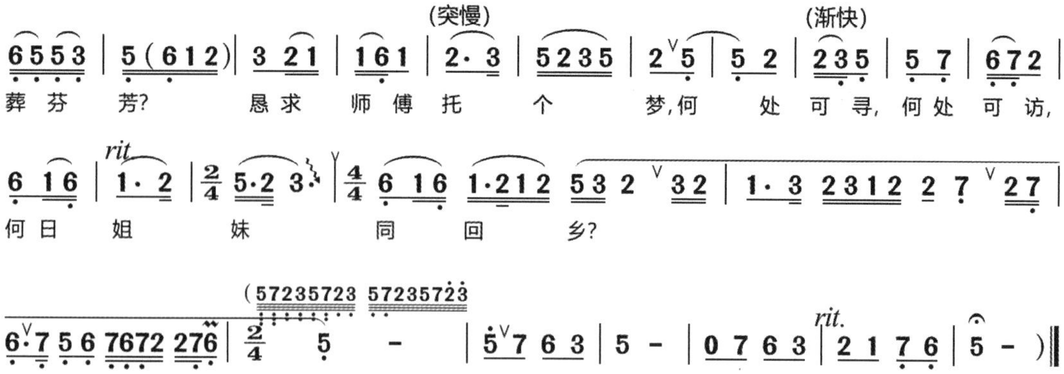

（突慢）　　　　　　　　（渐快）

6553 | 5（612）| 3 21 | 161 | 2· 3 | 5235 | 2 5 | 5 2 | 235 | 5 7 | 672 |

葬芬　芳？　　　恳求　师傅　托　　个　　　梦，何　　处　可寻，何处　可访，

rit.

6 16 | 1· 2 | 2/4 5·2 3 | 4/4 6 16 1·212 532 32 | 1· 3 2312 2 7 27 |

何日　姐　　　妹　　　　同　　回　　乡？

（57235723 57235723

67 56 7672 276 | 2/4 5 - | 5 7 6 3 | 5 - | 0 7 6 3 | rit. 2 1 7 6 | 5 - ）‖

剡溪水

（《舞台姐妹》选段）

作词：薛允璜
作曲：苏进邹
唱腔设计：苏进邹
演唱：钱惠丽、单仰萍

1＝G（二重唱）

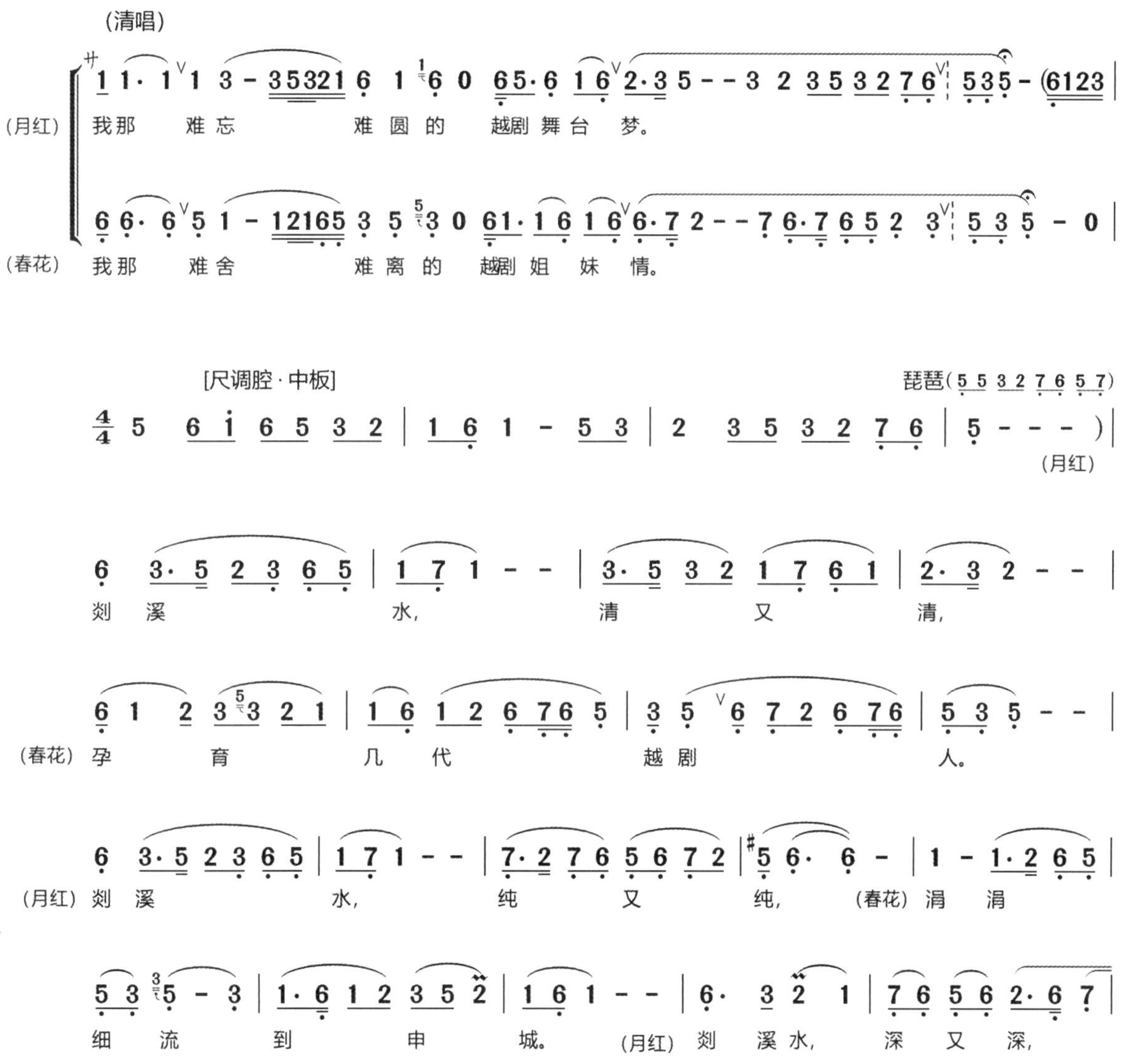

（清唱）

（月红）
1 1· 1 1 3 － 35321 6 1 6 0 65·6 1 6 2·3 5 － － 3 2 35 32 76 535 －（6123
我那 难忘 难圆的 越剧舞台 梦。

（春花）
6 6· 6 5 1 － 12165 3 5 3 0 61·16 1 6 6·7 2 － － 7 6·7 6 5 2 3 5 3 5 － 0
我那 难舍 难离的 越剧姐妹 情。

[尺调腔·中板]　琵琶（5 5 3 2 7 6 5 7）

4/4 5 6 i 6 5 3 2 | 1 6 1 － 5 3 | 2 3 5 3 2 7 6 | 5 － － － ）|

（月红）
6 3·5 2 3 6 5 | 1 7 1 － － | 3·5 3 2 1 7 6 1 | 2·3 2 － － |
剡 溪 水， 清 又 清，

（春花）
6 1 2 3 3 2 1 | 1 6 1 2 6 76 5 | 3 5 6 7 2 6 76 | 5 3 5 － － |
孕 育 几 代 越剧 人。

（月红）
6 3·5 2 3 6 5 | 1 7 1 － － | 7·2 7 6 5 6 7 2 | #5 6· 6 － | 1 － 1·2 6 5 |
剡 溪 水， 纯 又 纯，（春花）涓 涓

5 3 5 － 3 | 1·6 1 2 3 5 2 | 1 6 1 － － | 6· 3 2 1 | 7 6 5 6 2·6 7 |
细 流 到 申 城。（月红）剡 溪水， 深 又 深，

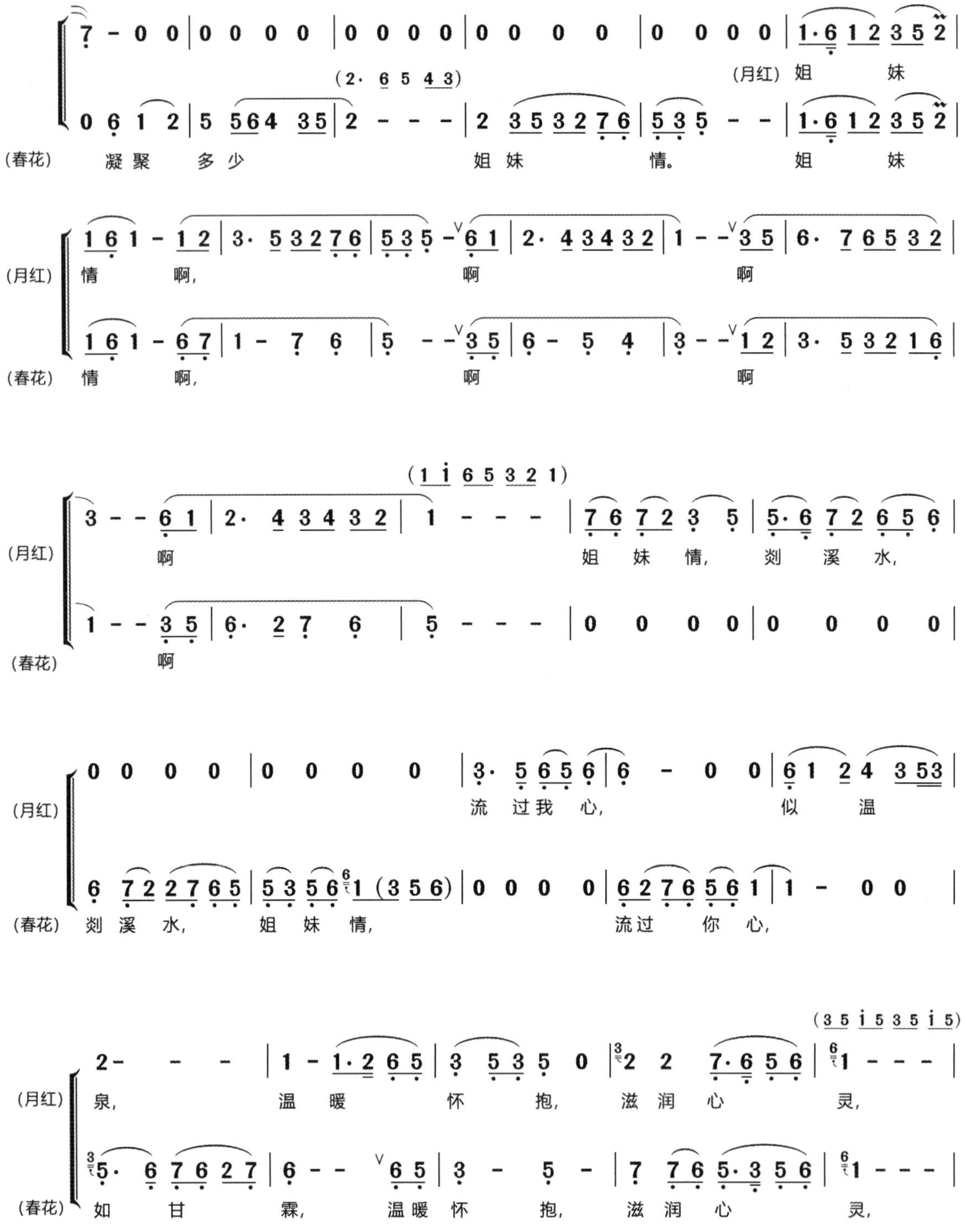

7 - 0 0 | 0 0 0 0 | 0 0 0 0 | 0 0 0 0 | 0 0 0 0 | 1·6 1 2 3 5 2 |

(2· 6 5 4 3)　　　　(月红) 姐　妹

0 6 1 2 | 5 564 35 | 2 - - - | 2 353276 | 535 - - | 1·6 1 2 3 5 2 |

(春花) 凝聚　多少　　姐妹　　情。　姐　妹

(月红) 1 6 1 - 1 2 | 3· 5 3 2 7 6 | 5 3 5 - 6 1 | 2· 4 3 4 3 2 | 1 - - 3 5 | 6· 7 6 5 3 2 |

情　啊，　啊　啊

(春花) 1 6 1 - 6 7 | 1 - 7 6 | 5 - - 3 5 | 6 - 5 4 | 3 - - 1 2 | 3· 5 3 2 1 6 |

情　啊，　啊　啊

(1 1 6 5 3 2 1)

(月红) 3 - - 6 1 | 2· 4 3 4 3 2 | 1 - - - | 7 6 7 2 3 5 | 5·6 7 2 6 5 6 |

啊　姐　妹　情，　剡　溪　水，

(春花) 1 - - 3 5 | 6· 2 7 6 | 5 - - - | 0 0 0 0 | 0 0 0 0 |

啊

(月红) 0 0 0 0 | 0 0 0 0 | 3· 5 6 5 6 | 6 - 0 0 | 6 1 2 4 3 53 |

流　过我　心，　似　温

(春花) 6 7 2 2 7 6 5 | 5 3 5 6 1 (3 5 6) | 0 0 0 0 | 6 2 7 6 5 6 1 | 1 - 0 0 |

剡　溪　水，　姐　妹　情，　流过　你　心，

(3 5 1 5 3 5 1 5)

(月红) 2 - - - | 1 - 1·2 6 5 | 3 5 3 5 0 | 2 2 7·6 5 6 | 1 - - - |

泉，　温　暖　怀　抱，　滋　润　心　灵，

(春花) 5· 6 7 6 2 7 | 6 - - 6 5 | 3 - 5 - | 7 7 6 5·3 5 6 | 1 - - - |

如　甘　霖，　温暖　怀　抱，　滋　润　心　灵，

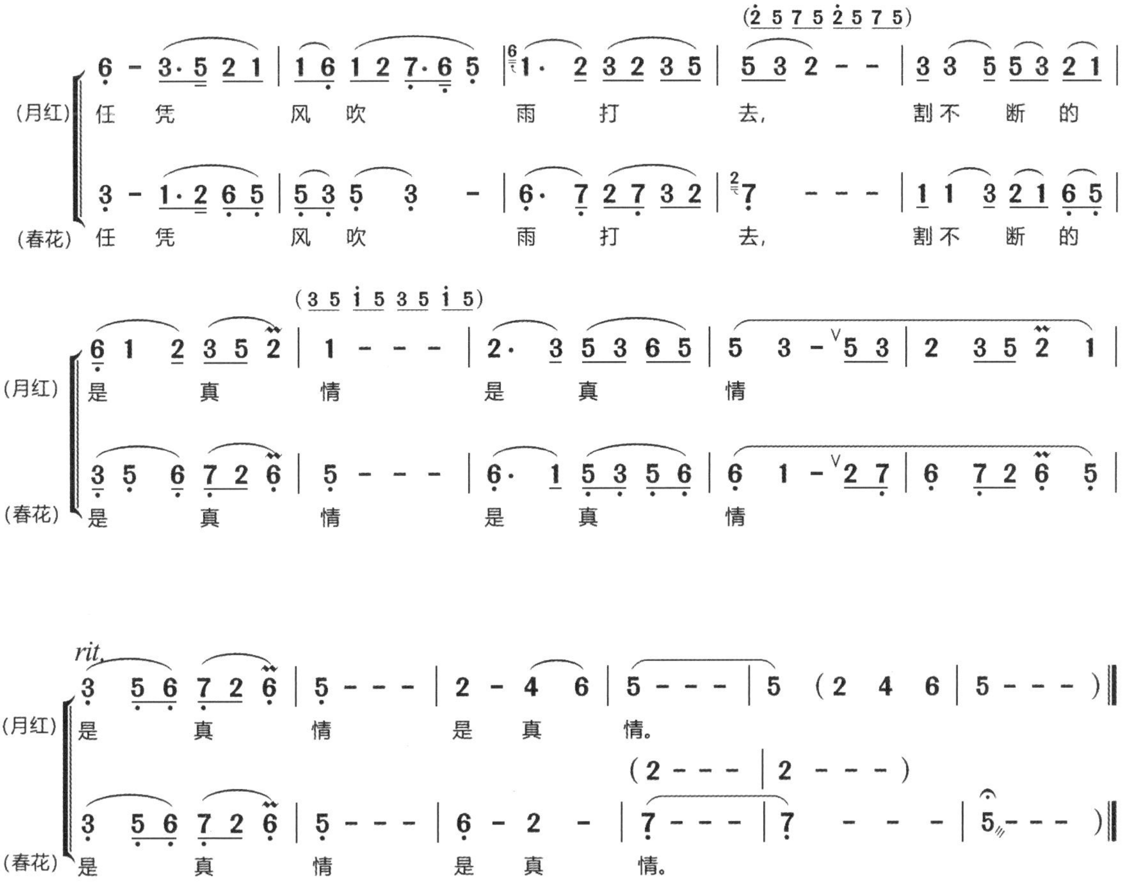

(2 5 7 5 2 5 7 5)

(月红) 6 – 3·5 2 1 | 1 6 1 2 7·6 5 | 1· 2 3 2 3 5 | 5 3 2 – – | 3 3 5 5 3 2 1 |
任 凭 风 吹 雨 打 去， 割不 断 的

(春花) 3 – 1·2 6 5 | 5 3 5 3 – | 6· 7 2 7 3 2 | 7 – – – | 1 1 3 2 1 6 5 |
任 凭 风 吹 雨 打 去， 割不 断 的

(3 5 i 5 3 5 i 5)

(月红) 6 1 2 3 5 2 | 1 – – – | 2· 3 5 3 6 5 | 5 3 – 5 3 | 2 3 5 2 1 |
是 真 情 是 真 情

(春花) 3 5 6 7 2 6 | 5 – – – | 6· 1 5 3 5 6 | 6 1 – 2 7 | 6 7 2 6 5 |
是 真 情 是 真 情

rit.

(月红) 3 5 6 7 2 6 | 5 – – – | 2 – 4 6 | 5 – – – | 5 (2 4 6 | 5 – – –)‖
是 真 情 是 真 情。

(2 – – – | 2 – – –)

(春花) 3 5 6 7 2 6 | 5 – – – | 6 – 2 – | 7 – – – | 7 – – – | 5 – – –)‖
是 真 情 是 真 情。

板仓别

（《板仓别》选段）

作词：薛允璜
作曲：陈钧
唱腔设计：陈钧
演唱：单仰萍、许杰

1＝^{b}B $\frac{4}{4}$

（中速）

[中板]

（毛）可记得当初求师我来板仓，

（杨）与父亲你说古道今慨而慷。

（毛）记得有个霞姑娘，默默旁听一声不响。

（杨）可记得家住城郊清水塘，岸英出生你喜气洋洋。

（毛）你怀抱婴儿理文稿，又做秘书又做娘。

（杨）记得同回韶山冲，总夸老家辣子香。

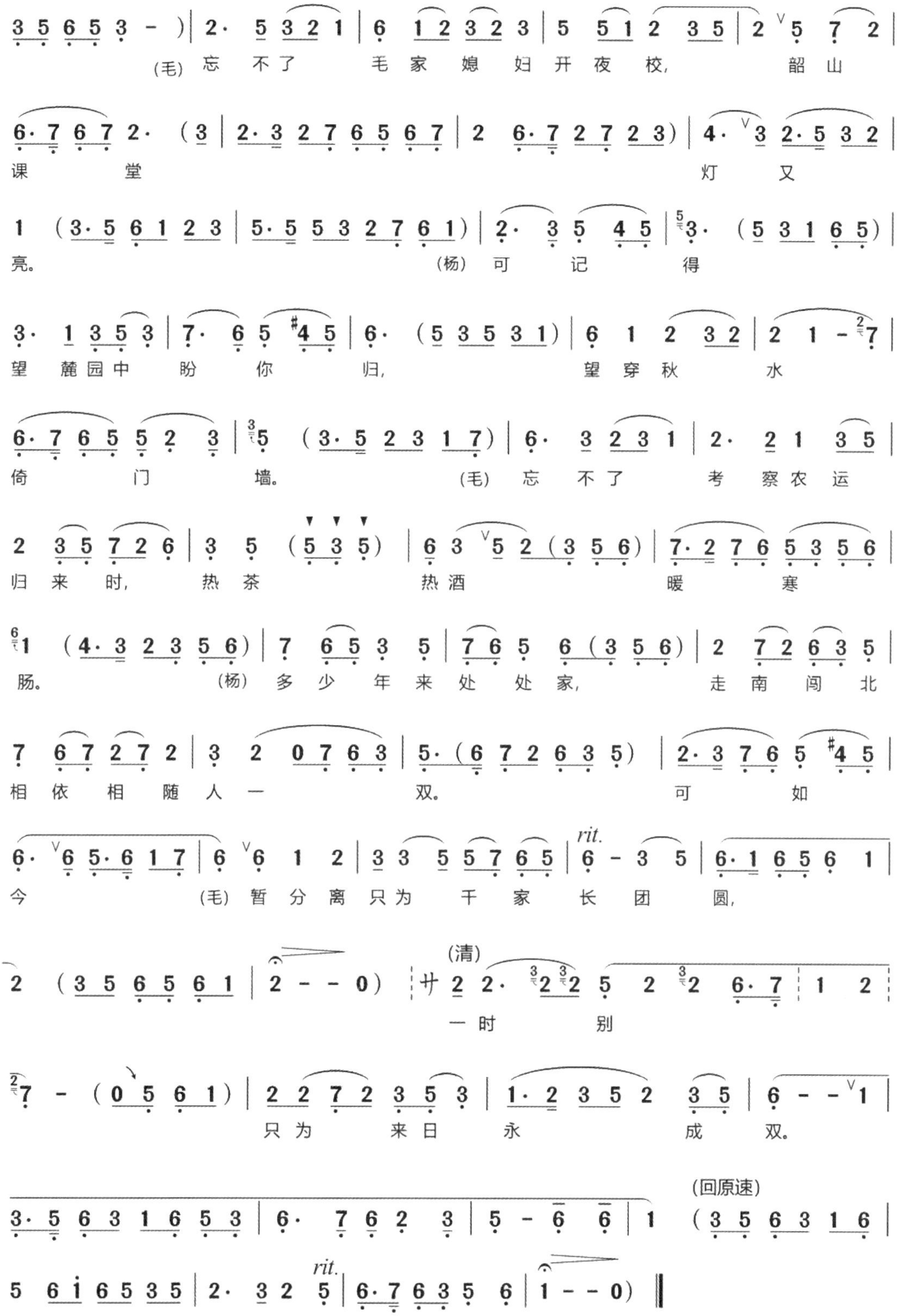

3 5 6 5 3 –) | 2· 5 3 2 1 | 6 1 2 3 2 3 | 5 5 1 2 3 5 | 2 ∨5 7 2 |

(毛) 忘 不 了 毛 家 媳 妇 开 夜 校， 韶 山

6·7 6 7 2· (3 | 2·3 2 7 6 5 6 7 | 2 6·7 2 7 2 3) | 4· ∨3 2·5 3 2 |

课 堂 灯 又

1 (3·5 6 1 2 3 | 5·5 5 3 2 7 6 1) | 2· 3 5 4 5 | ⁵3· (5 3 1 6 5) |

亮。 (杨) 可 记 得

3· 1 3 5 3 | 7· 6 5 #4 5 | 6· (5 3 5 3 1) | 6 1 2 3 2 | 2 1 – ²7 |

望 麓 园 中 盼 你 归， 望 穿 秋 水

6·7 6 5 5 2 3 | ³5 (3·5 2 3 1 7) | 6· 3 2 3 1 | 2· 2 1 3 5 |

倚 门 墙。 (毛) 忘 不 了 考 察 农 运

2 3 5 7 2 6 | 3 5 (5 3 5) | 6 3 ∨5 2 (3 5 6) | 7·2 7 6 5 3 5 6 |

归 来 时， 热 茶 热 酒 暖 寒

⁶1 (4·3 2 3 5 6) | 7 6 5 3 5 | 7 6 5 6 (3 5 6) | 2 7 2 6 3 5 |

肠。 (杨) 多 少 年 来 处 处 家， 走 南 闯 北

7 6 7 2 7 2 | 3 2 0 7 6 3 | 5· (6 7 2 6 3 5) | 2·3 7 6 5 #4 5 |

相 依 相 随 人 一 双。 可 如

6· ∨6 5·6 1 7 | 6 ∨6 1 2 | 3 3 5 5 7 6 5 | *rit.* 6 – 3 5 | 6·1 6 5 6 1 |

今 (毛) 暂 分 离 只 为 千 家 长 团 圆，

2 (3 5 6 5 6 1 | 2 – – 0) ¦ (清) 廿 2 2· ³2 ³2 5 2 ³2 6·7 ¦ 1 2 ¦

一 时 别

²7 – (0 5 6 1) | 2 2 7 2 3 5 3 | 1·2 3 5 2 3 5 | 6 – – ∨1 |

只 为 来 日 永 成 双。

(回原速)

3·5 6 3 1 6 5 3 | 6· 7 6 2 3 | 5 – 6 6 | 1 (3 5 6 3 1 6 |

5 6 i 6 5 3 5 | 2· 3 2 5 | *rit.* 6·7 6 3 5 6 | 1 – – 0) ‖

三年前

（《西施与范蠡》选段）

作词：蒋东敏
作曲：顾振遐
唱腔设计：顾振遐
演唱：单仰萍

1＝G

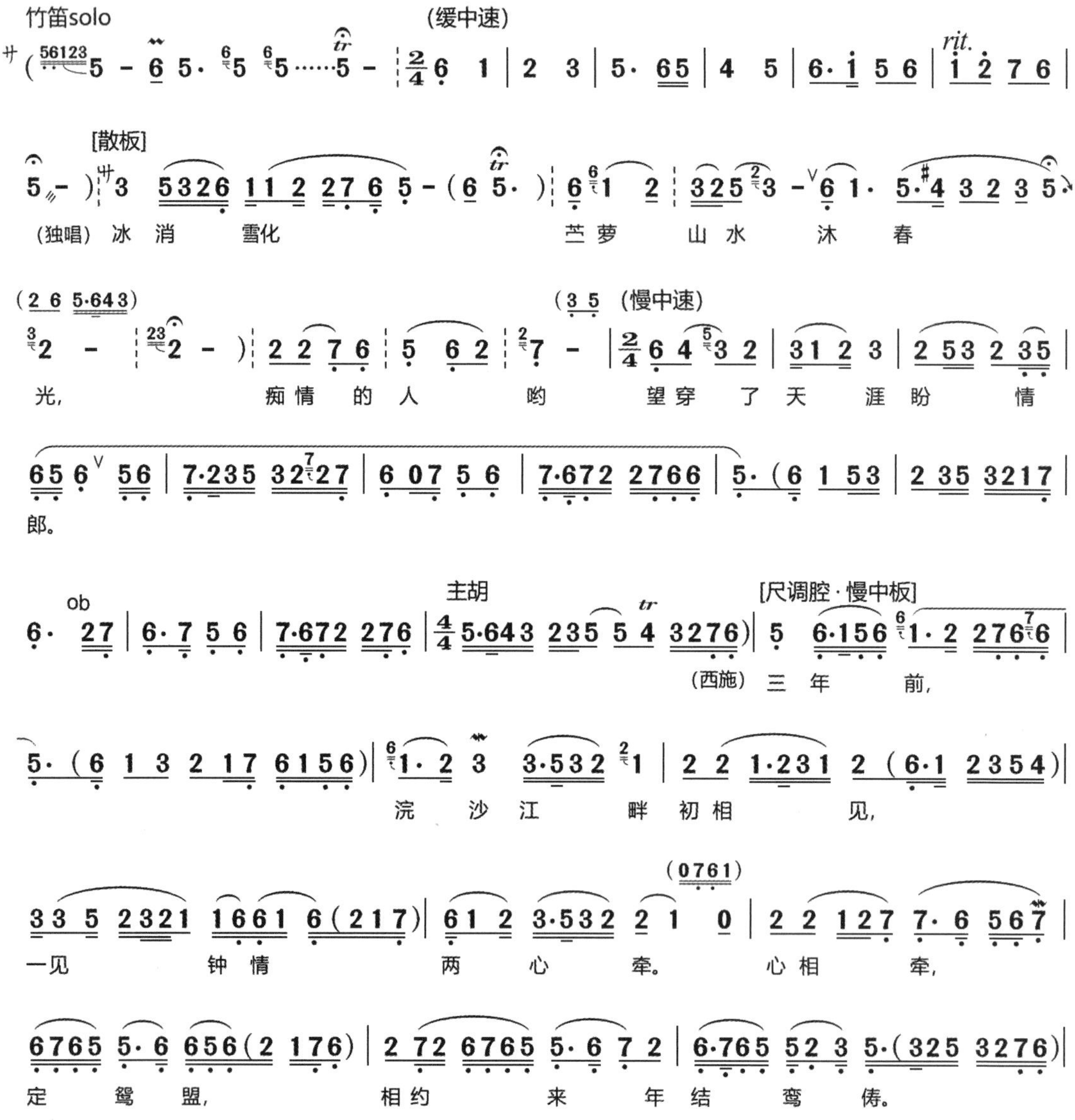

竹笛solo（缓中速）

［散板］

（独唱）冰消雪化苎萝山水沐春光，

（慢中速）

痴情的人哟望穿了天涯盼情郎。

ob 主胡

［尺调腔·慢中板］

（西施）三年前，浣沙江畔初相见，一见钟情两心牵。心相牵，定鸳盟，相约来年结鸾俦。

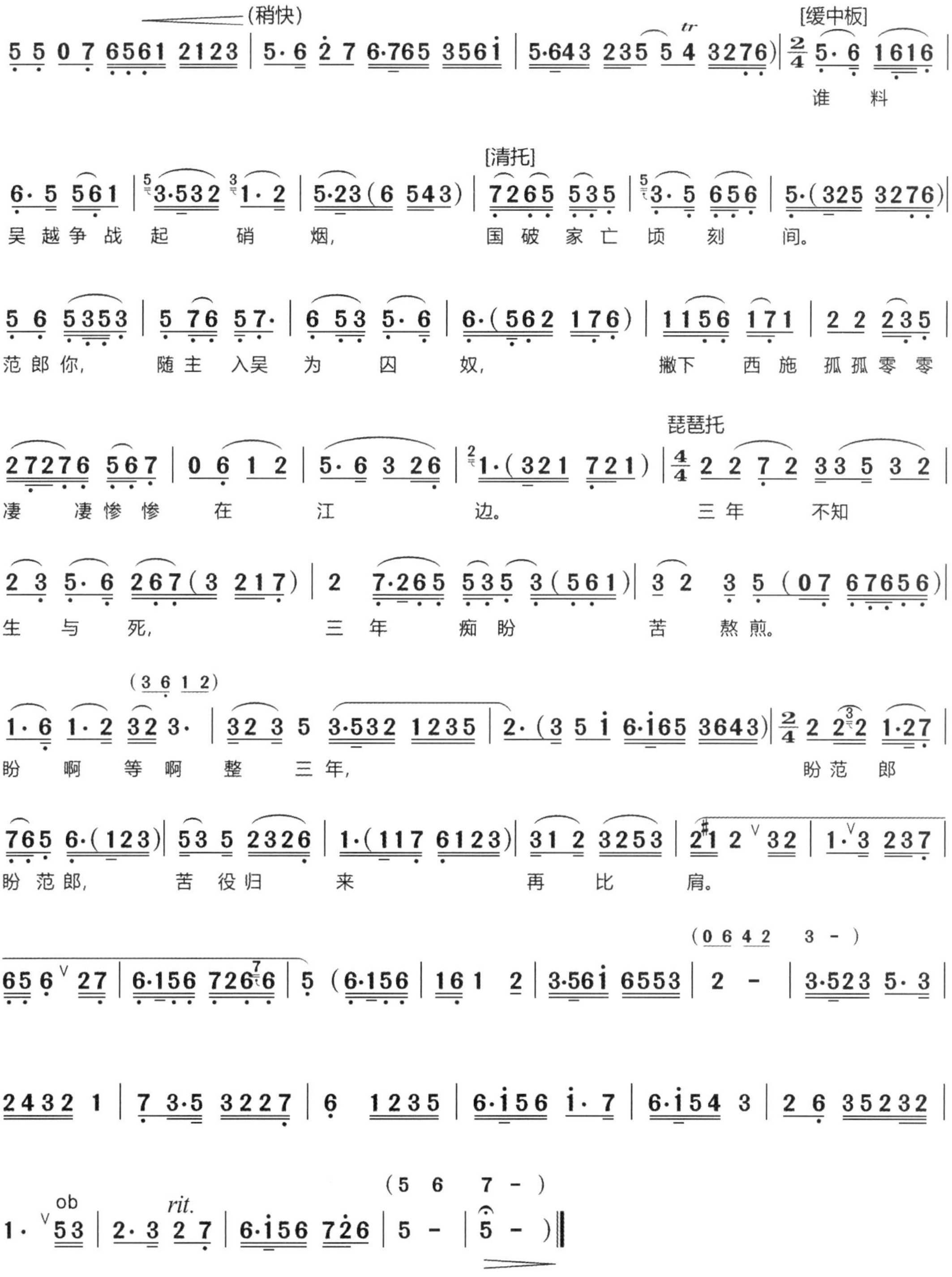

(稍快)　　　　　　　　　　　　　　　　　　　　　　　　　　　　　[缓中板]

5 5 0 7 6561 2123 | 5· 6 2 7 6·765 356i | 5·643 235 5 4 3276) | 2/4 5· 6 1616 |

谁　料

[清托]

6· 5 561 | 3·532 1· 2 | 5·23(6 543) | 7265 535 | 3· 5 656 | 5·(325 3276) |

吴越争战起　硝　烟，　　　国破家亡顷　刻　间。

5 6 5353 | 5 76 57· | 6 53 5· 6 | 6·(562 176) | 1156 171 | 2 2 235 |

范郎你，　随主　入吴　为　囚　奴，　　　撇下　西施　孤孤零零

琵琶托

27276 567 | 0 6 1 2 | 5· 6 3 26 | 1·(321 721) | 4/4 2 2 7 2 33 5 3 2 |

凄　凄惨惨　在　江　边。　　　三年　不知

2 3 5· 6 267(3 217) | 2 7·265 535 3(561) | 3 2 3 5 (07 67656) |

生　与　死，　　　三　年　痴　盼　　　苦　熬煎。

(3 6 1 2)

1· 6 1· 2 32 3· | 32 3 5 3·532 1235 | 2·(3 5 i 6·i65 3643) | 2/4 2 2 2 1·27 |

盼　啊　等　啊　整　三　年，　　　盼范　郎

765 6·(123) | 53 5 2326 | 1·(117 6123) | 31 2 3253 | 21 2 32 | 1·3 237 |

盼 范 郎，　苦 役 归　来　　　再　比　肩。

(0 6 4 2　3 －)

656 27 | 6·156 7266 | 5 (6·156 | 161 2 | 3·56i 6553 | 2 － | 3·523 5· 3 |

2432 1 | 7 3·5 3227 | 6 1235 | 6·i56 i· 7 | 6·i54 3 | 2 6 35232 |

(5 6　7 －)

ob　　　　rit.

1· 53 | 2· 3 2 7 | 6·i56 726 | 5 － | 5 －)‖

白罗纱

（《西施与范蠡》选段）

作词：蒋东敏
作曲：顾振遐
唱腔设计：顾振遐
演唱：钱惠丽、单仰萍

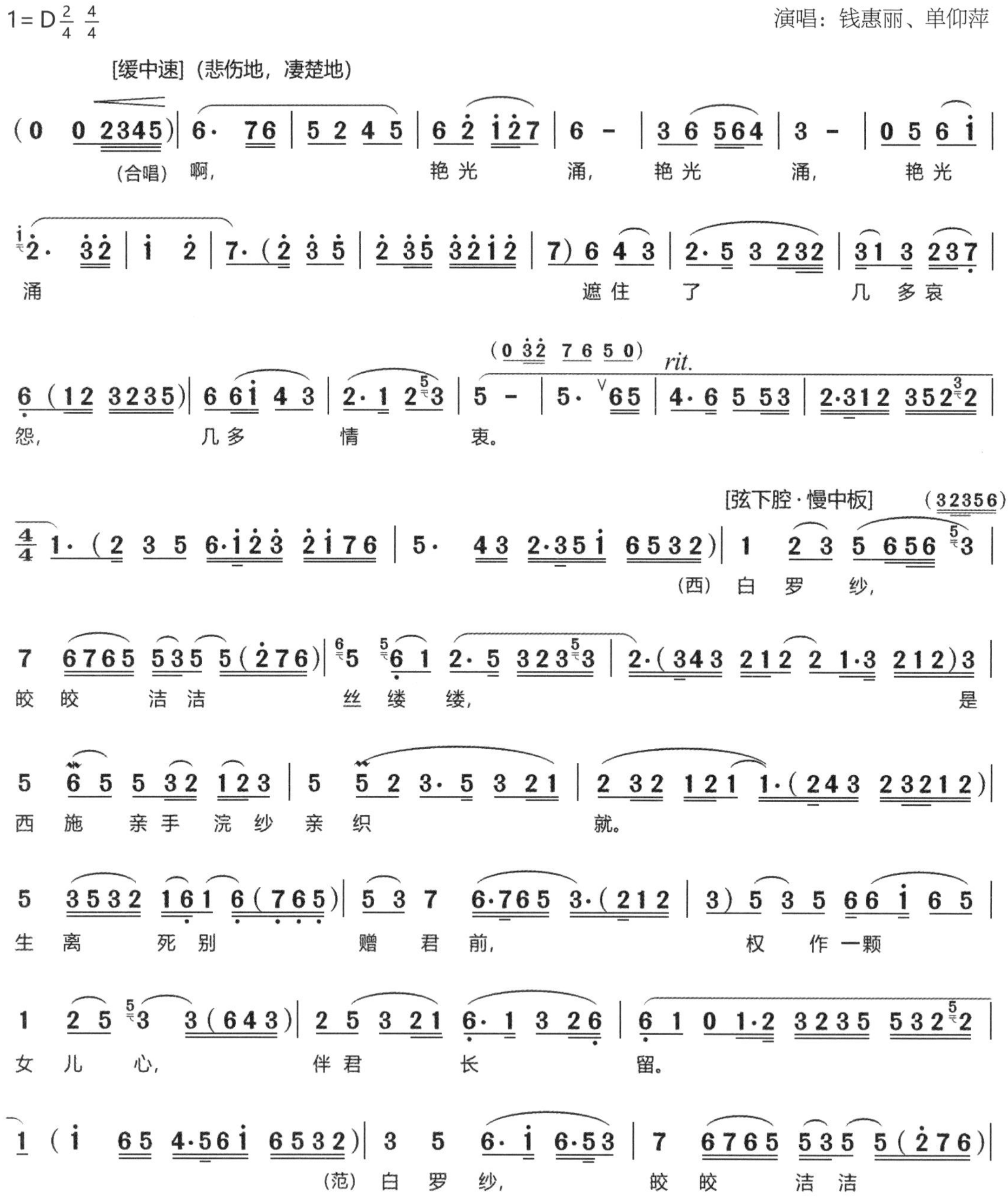

1＝D $\frac{2}{4}$ $\frac{4}{4}$

[缓中速]（悲伤地，凄楚地）

（合唱）啊，艳光 涌，艳光 涌，艳光

涌 遮住 了 几 多哀

怨，几多 情 衷。

rit.

[弦下腔·慢中板]

（西）白 罗 纱，

皎 皎 洁洁 丝 缕 缕，是

西 施 亲手 浣 纱 亲 织 就。

生 离 死 别 赠 君 前，权 作一颗

女 儿 心，伴君 长 留。

（范）白 罗 纱，皎 皎 洁 洁

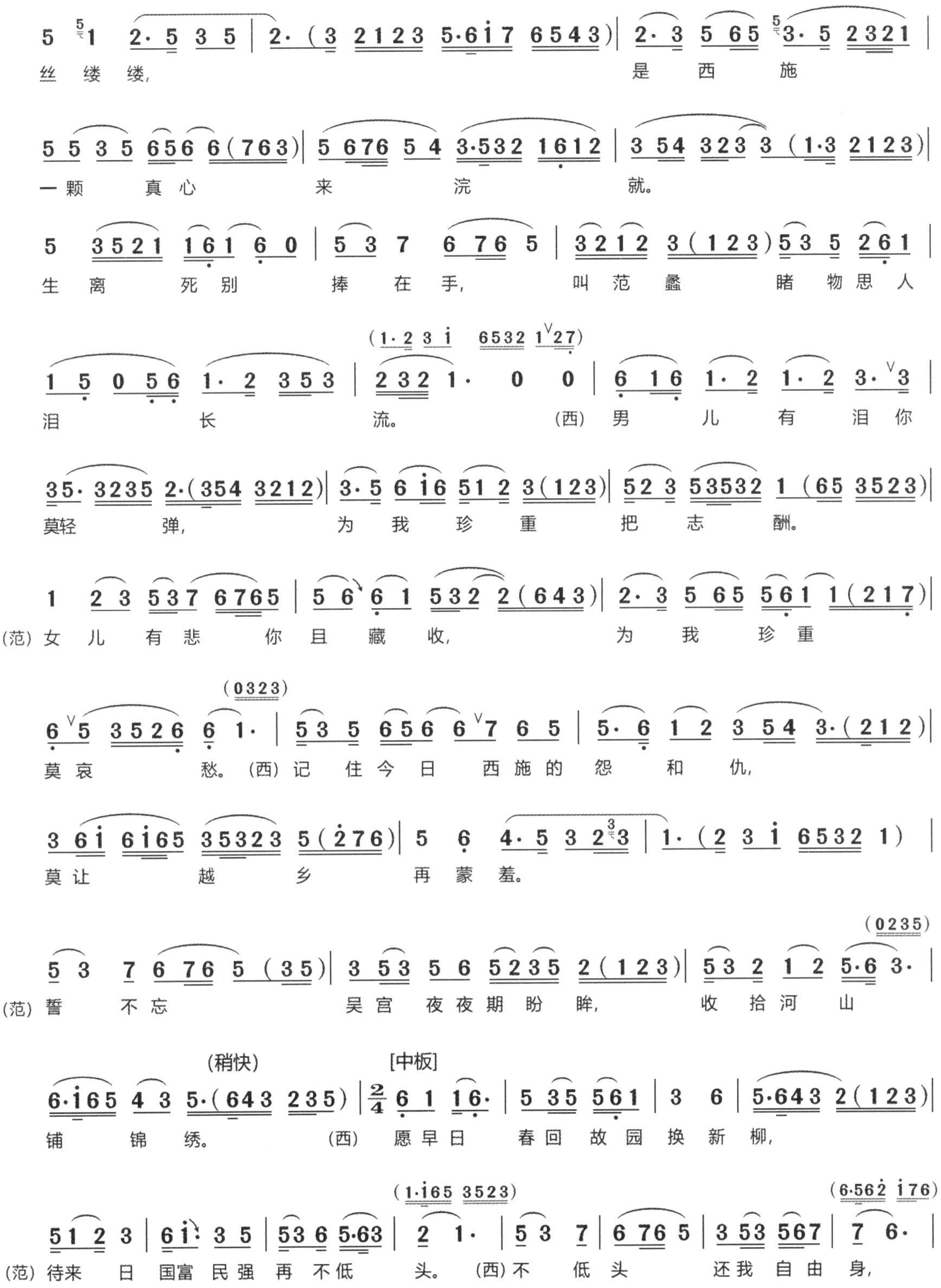

5 ⁵1 2· 5 3 5 | 2· (3 2123 5·6i7 6543) | 2· 3 5 65 ⁵3· 5 2321 |

丝 缕 缕， 是 西 施

5 5 3 5 656 6 (763) | 5 676 5 4 3·532 1612 | 3 54 323 3 (1·3 2123) |

一颗 真心 来 浣 就。

5 3521 161 6 0 | 5 3 7 6 76 5 | 3212 3 (123) 53 5 261 |

生 离 死 别 捧 在 手， 叫 范 蠡 睹 物 思 人

(1·2 3 i 6532 1ᐯ27)

1 5 0 56 1· 2 353 | 232 1· 0 0 | 6 16 1· 2 1· 2 3· ᐯ3 |

泪 长 流。 (西) 男 儿 有 泪 你

35· 3235 2·(354 3212) | 3·5 6 i6 51 2 3(123) | 52 3 53532 1 (65 3523) |

莫轻 弹， 为 我 珍 重 把 志 酬。

1 2 3 537 6765 | 5 6 6 1 532 2(643) | 2· 3 5 65 561 1(217) |

(范) 女 儿 有 悲 你 且 藏 收， 为 我 珍 重

(0323)

6 ᐯ5 3526 6 1· | 53 5 656 6 ᐯ7 6 5 | 5· 6 1 2 3 54 3·(212) |

莫 哀 愁。 (西) 记 住 今 日 西 施 的 怨 和 仇，

3 6i 6i65 35323 5(276) | 5 6 4· 5 3 2³3 | 1· (2 3 i 6532 1) |

莫 让 越 乡 再 蒙 羞。

(0235)

5 3 7 6 76 5 (35) | 3 53 5 6 5235 2(123) | 53 2 1 2 5·6 3· |

(范) 誓 不 忘 吴 宫 夜 夜 期 盼 眸， 收 拾 河 山

(稍快) [中板]

6·i65 4 3 5·(643 235) | 2/4 6 1 16· | 5 35 561 | 3 6 | 5·643 2(123) |

铺 锦 绣。 (西) 愿 早 日 春 回 故 园 换 新 柳，

(1·i65 3523) (6·562 i76)

51 2 3 | 6i 3 5 | 53 6 5·63 | 2 1· | 53 7 | 6 76 5 | 3 53 567 | 7 6· |

(范) 待来 日 国富 民 强 再 不 低 头。 (西) 不 低 头 还 我 自 由 身，

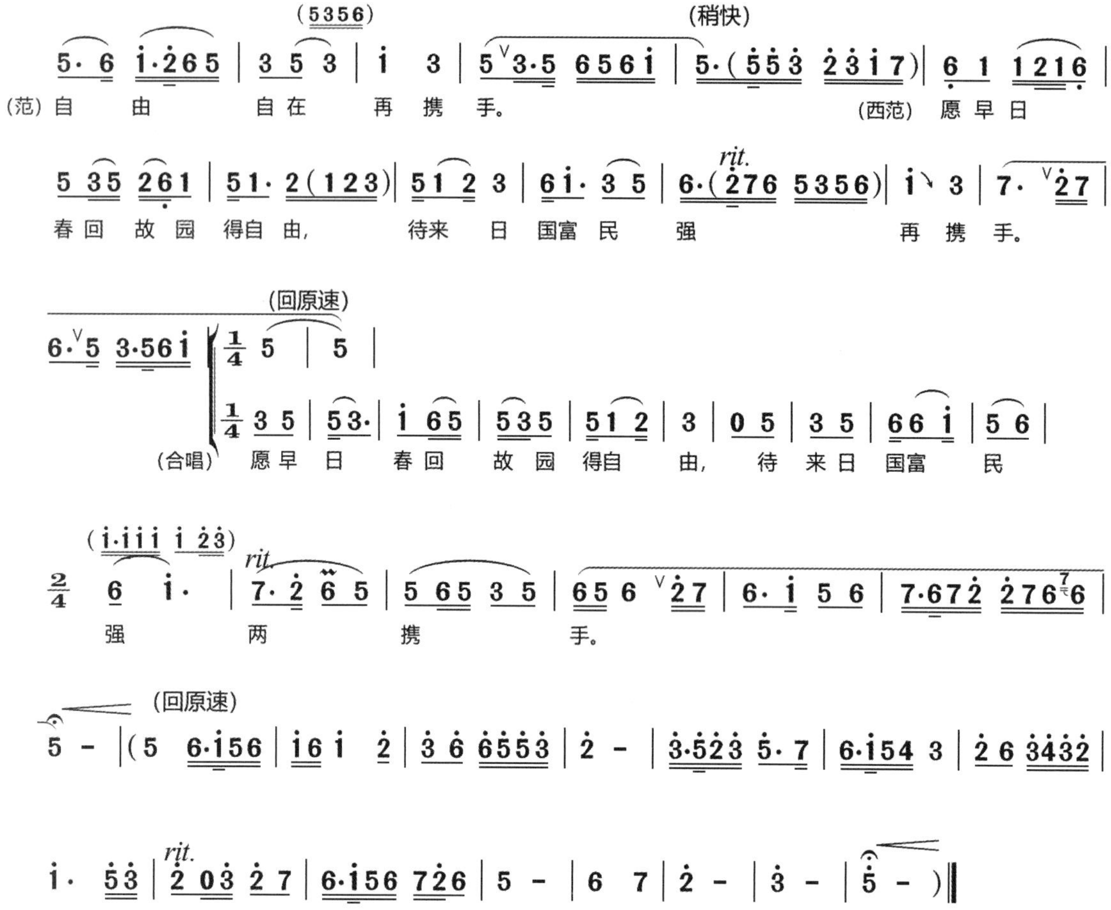

（5356）（稍快）

（范）自由自在再携手。（西范）愿早日

春回故园得自由，待来日国富民强再携手。

（回原速）

（合唱）愿早日春回故园得自由，待来日国富民

强两携手。

（回原速）

这一幕

（《被隔离的春天》选段）

作词：余青峰
作曲：朱立熹
唱腔设计：陈钧
演唱：单仰萍

1＝D $\frac{4}{4}$

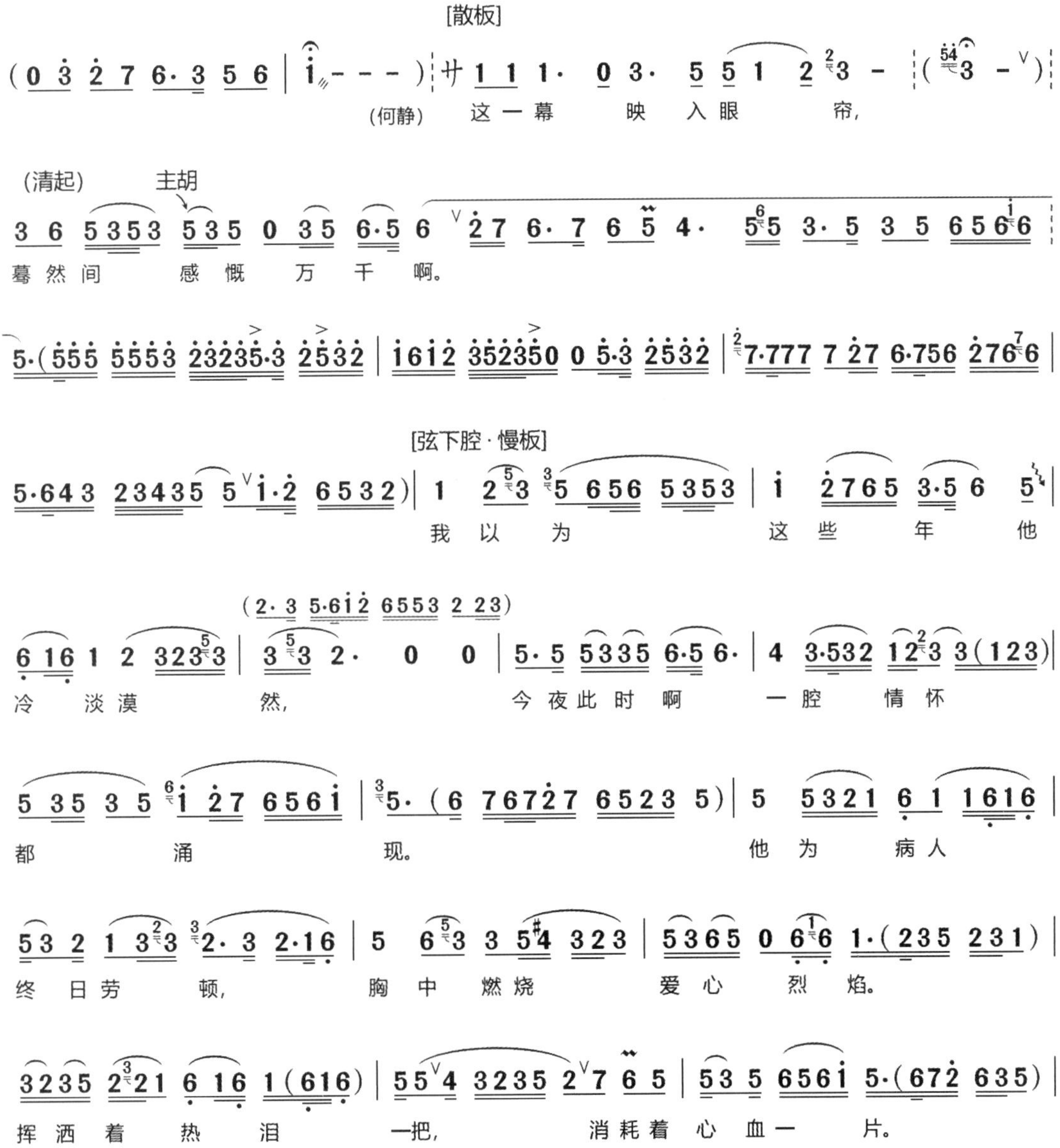

[散板]

（何静）这一幕 映 入眼 帘，

（清起） 主胡

蓦然间 感 慨 万 千 啊。

[弦下腔 · 慢板]

我 以 为 这 些 年 他

冷 淡漠 然，今 夜 此 时 啊 一 腔 情 怀

都 涌 现。他 为 病 人

终 日 劳 顿，胸 中 燃 烧 爱 心 烈 焰。

挥 洒 着 热 泪 一把，消 耗 着 心 血 一 片。

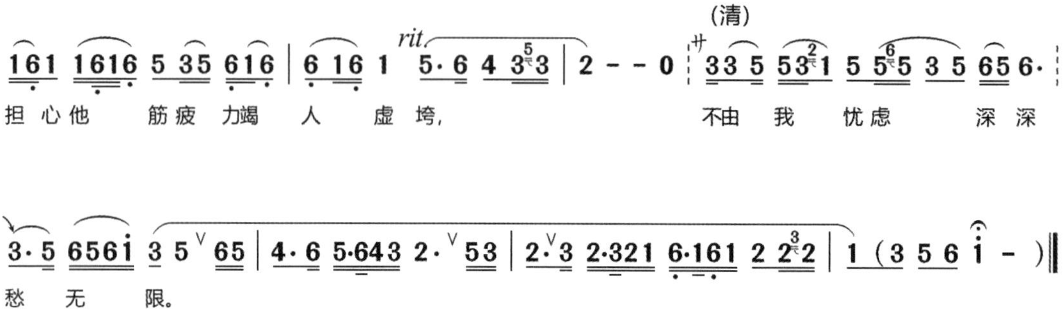

(清)

161 1616 5 35 616 | 6 16 1 *rit.* 5· 6 4 3 3 | 2 - - 0 ⁝ 33 5 53 1 5 5 5 3 5 65 6· ⁝

担心他　筋疲　力竭　人　虚　垮，　　　　　　　　不由　我　忧虑　　深深

3· 5 6561 3 5 65 | 4· 6 5·643 2· 53 | 2· 3 2·321 6·161 2 2 2 | 1 (3 5 6 1 -) ‖

愁　无　　限。

把手洗净

（《被隔离的春天》选段）

作词：余青峰
作曲：朱立熹
唱腔设计：陈钧
演唱：赵志刚、单仰萍

1＝C $\frac{4}{4}$

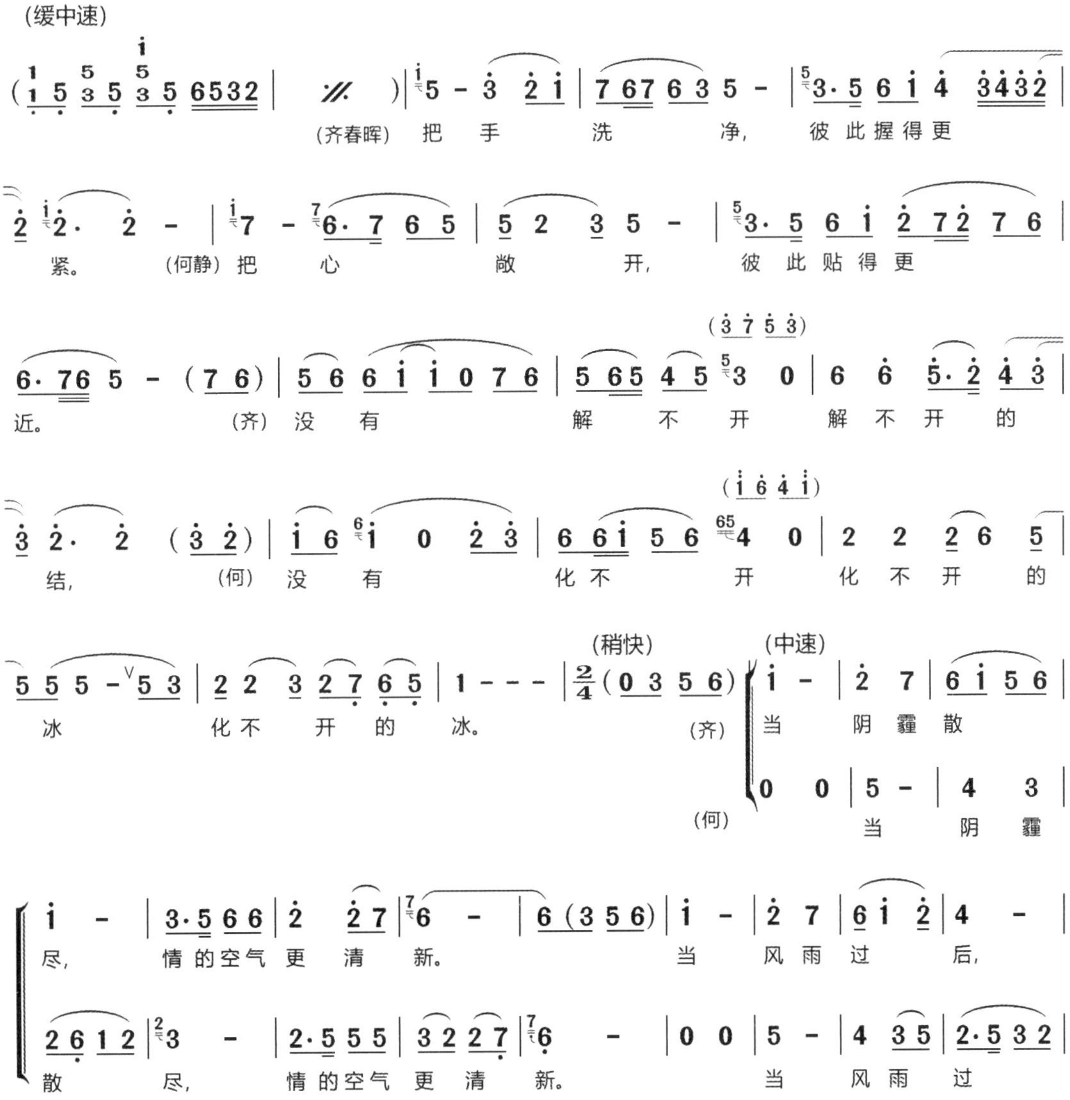

（缓中速）

（齐春晖）把 手 洗 净，彼此握得更紧。（何静）把 心 敞 开，彼此贴得更近。

（齐）没 有 解 不 开 解 不 开 的 结，（何）没 有 化不 开 化 不 开 的 冰 化不 开 的 冰。

（稍快）（中速）

（齐）当 阴 霾 散 尽，情 的 空 气 更 清 新。当 风 雨 过 后，

（何）当 阴 霾 散 尽，情 的 空 气 更 清 新。当 风 雨 过

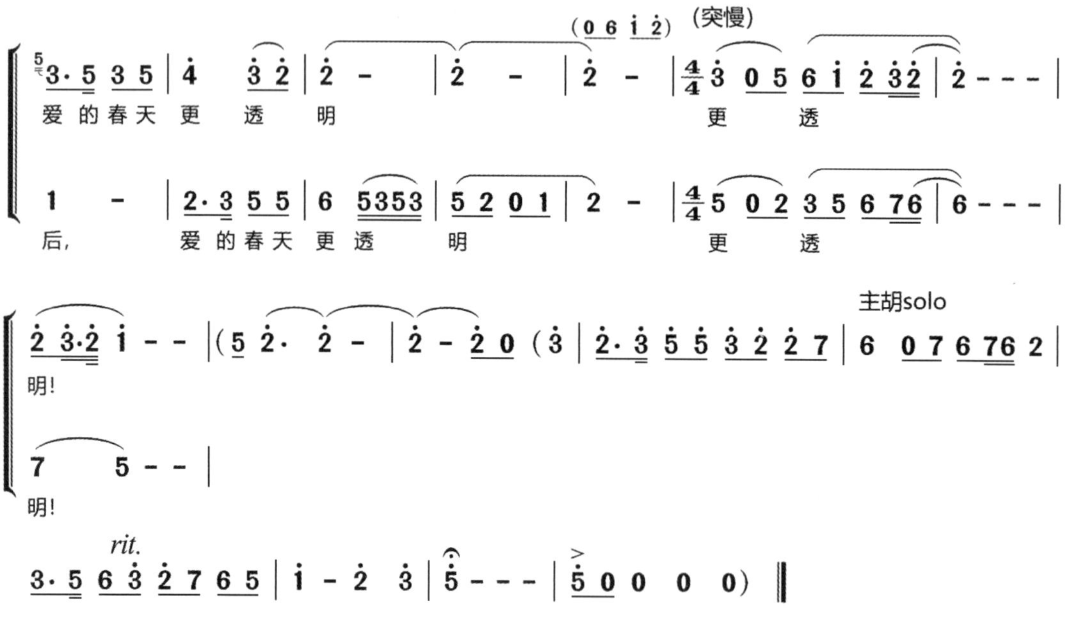

(0 6 i 2) (突慢)

爱的春天更透明 更透

后，爱的春天更透明 更透

主胡solo

明！

明！

rit.

两地洞房

（《家》选段）

作词：吴兆芬
作曲：蓝天
唱腔设计：陈钧
演唱：赵志刚、单仰萍、孙智君

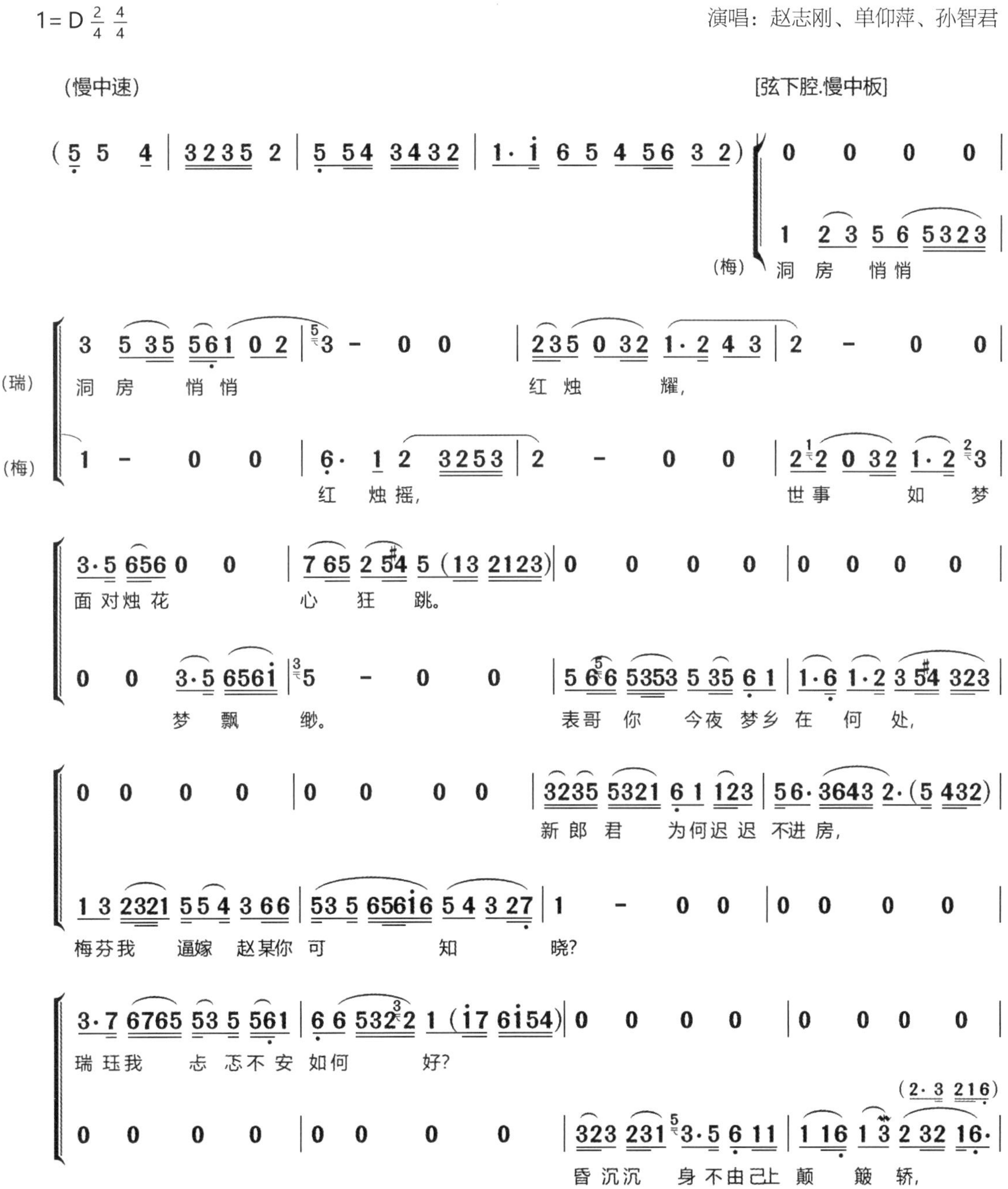

1＝D $\frac{2}{4}$ $\frac{4}{4}$

（慢中速）

[弦下腔.慢中板]

（梅）洞房悄悄

（瑞）洞房悄悄红烛耀，

（梅）红烛摇，世事如梦

面对烛花心狂跳。

梦飘缈。

表哥你今夜梦乡在何处，

新郎君为何迟迟不进房，

梅芬我逼嫁赵某你可知晓？

瑞珏我忐忑不安如何好？

昏沉沉身不由己上颠簸轿，

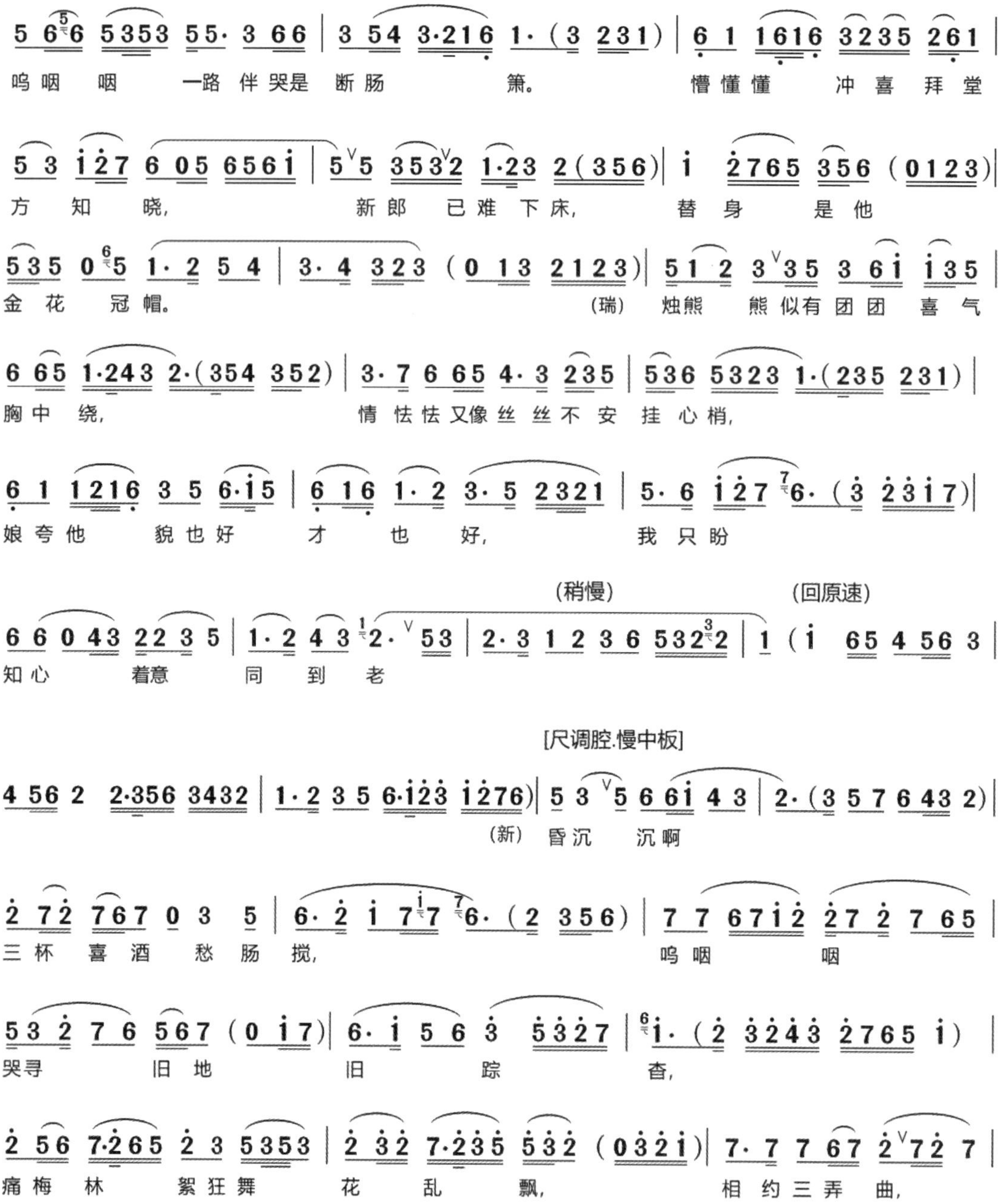

5 6⁵6 5353 55· 3 66 | 3 54 3·216 1· (3 231) | 6 1 1616 3235 261 |
呜咽　咽　一路 伴 哭是　断 肠　　箫。　　懵 懂 懂　冲 喜 拜 堂

5 3 i27 6 05 656i | 5ᵛ5 353ᵛ2 1·23 2(356) | i 2765 356 (0123) |
方　知　晓，　　新 郎　已 难　下 床，　　替　身　是 他

535 0⁶5 1· 2 5 4 | 3· 4 323 (0 13 2123) | 51 2 3ᵛ35 3 6i i35 |
金 花　冠 帽。　　（瑞） 烛熊　熊 似有 团 团　喜 气

6 65 1·243 2·(354 352) | 3· 7 6 65 4· 3 235 | 536 5323 1·(235 231) |
胸 中　绕，　　情　怯 怯 又像 丝　丝 不 安　挂　心 梢，

6 1 1216 3 5 6·i5 | 6 16 1· 2 3· 5 2321 | 5· 6 i27 ⁷6· (3 23i7) |
娘 夸 他　貌 也 好　才　也　好，　我 只 盼

（稍慢）　（回原速）
6 6 0 43 22 3 5 | 1· 2 4 3 ¹2· ᵛ53 | 2· 3 1 2 3 6 532³2 | 1 (i 65 4 56 3 |
知 心　着意　同　到　老

[尺调腔.慢中板]
4 56 2 2·356 3432 | 1· 2 3 5 6·i23 i276) | 5 3 ᵛ5 6 6i 4 3 | 2·(3 5 7 6 43 2) |
（新） 昏 沉　沉 啊

2 72 767 0 3 5 | 6· 2 i 7ⁱ7 ⁷6· (2 356) | 7 7 67i2 27 2 7 65 |
三 杯　喜　酒　愁　肠　搅，　　呜 咽　咽

53 2 7 6 567 (0 i7) | 6· i 5 6 3 5327 | ⁶i· (2 3243 2765 i) |
哭寻　旧　地　旧　踪　杳，

2 56 7·265 2 3 5353 | 2 32 7·235 532 (0321) | 7· 7 7 67 2ᵛ72 7 |
痛 梅　林　絮 狂 舞　花　乱　飘，　　相 约 三 弄　曲，

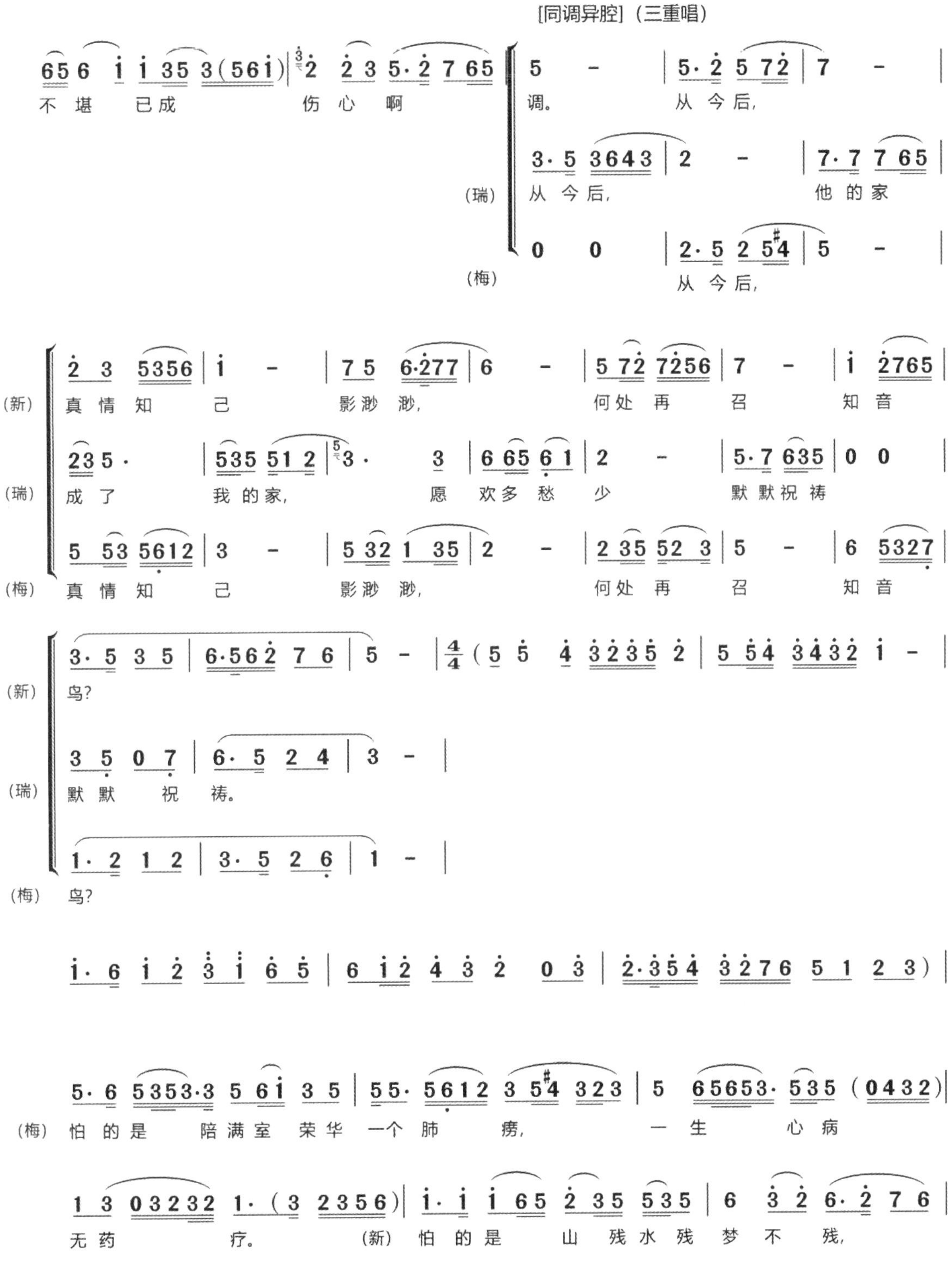

不堪已成伤心啊

[同调异腔]（三重唱）

调。从今后，

（瑞）从今后，他的家

（梅）从今后，

（新）真情知己影渺渺，何处再召知音

（瑞）成了我的家，愿欢多愁少默默祝祷

（梅）真情知己影渺渺，何处再召知音

（新）鸟？

（瑞）默默祝祷。

（梅）鸟？

（梅）怕的是陪满室荣华一个肺痨，一生心病

无药疗。（新）怕的是山残水残梦不残，

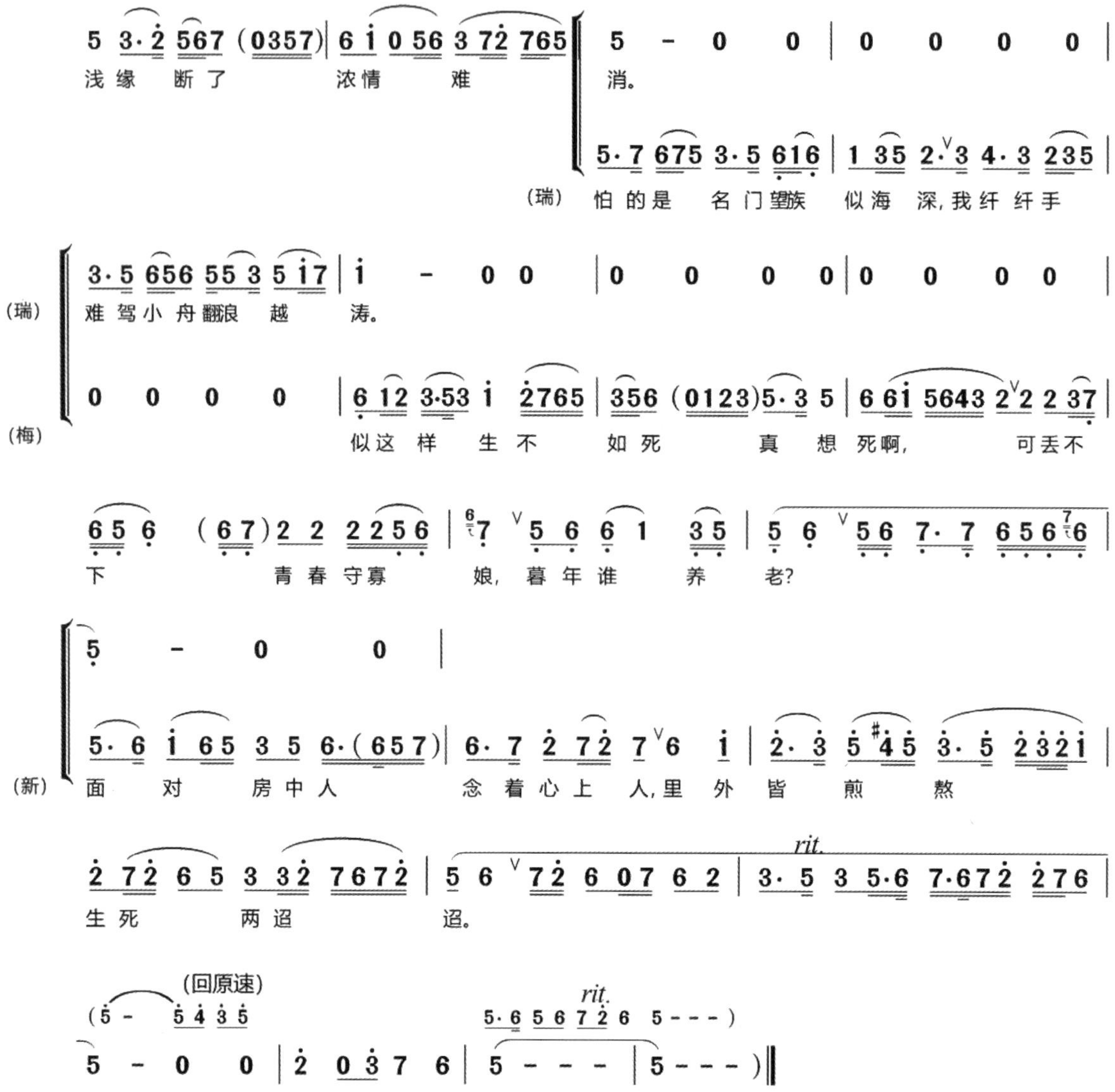

5 3·2 567 (0357)| 6 i 0 56 3 72 765 | 5 - 0 0 | 0 0 0 0 |
浅缘 断了 浓情 难 消。

5·7 675 3·5 616 | 1 35 2·3 4·3 235 |
(瑞) 怕的是 名门望族 似海 深,我纤纤手

(瑞) 3·5 656 55 3 5 i7 | i - 0 0 | 0 0 0 0 | 0 0 0 0 |
难驾小舟翻浪 越 涛。

(梅) 0 0 0 0 | 6 12 3·53 i 2765 | 356 (0123) 5·3 5 | 6 6i 5643 2 2 2 37 |
似这 样 生不 如死 真 想 死啊, 可丢不

65 6 (67) 2 2 2256 | 7 5 6 6 1 35 | 5 6 56 7·7 6566 |
下 青春守寡 娘,暮年谁 养 老?

5 - 0 0 |

(新) 5·6 i 65 3 5 6·(657) | 6·7 2 72 7 6 i | 2·3 5 #45 3·5 2321 |
面 对 房中人 念着心上 人,里 外 皆 煎 熬

rit.
2 72 6 5 3 32 7672 | 5 6 72 6 07 6 2 | 3·5 3 5·6 7·672 276 |
生死 两迢 迢。

(回原速) rit.
(5 - 5435 5·6 5 6 7 2 6 5 - - -)
5 - 0 0 | 2 03 7 6 | 5 - - - | 5 - - -) ‖

故地重游

（《家》选段）

作词：吴兆芬
作曲：蓝天
唱腔设计：陈钧
演唱：单仰萍

1 = G 4/4

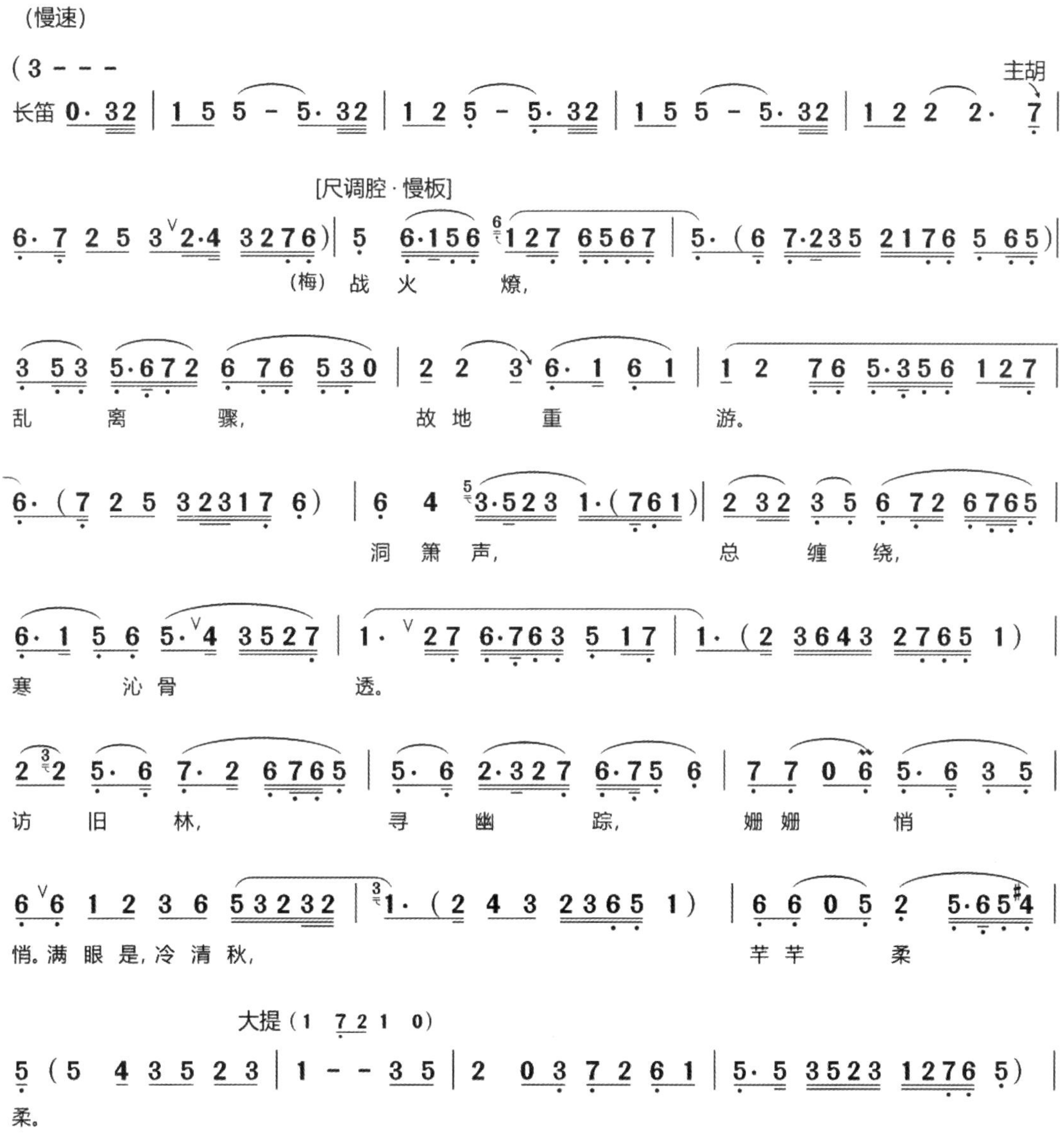

（慢速）

（3 - - -
长笛 0· 32 | 1 5 5 - 5· 32 | 1 2 5 - 5· 32 | 1 5 5 - 5· 32 | 1 2 2 2· 7 |（主胡）

[尺调腔·慢板]

6· 7 2 5 3 2·4 3276）| 5 6·156 127 6567 | 5·（6 7·235 2176 5 65）|
（梅）战 火 燎，

3 53 5·672 6 76 530 | 2 2 3 6· 1 6 1 | 1 2 76 5·356 127 |
乱 离 骤， 故 地 重 游。

6·（7 2 5 32317 6）| 6 4 3·523 1·（761）| 2 32 3 5 6 72 6765 |
洞 箫 声， 总 缠 绕，

6· 1 5 6 5· 4 3527 | 1· 27 6·763 5 17 | 1·（2 3643 2765 1）|
寒 沁 骨 透。

2 2 5· 6 7· 2 6765 | 5· 6 2·327 6·75 6 | 7 7 0 6 5· 6 3 5 |
访 旧 林， 寻 幽 踪， 姗 姗 悄

6 6 1 2 3 6 53232 | 1·（2 4 3 2365 1）| 6 6 0 5 2 5·65#4 |
悄。满 眼 是，冷 清 秋， 芊 芊 柔

大提（1 7 2 1 0）

5（5 4 3 5 2 3 | 1 - - 3 5 | 2 0 3 7 2 6 1 | 5· 5 3523 1276 5）|
柔。

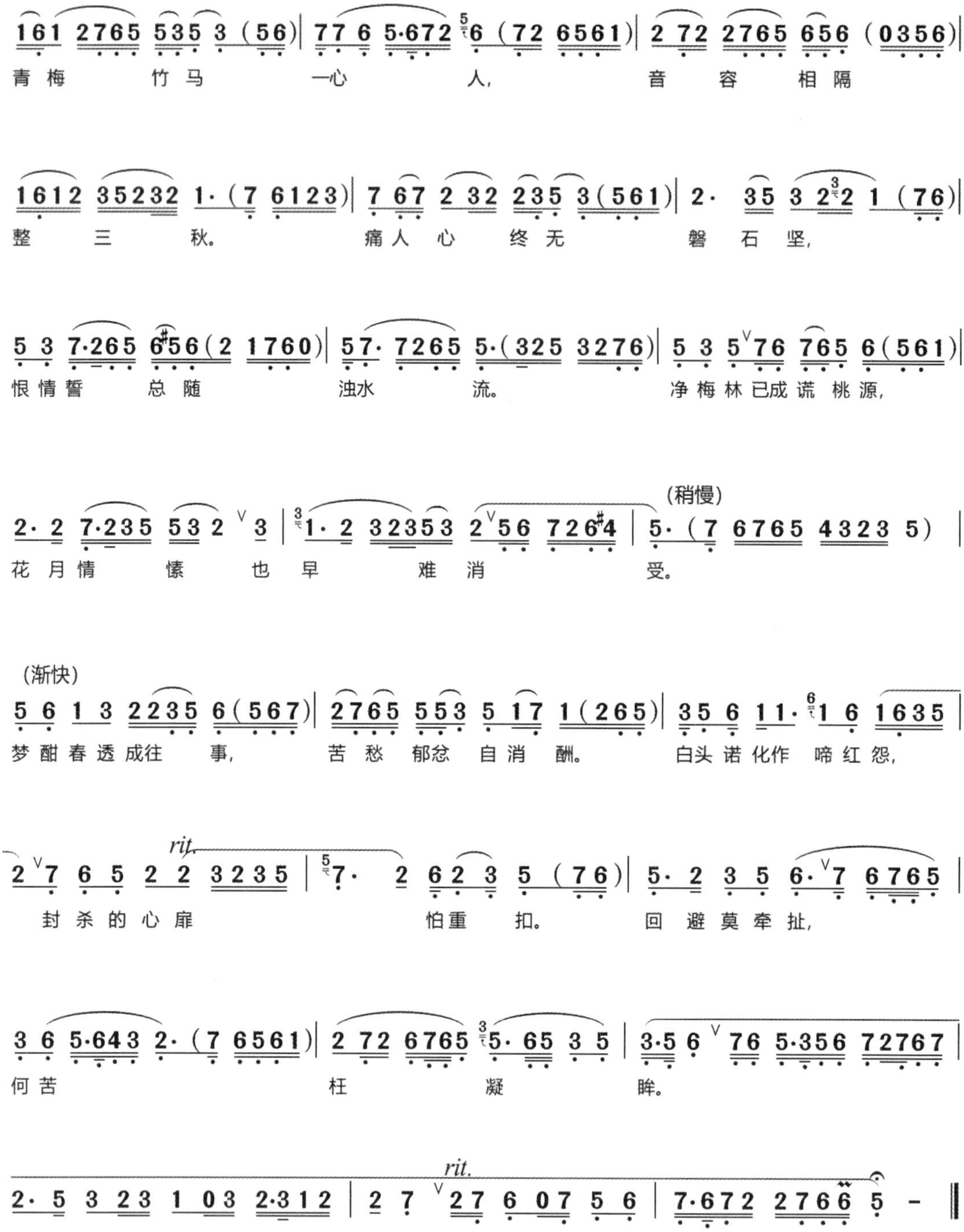

161 2765 535 3 (56) | 77 6 5·672 6 (72 6561) | 2 72 2765 656 (0356) |
青梅 竹马 一心 人， 音 容 相隔

1612 35232 1·(7 6123) | 7 67 2 32 235 3(561) | 2· 35 3 22 1 (76) |
整 三 秋。 痛人心 终无 磐石坚，

5 3 7·265 6#56(2 1760) | 57· 7265 5·(325 3276) | 5 3 5 76 765 6(561) |
恨情誓 总随 浊水 流。 净梅林已成谎 桃源，

(稍慢)

2·2 7·235 532 3 | 1·2 32353 2 56 726#4 | 5·(7 6765 4323 5) |
花月情 愫 也 早 难 消 受。

(渐快)

5 6 1 3 2235 6(567) | 2765 553 5 17 1(265) | 35 6 11· 1 6 1635 |
梦酣春透成往 事， 苦 愁 郁忿 自消 酬。 白头诺化作 啼红怨，

rit.

2 7 6 5 2 2 3235 | 7· 2 62 3 5 (76) | 5·2 3 5 6· 7 6765 |
封杀的心扉 怕重 扣。 回 避 莫 牵 扯，

3 6 5·643 2·(7 6561) | 2 72 6765 5·65 3 5 | 3·5 6 76 5·356 72767 |
何苦 枉 凝 眸。

rit.

2· 5 3 23 1 03 2·312 | 2 7 27 6 07 5 6 | 7·672 2766 5 - ‖

重逢

（《虞美人》选段）

作词：薛允璜、薛龙彪
作曲：蓝天
唱腔设计：苏进邹、金良
演唱：单仰萍、吴凤花、董柯娣

1＝G $\frac{4}{4}$

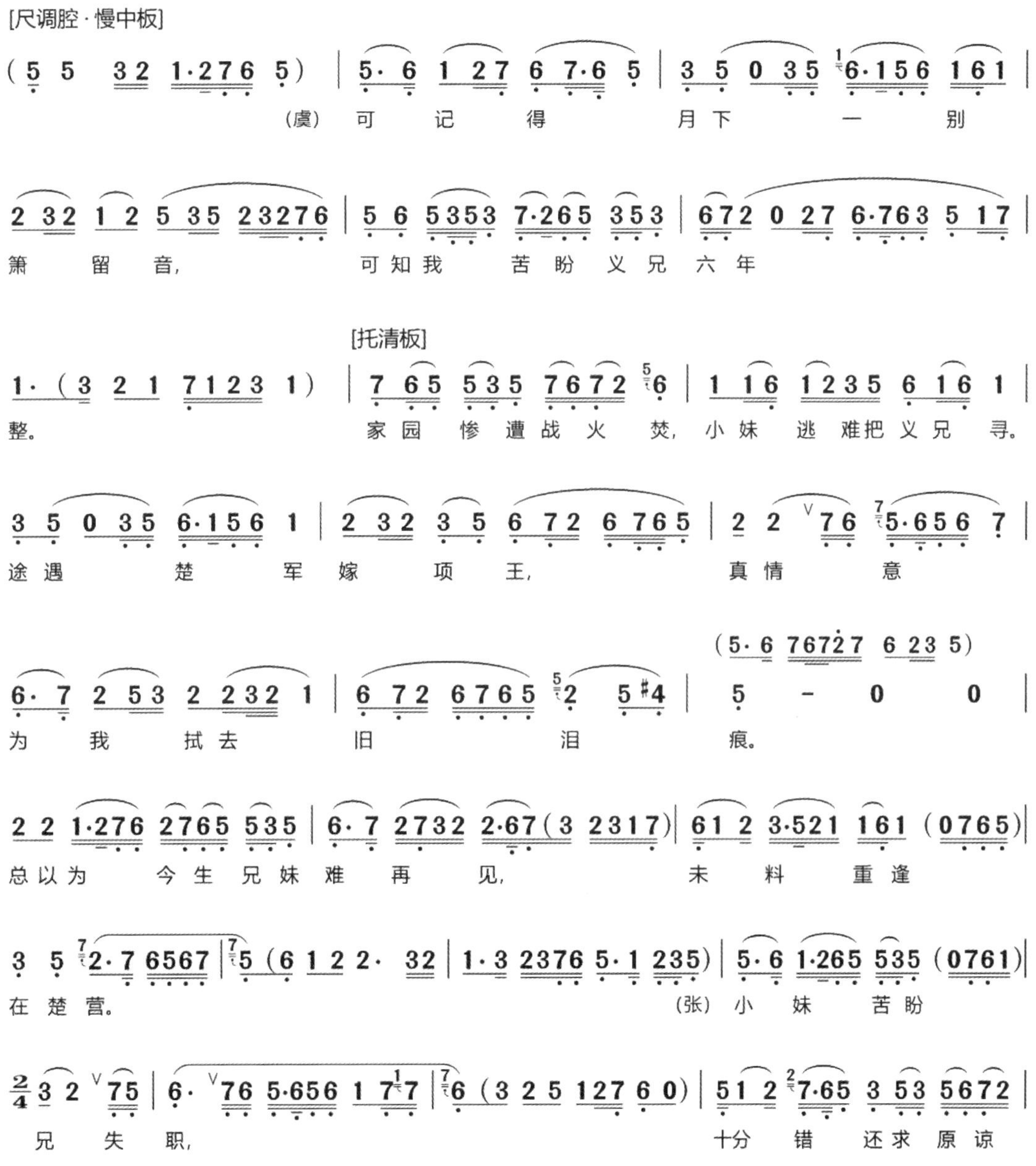

[尺调腔·慢中板]

（5 5 32 1·276 5）| 5· 6 1 27 6 7·6 5 | 3 5 0 35 6·156 161 |
（虞）可 记 得 月下 一 别

2 32 1 2 5 35 23276 | 5 6 5353 7·265 353 | 672 0 27 6·763 5 17 |
箫 留 音， 可知我 苦 盼 义 兄 六 年

[托清板]

1·（3 2 1 7123 1）| 7 65 535 7672 6 | 1 16 1235 6 16 1 |
整。 家园 惨 遭 战 火 焚， 小 妹 逃 难把 义 兄 寻。

3 5 0 35 6·156 1 | 2 32 3 5 6 72 6765 | 2 2 76 5·656 7 |
途 遇 楚 军 嫁 项 王， 真 情 意

（5· 6 76727 6 235）

6· 7 2 53 2 232 1 | 6 72 6765 2 5 ♯4 | 5 － 0 0 |
为 我 拭 去 旧 泪 痕。

2 2 1·276 2765 535 | 6· 7 2732 2·67（3 2317）| 61 2 3·521 161（0765）|
总 以 为 今 生 兄 妹 难 再 见， 未 料 重 逢

3 5 2·7 6567 | 5（6 1 2 2· 32 | 1·3 2376 5·1 235）| 5·6 1·265 535（0761）|
在 楚 营。 （张）小 妹 苦 盼

$\frac{2}{4}$ 3 2 75 | 6· 76 5·656 1 7 7 | 6（3 2 5 127 6 0）| 51 2 7·65 3 53 5672 |
兄 失 职， 十分 错 还 求 原 谅

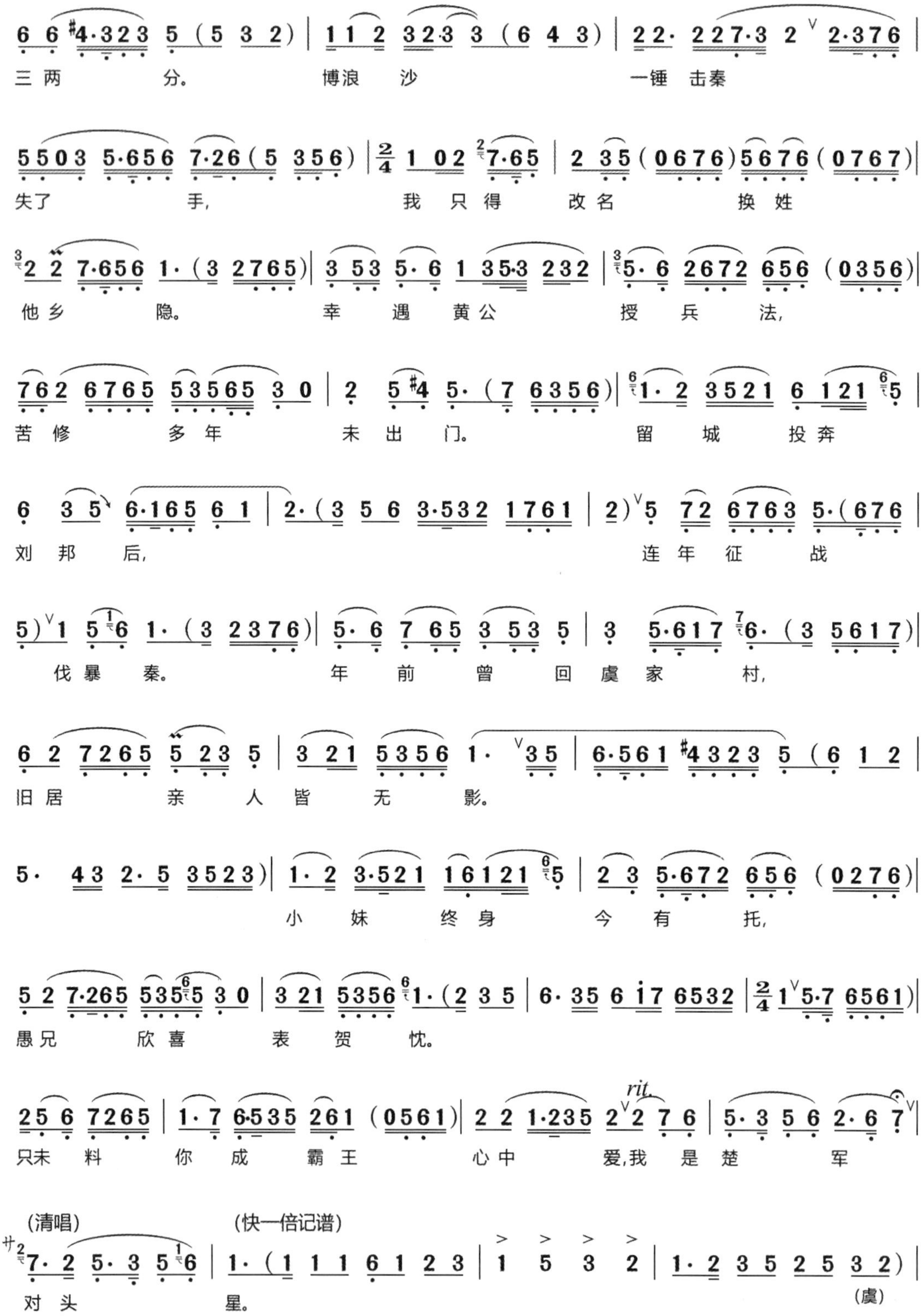

三两 分。 博浪 沙 一锤 击秦

失了 手， 我 只 得 改 名 换 姓

他 乡 隐。 幸 遇 黄 公 授 兵 法，

苦 修 多 年 未 出 门。 留 城 投奔

刘 邦 后， 连 年 征 战

伐 暴 秦。 年 前 曾 回 虞 家 村，

旧 居 亲 人 皆 无 影。

小 妹 终 身 今 有 托，

愚 兄 欣 喜 表 贺 忱。

rit.

只未 料 你 成 霸 王 心 中 爱，我 是 楚 军

(清唱) (快一倍记谱)

对 头 星。

(虞)

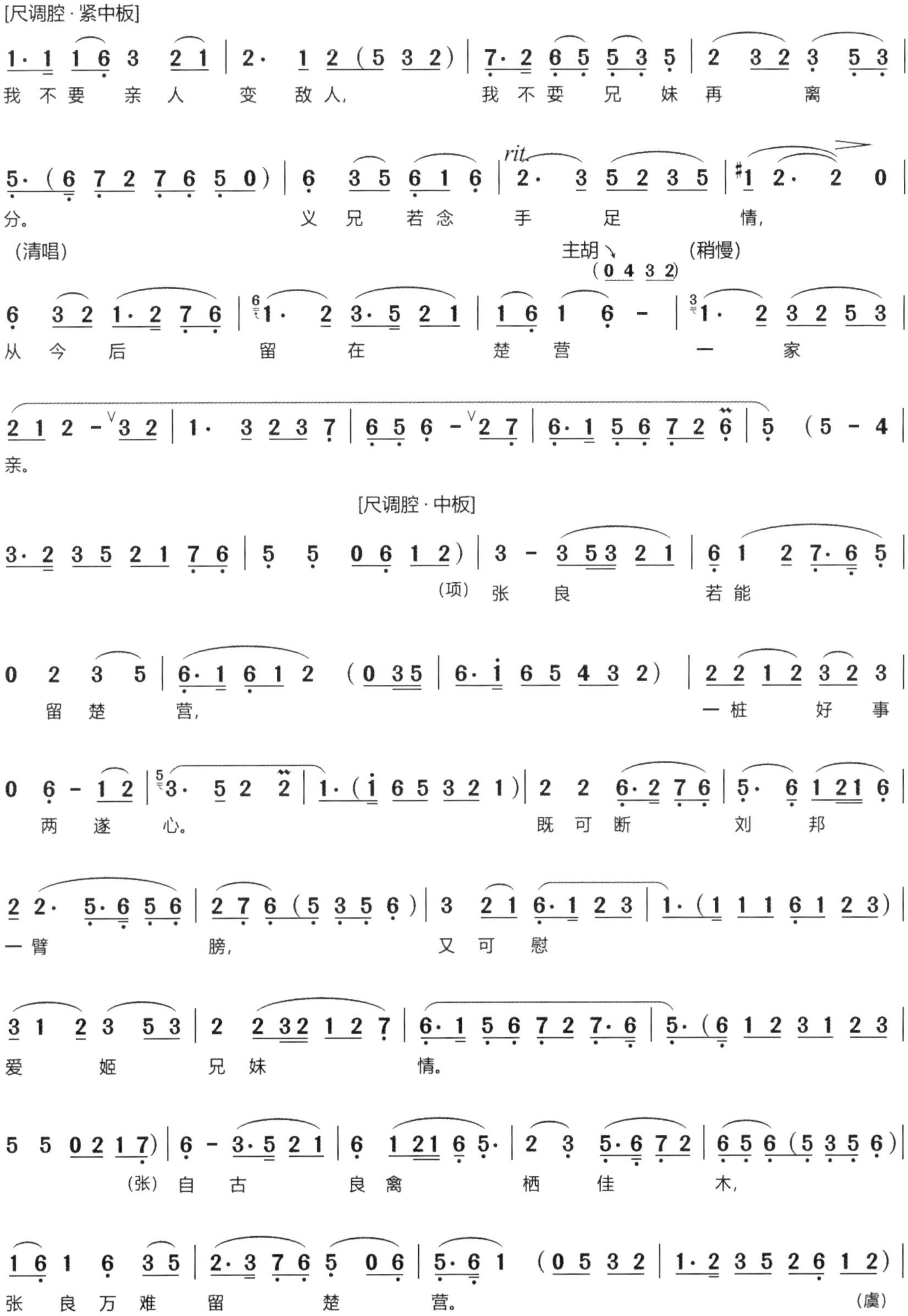

[尺调腔 · 紧中板]

1·1 16 3 21 | 2· 1 2 (5 32) | 7·2 65 53 5 | 2 32 3 53 |
我不要 亲 人 变 敌人， 我不要 兄 妹 再 离

5·(6 72 76 50) | 6 35 616 | 2· 3 52 35 | #1 2· 2 0 |
分。 义 兄 若念 手 足 情，

(清唱) 主胡↘ (0 4 3 2) (稍慢)

6 32 1·2 76 | 1· 2 3·5 21 | 16 1 6 – | 1· 2 32 53 |
从 今 后 留 在 楚 营 一 家

21 2 – 32 | 1· 3 23 7 | 65 6 – 27 | 6·1 56 72 6 | 5 (5 – 4 |
亲。

[尺调腔 · 中板]

3·2 35 21 76 | 5 5 06 12) | 3 – 353 21 | 61 2 7·6 5 |
(项) 张 良 若能

0 2 3 5 | 6·1 61 2 (0 35 | 6·i 65 43 2) | 22 12 32 3 |
留 楚 营， 一桩 好 事

0 6 – 12 | 3· 52 2 | 1·(i 65 32 1) | 2 2 6·2 76 | 5· 6 121 6 |
两 遂 心。 既 可 断 刘 邦

2 2· 5·6 56 | 27 6 (5 35 6) | 3 21 6·1 23 | 1·(1 11 61 23) |
一 臂 膀， 又 可 慰

31 23 53 | 2 232 12 7 | 6·1 56 72 7·6 | 5·(6 12 31 23 |
爱 姬 兄 妹 情。

5 5 02 17) | 6 – 3·5 21 | 6 121 6 5· | 2 3 5·6 72 | 65 6 (5 35 6) |
(张) 自 古 良 禽 栖 佳 木，

16 1 6 35 | 2·3 76 5 06 | 5·6 1 (05 32 | 1·2 35 26 12) |
张 良 万 难 留 楚 营。 (虞)

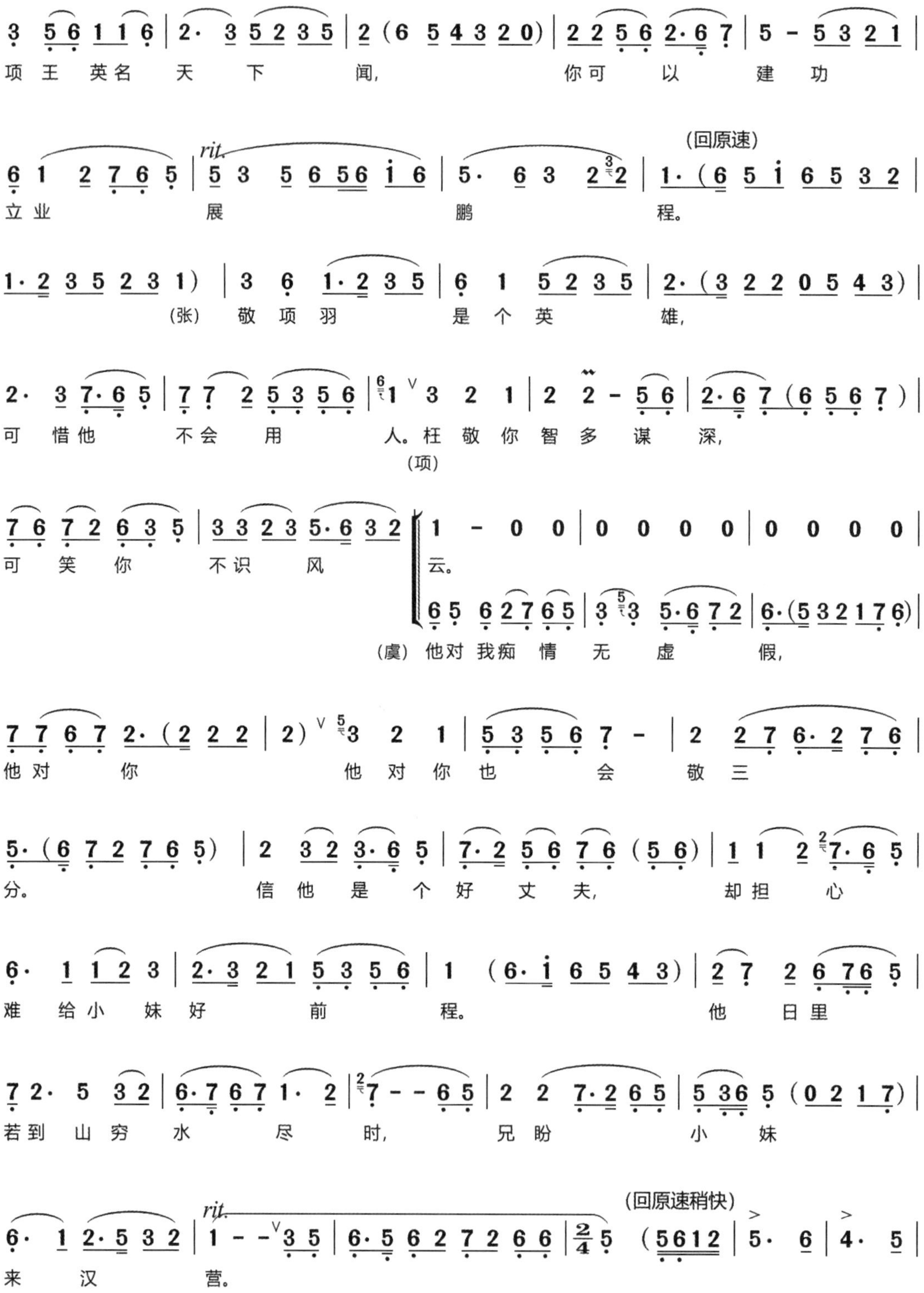

3 5 6 1 1 6 | 2· 3 5 2 3 5 | 2 (6 5 4 3 2 0) | 2 2 5 6 2·6 7 | 5 – 5 3 2 1 |

项 王 英名 天 下 闻， 你可 以 建 功

(回原速)

6 1 2 7 6 5 | *rit.* 5 3 5 6 5 6 i 6 | 5· 6 3 2 2 | 1·(6 5 i 6 5 3 2 |

立 业 展 鹏 程。

1·2 3 5 2 3 1) | 3 6 1·2 3 5 | 6 1 5 2 3 5 | 2·(3 2 2 0 5 4 3) |

(张) 敬 项 羽 是 个 英 雄，

2· 3 7·6 5 | 7 7 2 5 3 5 6 | 1 3 2 1 | 2 2 – 5 6 | 2·6 7 (6 5 6 7) |

可 惜他 不会 用 人。枉 敬 你 智 多 谋 深，

(项)

7 6 7 2 6 3 5 | 3 3 2 3 5·6 3 2 | 1 – 0 0 | 0 0 0 0 | 0 0 0 0 |

可 笑 你 不识 风 云。

6 5 6 2 7 6 5 | 3 3 5·6 7 2 | 6·(5 3 2 1 7 6) |

(虞) 他对 我痴 情 无 虚 假，

7 7 6 7 2·(2 2 2 | 2) 3 2 1 | 5 3 5 6 7 – | 2 2 7 6·2 7 6 |

他 对 你 他 对 你 也 会 敬 三

5·(6 7 2 7 6 5) | 2 3 2 3·6 5 | 7·2 5 6 7 6 (5 6) | 1 1 2 7·6 5 |

分。 信 他 是 个 好 丈 夫， 却 担 心

6· 1 1 2 3 | 2·3 2 1 5 3 5 6 | 1 (6·i 6 5 4 3) | 2 7 2 6 76 5 |

难 给 小 妹 好 前 程。 他 日 里

7 2· 5 3 2 | 6·7 6 7 1· 2 | 7 – – 6 5 | 2 2 7·2 6 5 | 5 36 5 (0 2 1 7) |

若 到 山 穷 水 尽 时， 兄 盼 小 妹

(回原速稍快)

6· 1 2·5 3 2 | *rit.* 1 – – 3 5 | 6·5 6 2 7 2 6 6 | 2/4 5 (5612 | 5· 6 | 4· 5 |

来 汉 营。

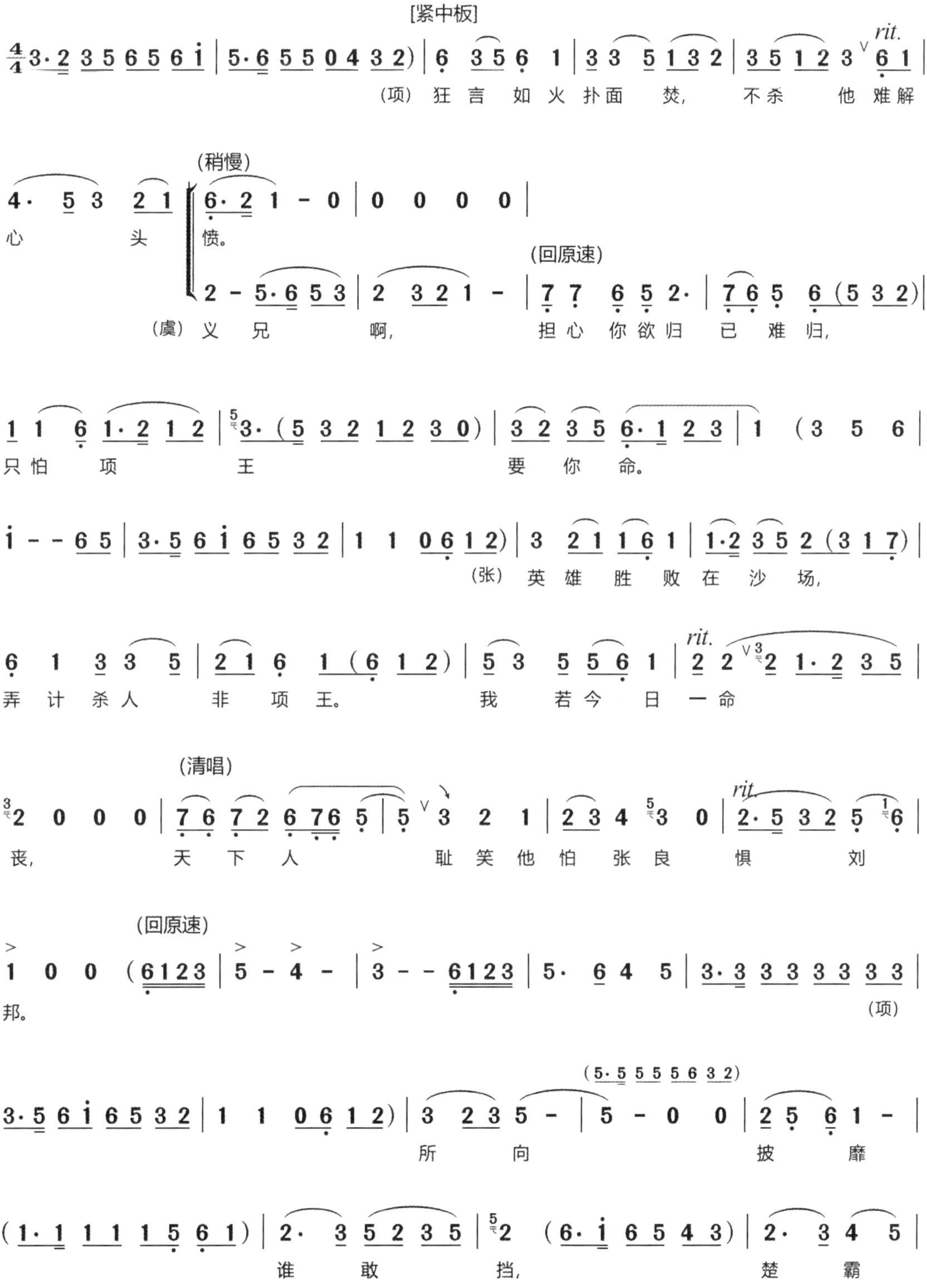

[紧中板]

4/4 3·2 3 5 6 5 6 i | 5·6 5 5 0 4 3 2) | 6 3 5 6 1 | 3 3 5 1 3 2 | 3 5 1 2 3 ∨ *rit.* 6 1 |

（项）狂 言 如 火 扑面 焚， 不杀 他 难解

（稍慢）

4· 5 3 2 1 | 6·2 1 - 0 | 0 0 0 0 |

心 头 愤。

（回原速）

2 - 5·6 5 3 | 2 3 2 1 - | 7 7 6 5 2· | 7 6 5 6 (5 3 2) |

（虞）义 兄 啊， 担心 你欲归 已 难 归，

1 1 6 1·2 1 2 | 3·(5 3 2 1 2 3 0) | 3 2 3 5 6·1 2 3 | 1 (3 5 6 |

只怕 项 王 要 你 命。

i - - 6 5 | 3·5 6 i 6 5 3 2 | 1 1 0 6 1 2) | 3 2 1 1 6 1 | 1·2 3 5 2 (3 1 7) |

（张）英 雄 胜 败 在 沙 场，

6 1 3 3 5 | 2 1 6 1 (6 1 2) | 5 3 5 5 6 1 | *rit.* 2 2 ∨ 2 1·2 3 5 |

弄 计 杀 人 非 项 王。 我 若今 日 一 命

（清唱）

2 0 0 0 | 7 6 7 2 6 76 5 | 5 ∨ 3 2 1 | 2 3 4 3 0 | *rit.* 2·5 3 2 5 6 |

丧， 天 下 人 耻 笑 他 怕 张 良 惧 刘

（回原速）

1 0 0 (6123 | 5 - 4 - | 3 - - 6123 | 5· 6 4 5 | 3·3 3 3 3 3 3 3 |

邦。 （项）

(5·5 5 5 5 6 3 2)

3·5 6 i 6 5 3 2 | 1 1 0 6 1 2) | 3 2 3 5 - | 5 - 0 0 | 2 5 6 1 - |

所 向 披 靡

(1·1 1 1 1 5 6 1) | 2· 3 5 2 3 5 | 2 (6·i 6 5 4 3) | 2· 3 4 5 |

谁 敢 挡， 楚 霸

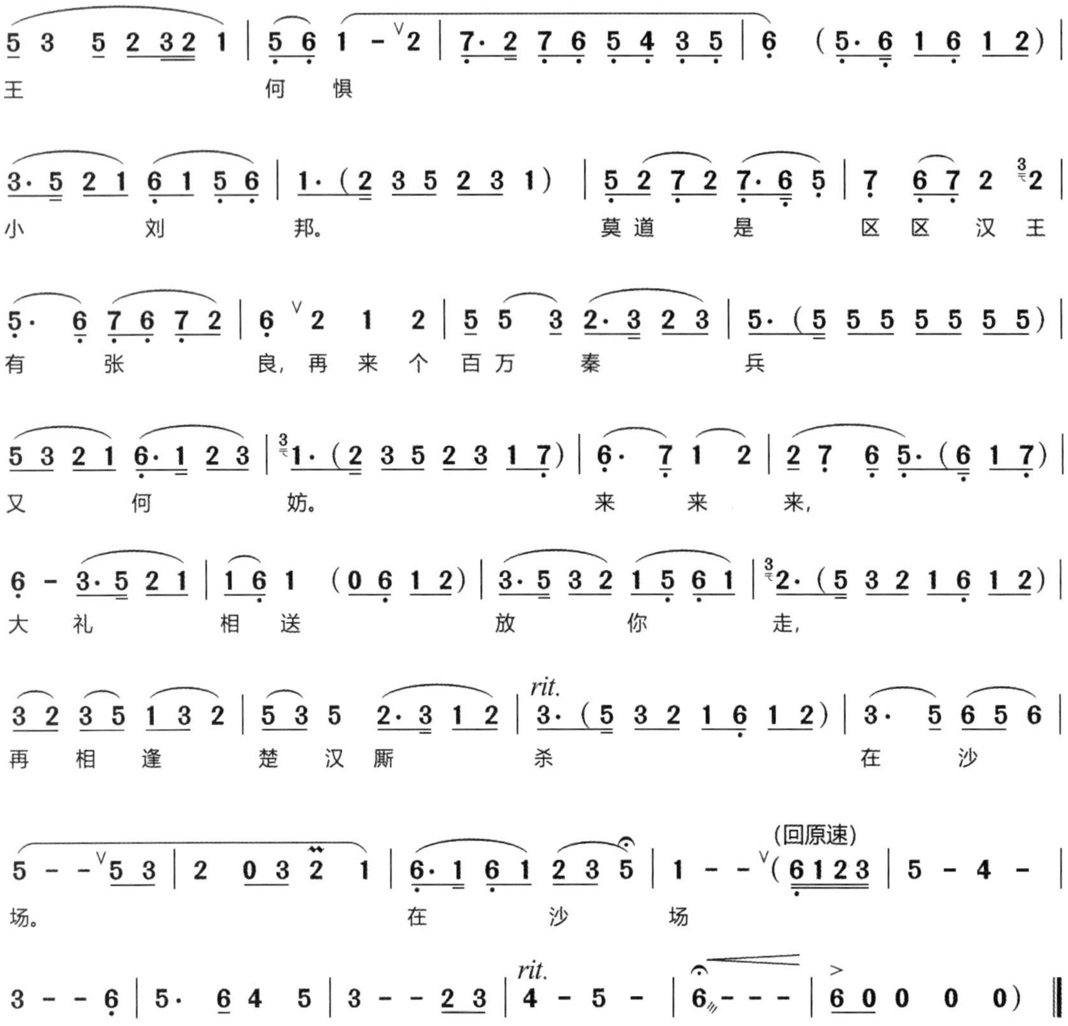

5 3 5 2 32 1 | 5 6 1 - ∨2 | 7· 2 7 6 5 4 3 5 | 6 (5· 6 1 6 1 2) |

王 何 惧

3· 5 2 1 6 1 5 6 | 1· (2 3 5 2 3 1) | 5 2 7 2 7· 6 5 | 7 6 7 2 2 |

小 刘 邦。 莫 道 是 区 区 汉 王

5· 6 7 6 7 2 | 6 ∨2 1 2 | 5 5 3 2· 3 2 3 | 5· (5 5 5 5 5 5 5) |

有 张 良，再 来 个 百 万 秦 兵

5 3 2 1 6· 1 2 3 | 1· (2 3 5 2 3 1 7) | 6· 7 1 2 | 2 7 6 5· (6 1 7) |

又 何 妨。 来 来 来，

6 - 3· 5 2 1 | 1 6 1 (0 6 1 2) | 3· 5 3 2 1 5 6 1 | 2· (5 3 2 1 6 1 2) |

大 礼 相 送 放 你 走，

rit.

3 2 3 5 1 3 2 | 5 3 5 2· 3 1 2 | 3· (5 3 2 1 6 1 2) | 3· 5 6 5 6 |

再 相 逢 楚 汉 厮 杀 在 沙

(回原速)

5 - - ∨5 3 | 2 0 3 2 1 | 6· 1 6 1 2 3 5 | 1 - - ∨(6123 | 5 - 4 - |

场。 在 沙 场

rit.

3 - - 6 | 5· 6 4 5 | 3 - - 2 3 | 4 - 5 - | 6 - - - | 6 0 0 0 0) ‖

心有怨想骂人

（《虞美人》选段）

作词：薛允璜、薛龙彪

作曲：蓝天

唱腔设计：苏进邹、金良

演唱：单仰萍

1＝G $\frac{4}{4}$

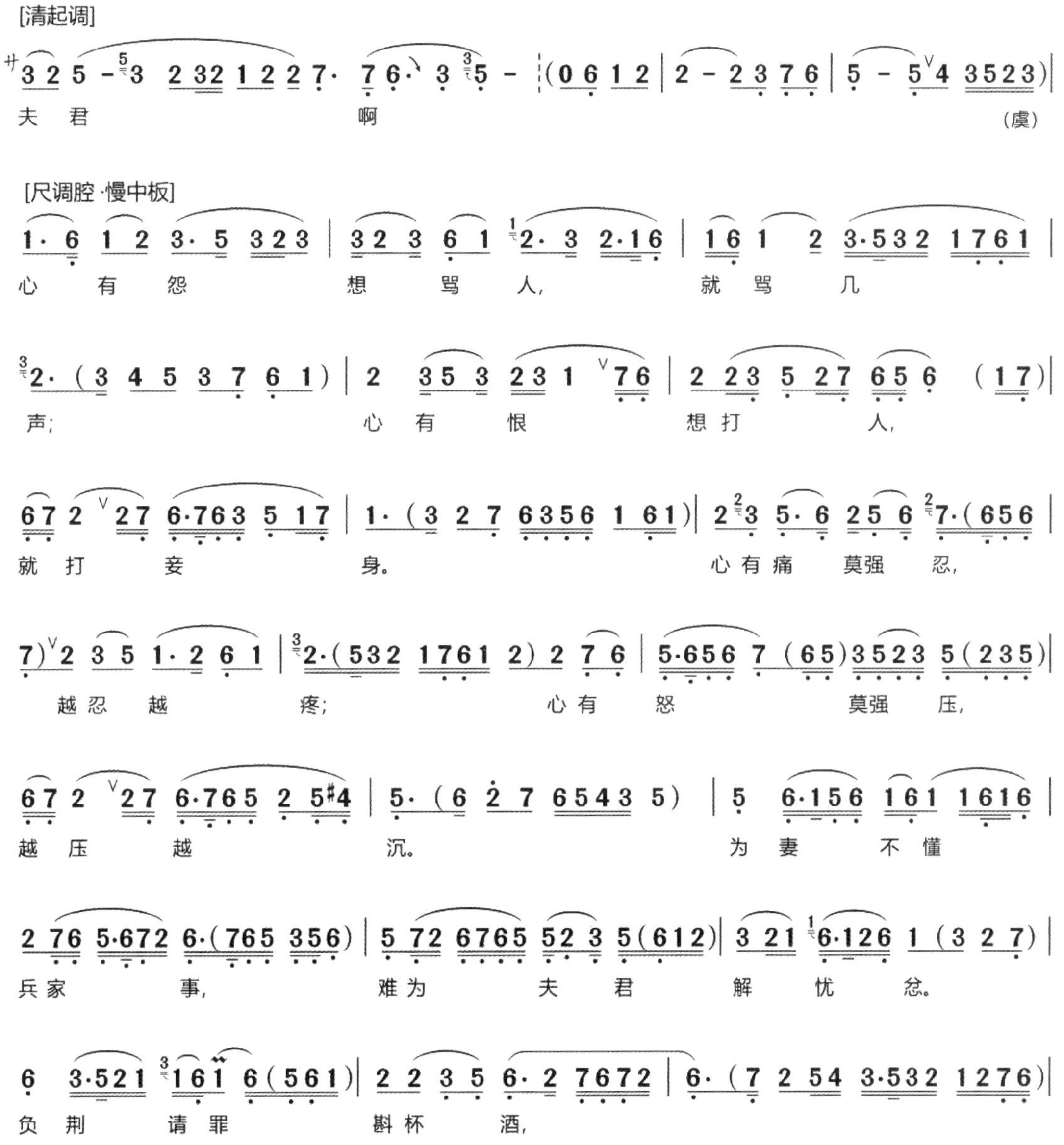

[清起调]

艹 3 2 5 - 3 2 32 1 2 2 7· 7 6· 3 5 - ¦(0 6 1 2 | 2 - 2 3 7 6 | 5 - 5 4 3523)|

夫 君 啊 （虞）

[尺调腔 ·慢中板]

1· 6 1 2 3· 5 323 | 32 3 6 1 2· 3 2·16 | 16 1 2 3·532 1761 |

心 有 怨 想 骂 人， 就 骂 几

2·(3 4 5 3 7 6 1) | 2 35 3 231 76 | 2 23 5 27 656 (17)|

声； 心 有 恨 想 打 人，

67 2 27 6·763 5 17 | 1·(3 2 7 6356 1 61)| 2 3 5· 6 25 6 7·(656 |

就 打 妾 身。 心 有 痛 莫 强 忍，

7) 2 35 1· 2 6 1 | 2·(532 1761 2) 2 7 6 | 5·656 7 (65) 3523 5(235)|

越 忍 越 疼； 心 有 怒 莫 强 压，

67 2 27 6·765 2 5♯4 | 5·(6 2 7 6543 5) | 5 6·156 161 1616 |

越 压 越 沉。 为 妻 不 懂

2 76 5·672 6·(765 356) | 5 72 6765 52 3 5(612)| 3 21 6·126 1 (3 2 7) |

兵 家 事， 难 为 夫 君 解 忧 忿。

6 3·521 161 6(561) | 2 2 3 5 6· 2 7672 | 6·(7 2 54 3·532 1276)|

负 荆 请 罪 斟 杯 酒，

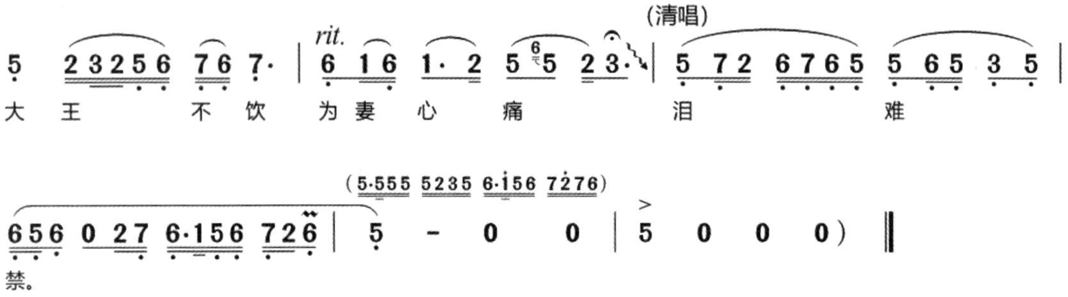

(清唱)

5̣ 23256 7̣6̣ 7̣· | *rit.* 6̣ 16̣ 1· 2 5 6̣5 23· | 5̣ 7̣2 6̣7̣6̣5̣ 5̣ 6̣5̣ 3̣ 5̣ |

大王 不饮 为妻心 痛 泪 难

(5·555 5235 6·i56 72̇76)

6̣5̣6̣ 0 27̣ 6̣·15̣6̣ 7̣26̣ | 5̣ - 0 0 | 5 0 0 0) ‖

禁。

索剑

（《虞美人》选段）

作词：薛允璜、薛龙彪
作曲：蓝天
唱腔设计：苏进邹、金良
演唱：单仰萍

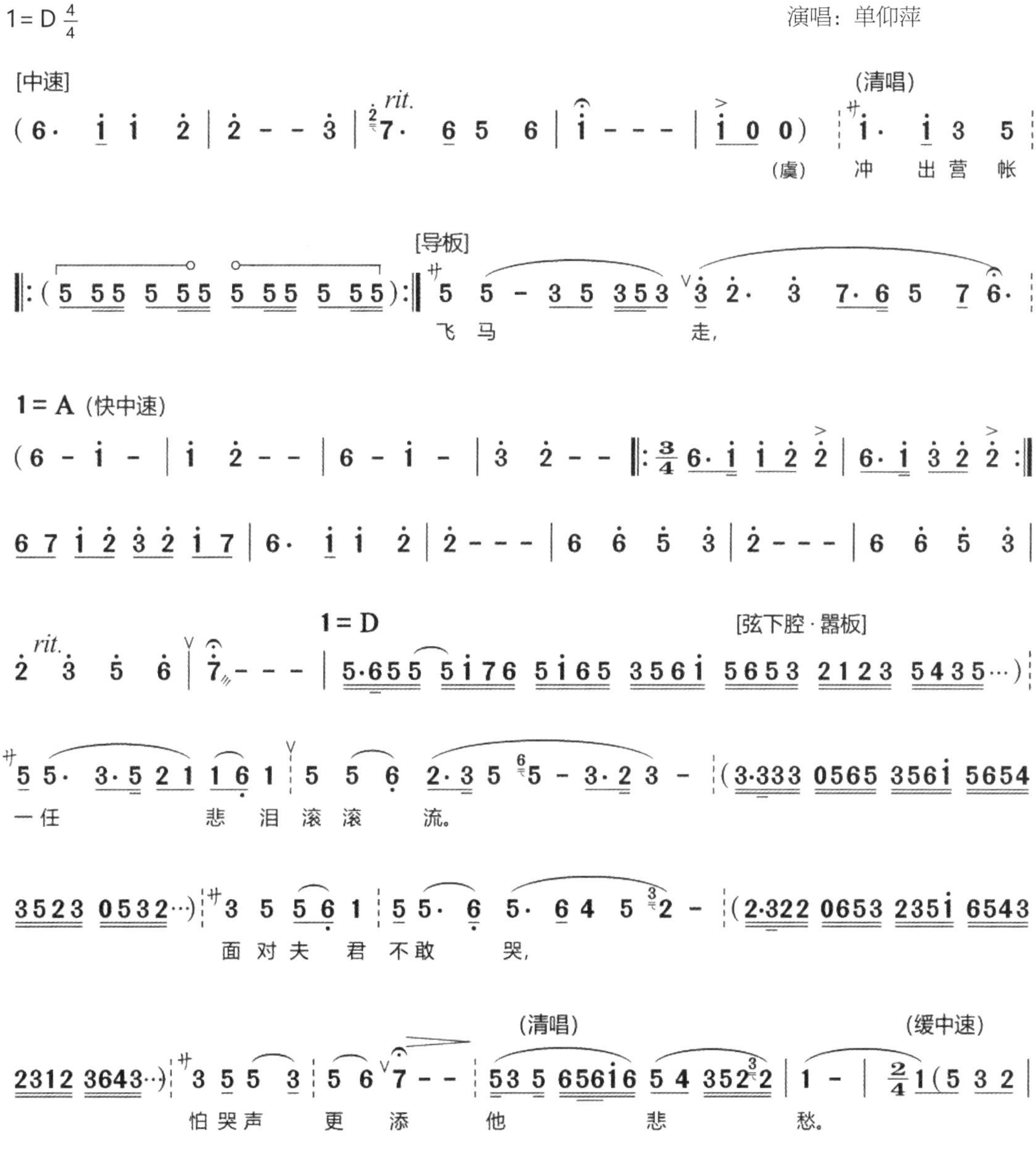

1 = D $\frac{4}{4}$

[中速]

(清唱)

（虞） 冲 出营帐

[导板]

飞 马 走，

1 = A（快中速）

1 = D

[弦下腔·嚣板]

一任 悲 泪 滚 滚 流。

面 对 夫 君 不 敢 哭，

(清唱)

(缓中速)

怕 哭 声 更 添 他 悲 愁。

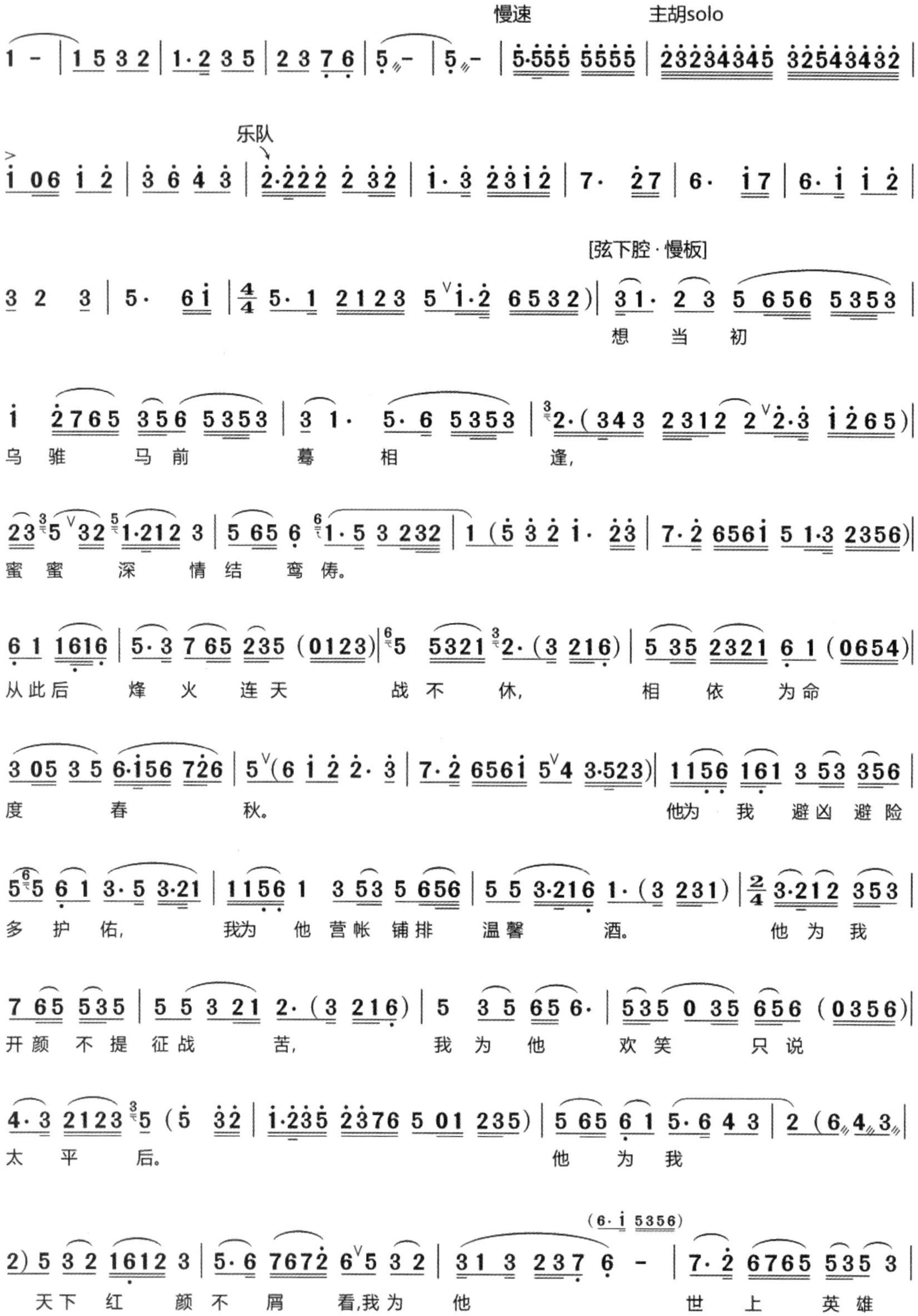

慢速　主胡solo

乐队

[弦下腔·慢板]

想当初

乌骓马前蓦相逢，

蜜蜜深情结鸾俦。

从此后烽火连天战不休，相依为命

度春秋。他为我避凶避险

多护佑，我为他营帐铺排温馨酒。他为我

开颜不提征战苦，我为他欢笑只说

太平后。他为我

天下红颜不屑看，我为他世上英雄

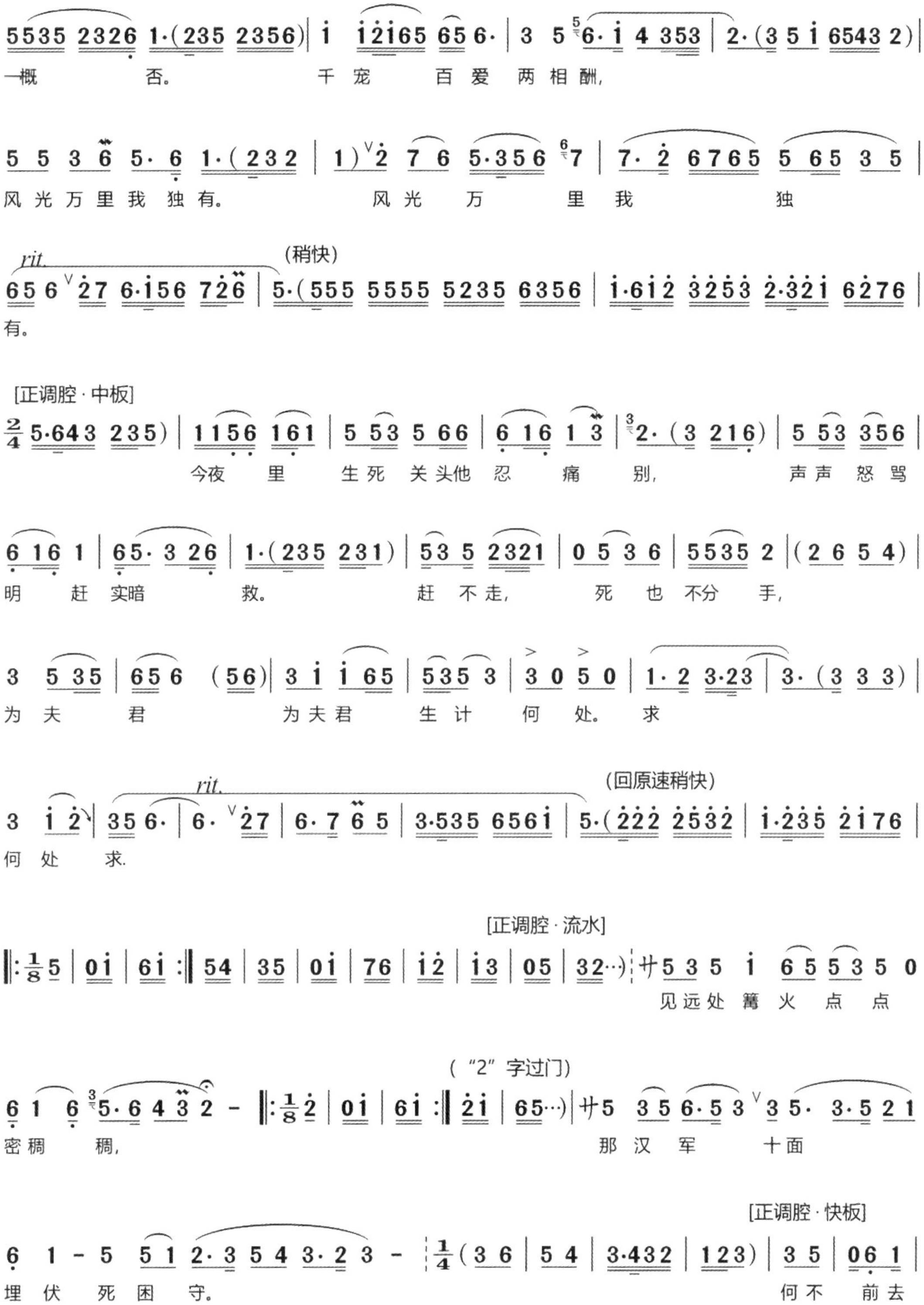

一概 否。 千宠 百爱 两相酬，

风光万里我独有。 风光 万 里 我 独

rit. （稍快）

有。

[正调腔 · 中板]

今夜 里 生死 关头他 忍 痛 别， 声声 怒骂

明 赶 实暗 救。 赶 不走， 死 也 不分 手，

为夫 君 为夫君 生 计 何 处。 求

rit. （回原速稍快）

何 处 求.

[正调腔 · 流水]

见远处篝火 点 点

（"2"字过门）

密稠 稠， 那汉军 十面

[正调腔 · 快板]

埋伏 死困守。 何不 前去

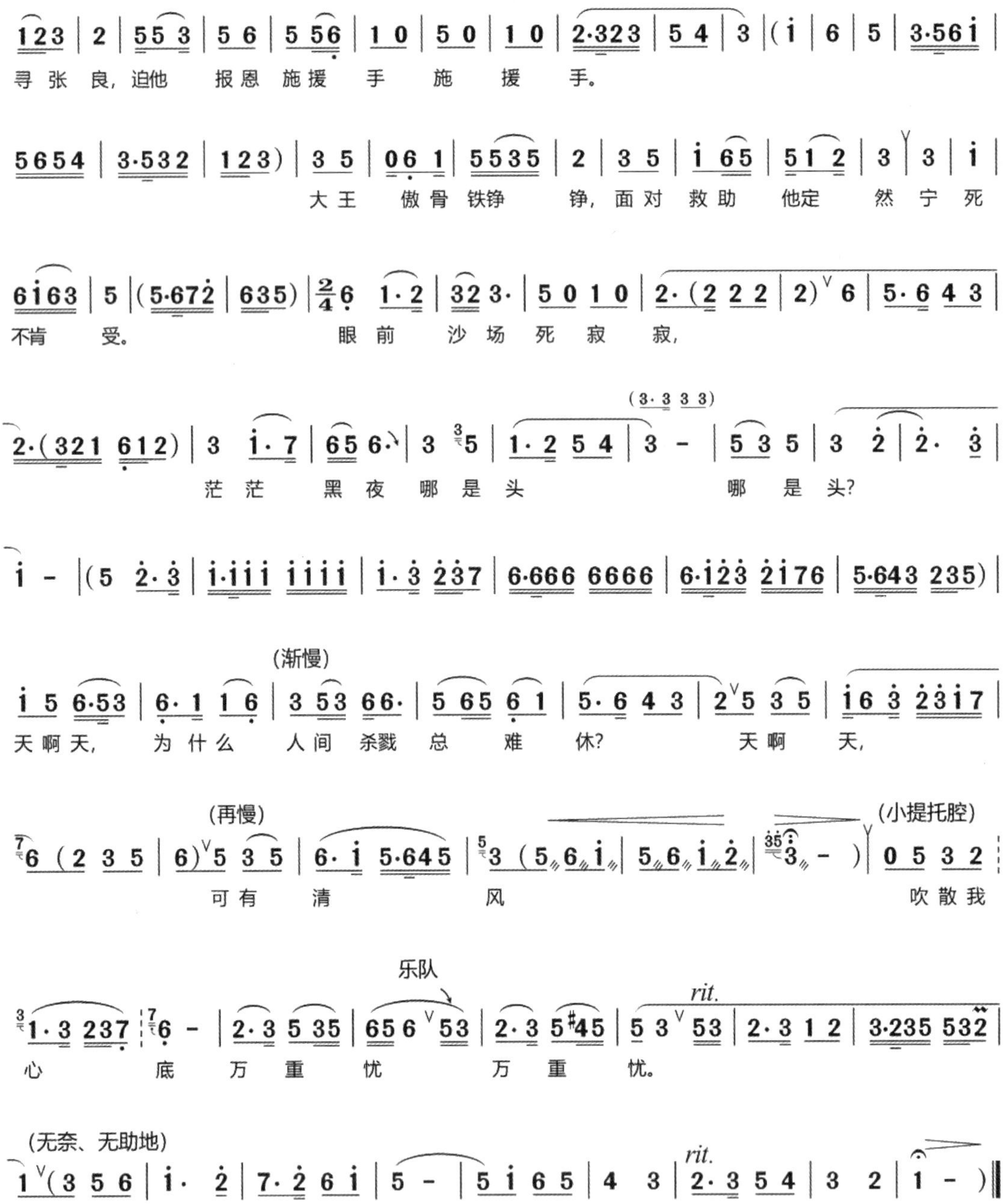

123 | 2 | 55 3 | 5 6 | 5 56 | 1 0 | 5 0 | 1 0 | 2·323 | 5 4 | 3 |(i 6 | 5 | 3·56i |

寻张良，迫他 报恩施援 手 施 援 手。

5654 | 3·532 | 123) | 3 5 | 06 1 | 5535 | 2 | 3 5 | i 65 | 51 2 | 3 | 3 | i |

大王 傲骨铁铮 铮，面对 救助 他定 然宁死

6i63 | 5 |(5·672 | 635) | 2/4 6 1·2 | 32 3· | 5 0 1 0 | 2·(2 2 2 | 2) 6 | 5·6 4 3 |

不肯 受。 眼前 沙场 死 寂 寂，

(3· 3 3 3)

2·(321 612) | 3 i·7 | 65 6· | 3 5 | 1·2 5 4 | 3 - | 5 3 5 | 3 2 | 2· 3 |

茫茫 黑夜 哪是头 哪 是 头？

i - |(5 2·3 | i·iii iiii | i·3 237 | 6·666 6666 | 6·i23 2i76 | 5·643 235) |

(渐慢)

i 5 6·53 | 6·1 1 6 | 3 53 66· | 5 65 6 1 | 5·6 4 3 | 2 5 3 5 | i6 3 23i7 |

天啊天， 为什么 人间 杀戮 总 难 休？ 天啊 天，

(再慢) (小提托腔)

6 (2 3 5 | 6) 5 3 5 | 6·i 5·645 | 3 (5 6 i | 5 6 i 2 | 3 -) | 0 5 3 2

可有 清 风 吹散我

乐队

rit.

1·3 237 | 6 - | 2·3 5 35 | 65 6 53 | 2·3 5 #45 | 5 3 53 | 2·3 1 2 | 3·235 532 |

心 底 万 重 忧 万 重 忧。

(无奈、无助地)

rit.

1 (3 5 6 | i· 2 | 7·2 6 i | 5 - | 5 i 6 5 | 4 3 | 2·3 5 4 | 3 2 | 1 -) ‖

一句话胜过千万言

（《虞美人》选段）

作词：薛允璜、薛龙彪
作曲：蓝天
唱腔设计：苏进邹、金良
演唱：单仰萍、吴凤花

1＝C

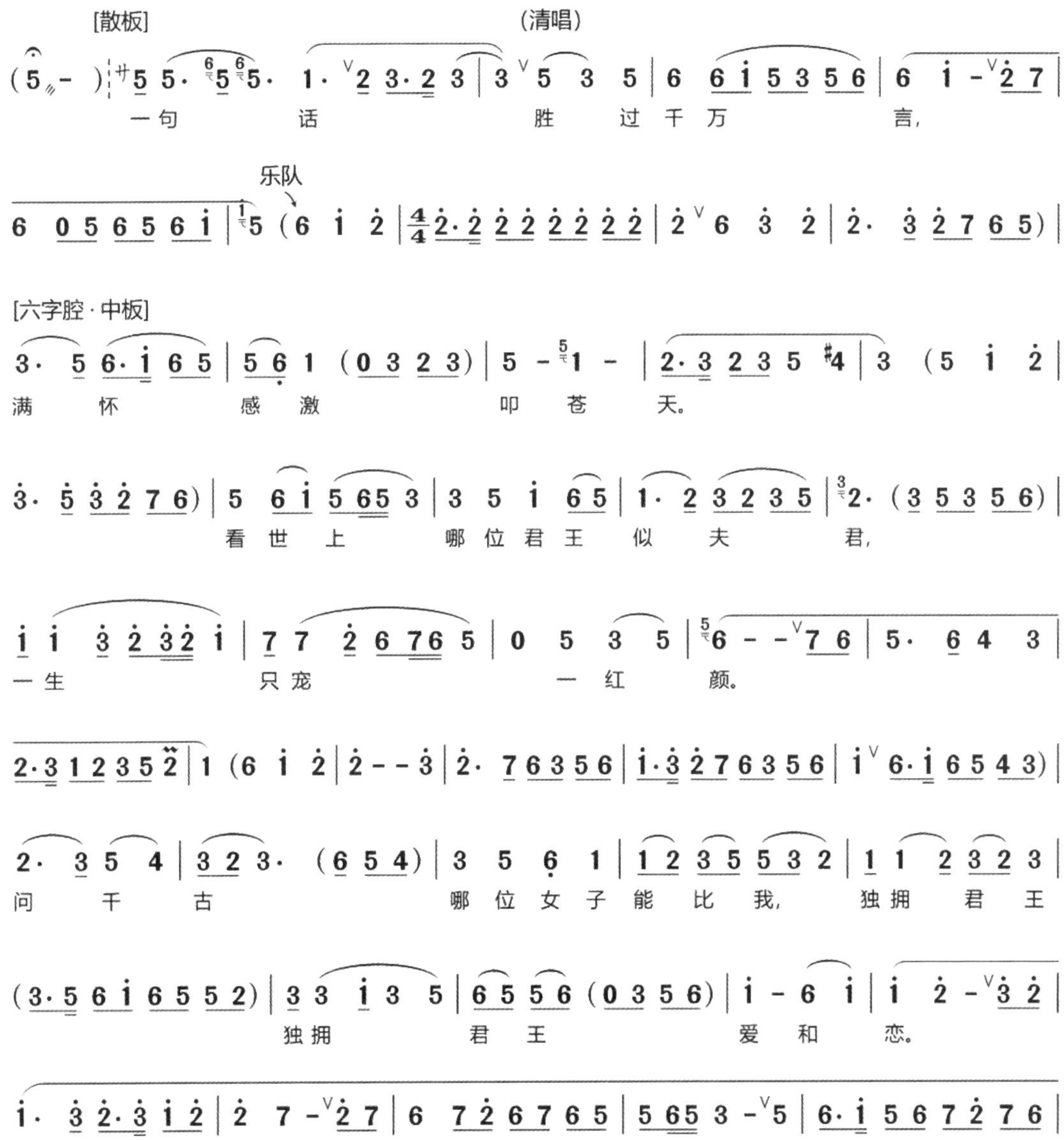

[散板]　（清唱）

一句　话　胜　过　千　万　言，

乐队

[六字腔·中板]

满　怀　感　激　叩　苍　天。

看　世　上　哪　位　君　王　似　夫　君，

一　生　只　宠　一　红　颜。

问　千　古　哪　位　女　子　能　比　我，独　拥　君　王

独　拥　君　王　爱　和　恋。

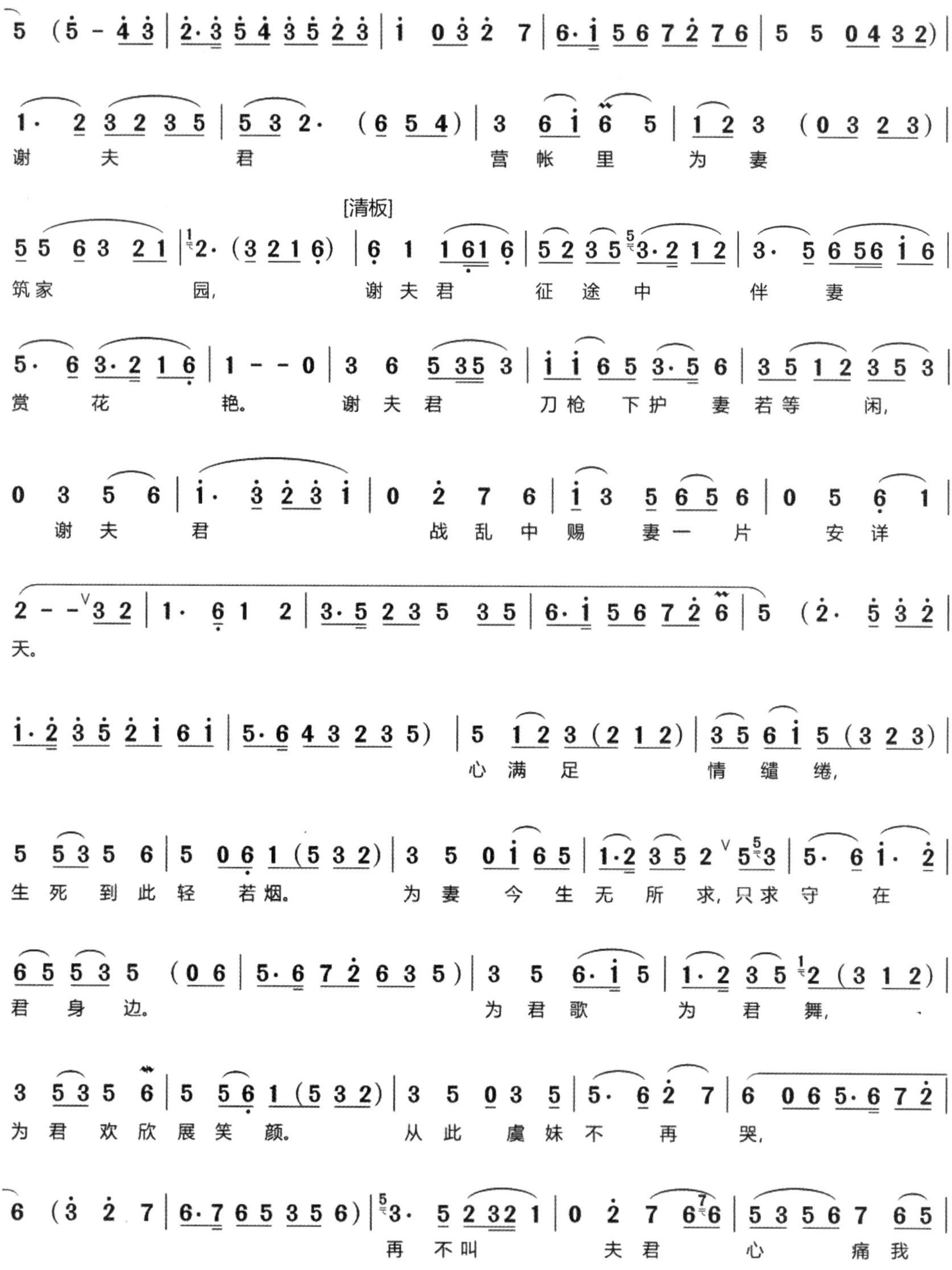

5 (5 - 4 3 | 2· 3 5 4 3 5 2 3 | 1 0 3 2 7 | 6· 1 5 6 7 2 7 6 | 5 5 0 4 3 2) |

1· 2 3 2 3 5 | 5 3 2· (6 5 4) | 3 6 1 6 5 | 1 2 3 (0 3 2 3) |
谢 夫 君 营帐里 为妻

[清板]

5 5 6 3 2 1 | 2· (3 2 1 6) | 6 1 1 6 1 6 | 5 2 3 5 3· 2 1 2 | 3· 5 6 5 6 1 6 |
筑家 园, 谢夫君 征途中 伴 妻

5· 6 3· 2 1 6 | 1 - - 0 | 3 6 5 3 5 3 | 1 1 6 5 3· 5 6 | 3 5 1 2 3 5 3 |
赏 花 艳。 谢夫君 刀枪 下护 妻若等 闲,

0 3 5 6 | 1· 3 2 3 1 | 0 2 7 6 | 1 3 5 6 5 6 | 0 5 6 1 |
谢夫 君 战乱中赐 妻一片 安详

2 - - 3 2 | 1· 6 1 2 | 3· 5 2 3 5 3 5 | 6· 1 5 6 7 2 6 | 5 (2· 5 3 2 |
天。

1· 2 3 5 2 1 6 1 | 5· 6 4 3 2 3 5) | 5 1 2 3 (2 1 2) | 3 5 6 1 5 (3 2 3) |
心满 足 情 缱 绻,

5 5 3 5 6 | 5 0 6 1 (5 3 2) | 3 5 0 1 6 5 | 1· 2 3 5 2 5 3 | 5· 6 1· 2 |
生死 到此轻 若烟。 为妻 今生无 所 求,只求守 在

6 5 5 3 5 (0 6 | 5· 6 7 2 6 3 5) | 3 5 6· 1 5 | 1· 2 3 5 2 (3 1 2) |
君 身 边。 为君歌 为 君 舞,

3 5 3 5 6 | 5 5 6 1 (5 3 2) | 3 5 0 3 5 | 5· 6 2 7 | 6 0 6 5· 6 7 2 |
为君 欢欣展 笑 颜。 从此 虞妹不 再 哭,

6 (3 2 7 | 6· 7 6 5 3 5 6) | 3· 5 2 3 2 1 | 0 2 7 6 6 | 5 3 5 6 7 6 5 |
再不叫 夫君 心 痛我

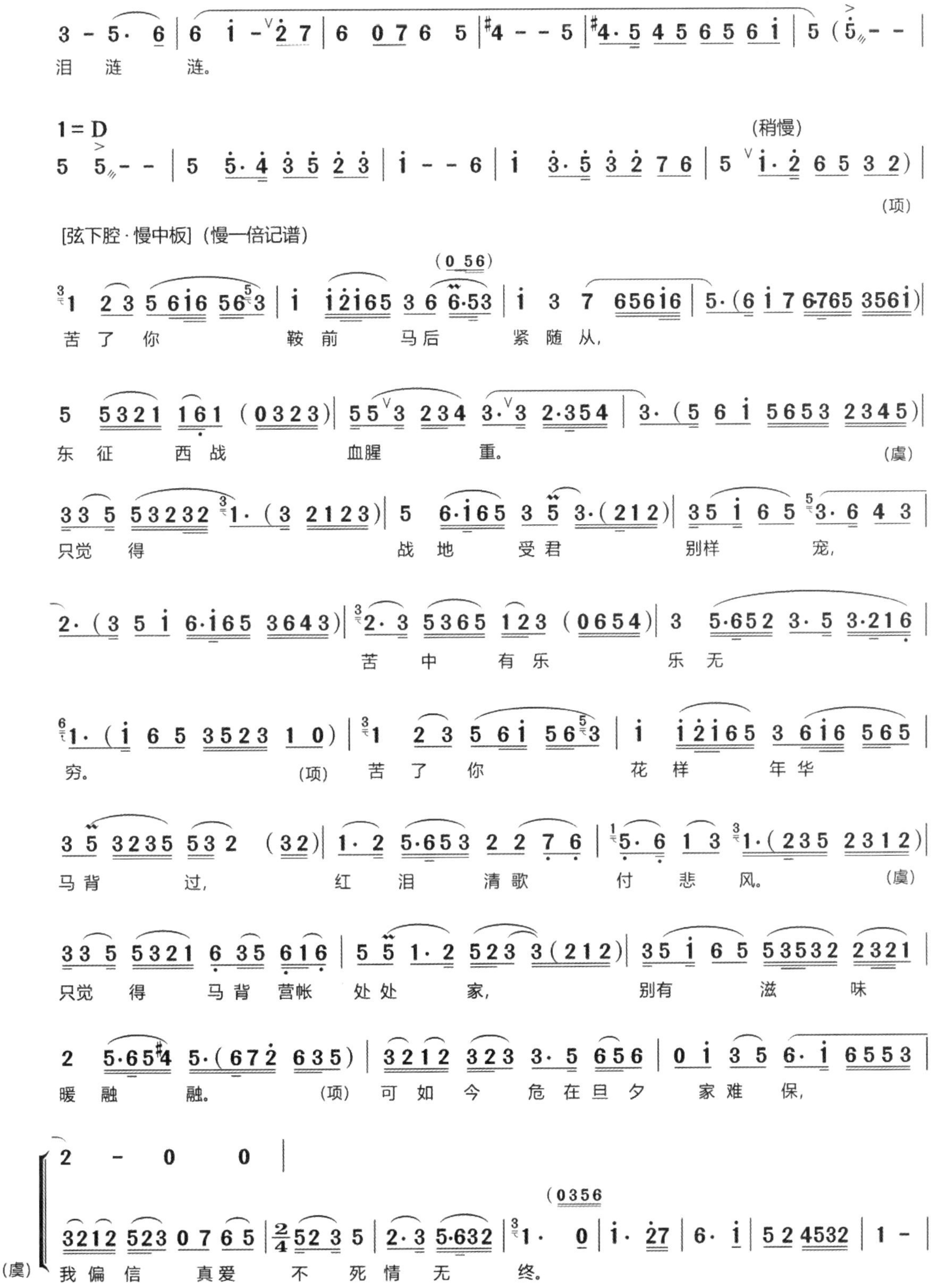

3 - 5· 6 | 6 i - 2 7 | 6 0 7 6 5 | #4 - - 5 | #4· 5 4 5 6 5 6 i | 5 (5 - - |
泪 涟 涟。

1 = D
5 5 - - | 5 5·4 3 5 2 3 | i - - 6 | i 3·5 3 2 7 6 | 5 i·2 6 5 3 2) |
(稍慢)
(项)

[弦下腔·慢中板](慢一倍记谱)

苦了你 鞍前 马后 紧随从,

东征 西战 血腥 重。(虞)

只觉 得 战 地 受君 别样 宠,

苦 中 有乐 乐无

穷。(项) 苦了你 花 样 年华

马背 过, 红 泪 清歌 付 悲 风。(虞)

只觉 得 马背 营帐 处处 家, 别有 滋 味

暖 融 融。(项) 可如今 危在旦 夕 家难 保,

(虞) 我偏信 真爱 不 死 情 无 终。

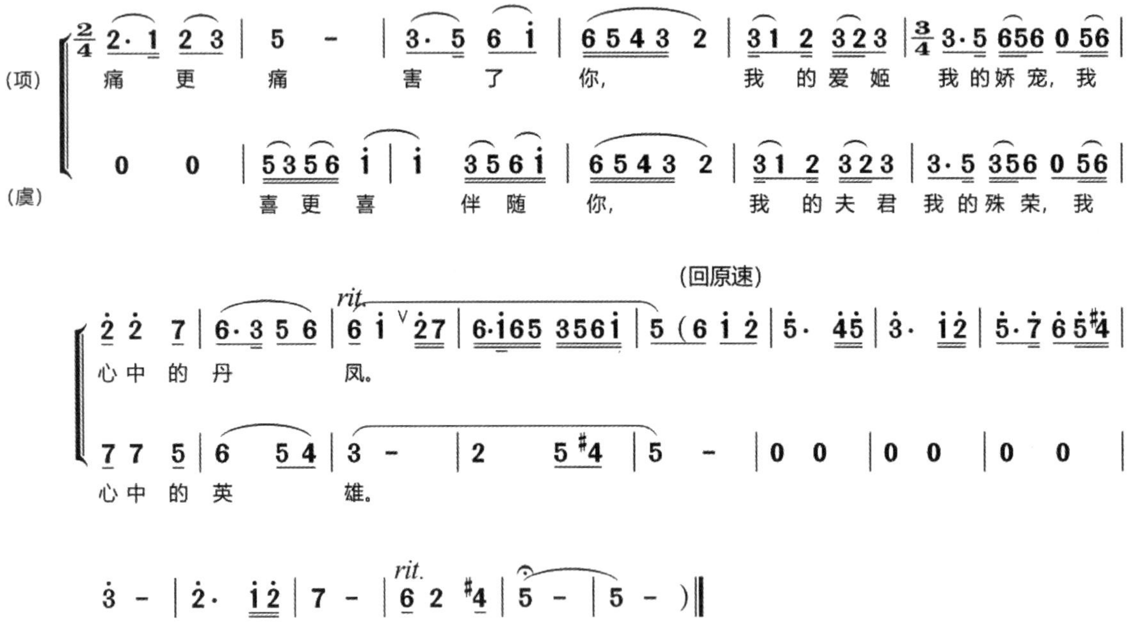

(项) 痛 更 痛 害 了 你, 我 的爱 姬 我的娇宠, 我

(虞) 喜更喜 伴 随 你, 我 的夫 君 我的殊荣, 我

(回原速)

rit.

心中的丹 凤。

心中的英 雄。

rit.

大王如山虞似水

（《虞美人》选段）

作词：薛允璜、薛龙彪
作曲：蓝天
唱腔设计：苏进邹、金良
演唱：单仰萍

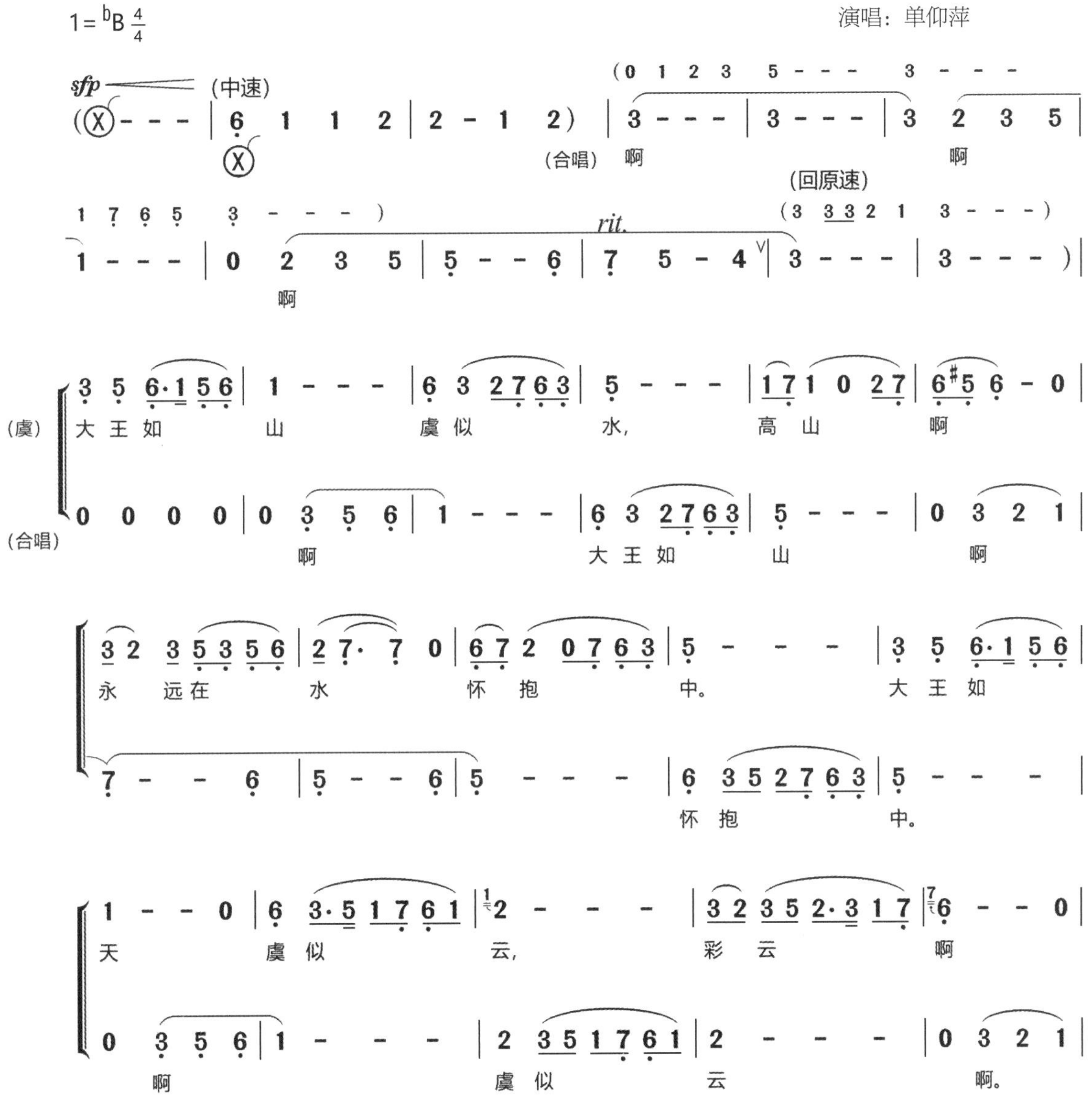

1＝^{b}B $\frac{4}{4}$

sfp（中速）

（合唱）啊 啊

啊

（回原速）

rit.

（虞）大王如山虞似水，高山啊

（合唱）啊 大王如山 啊

永远在水怀抱中。大王如

怀抱中。

天虞似云，彩云啊

啊 虞似云 啊。

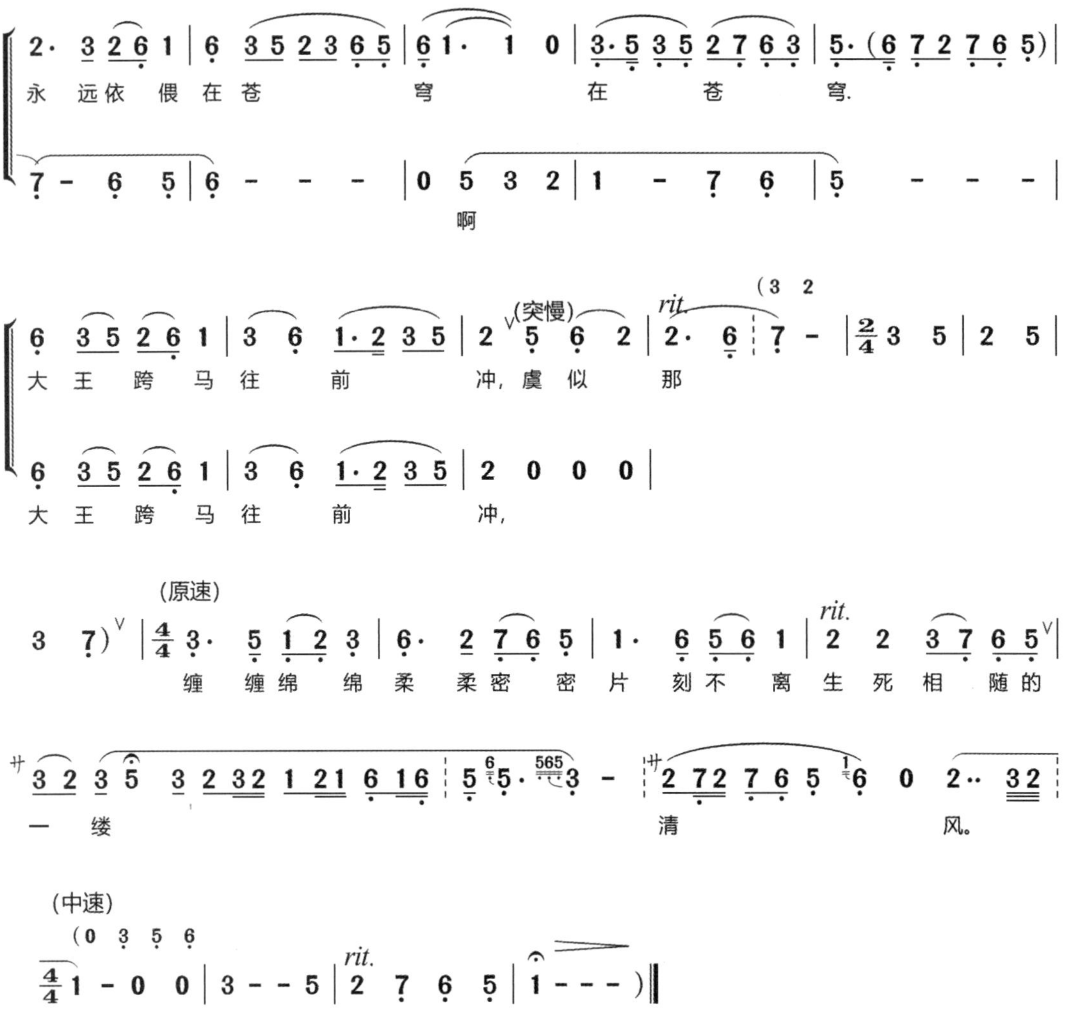

2· 3 2 6 1 | 6 3 5 2 3 6 5 | 6 1· 1 0 | 3·5 3 5 2 7 6 3 | 5·(6 7 2 7 6 5) |
永 远依 偎 在 苍 穹 在 苍 穹.

7 – 6 5 | 6 – – – | 0 5 3 2 | 1 – 7 6 | 5 – – – |
啊

(突慢) rit. (3 2

6 3 5 2 6 1 | 3 6 1·2 3 5 | 2 5 6 2 | 2· 6 7 – | 2/4 3 5 | 2 5 |
大 王 跨 马 往 前 冲, 虞 似 那

6 3 5 2 6 1 | 3 6 1·2 3 5 | 2 0 0 0 |
大 王 跨 马 往 前 冲,

(原速) rit.

3 7) | 4/4 3· 5 1 2 3 | 6· 2 7 6 5 | 1· 6 5 6 1 | 2 2 3 7 6 5 |
缠 缠绵 绵 柔 柔密 密 片 刻不 离 生 死 相 随的

3 2 3 5 3 2 32 1 21 6 16 | 5 5· 3 – | 2 72 7 6 5 6 0 2·· 32 |
一 缕 清 风。

(中速)
(0 3 5 6 rit.
4/4 1 – 0 0 | 3 – – 5 | 2 7 6 5 | 1 – – –) ‖

最美不是樱花放

作词：张檀
唱腔设计：金良
演唱：单仰萍

1＝C $\frac{2}{4}$（中板）

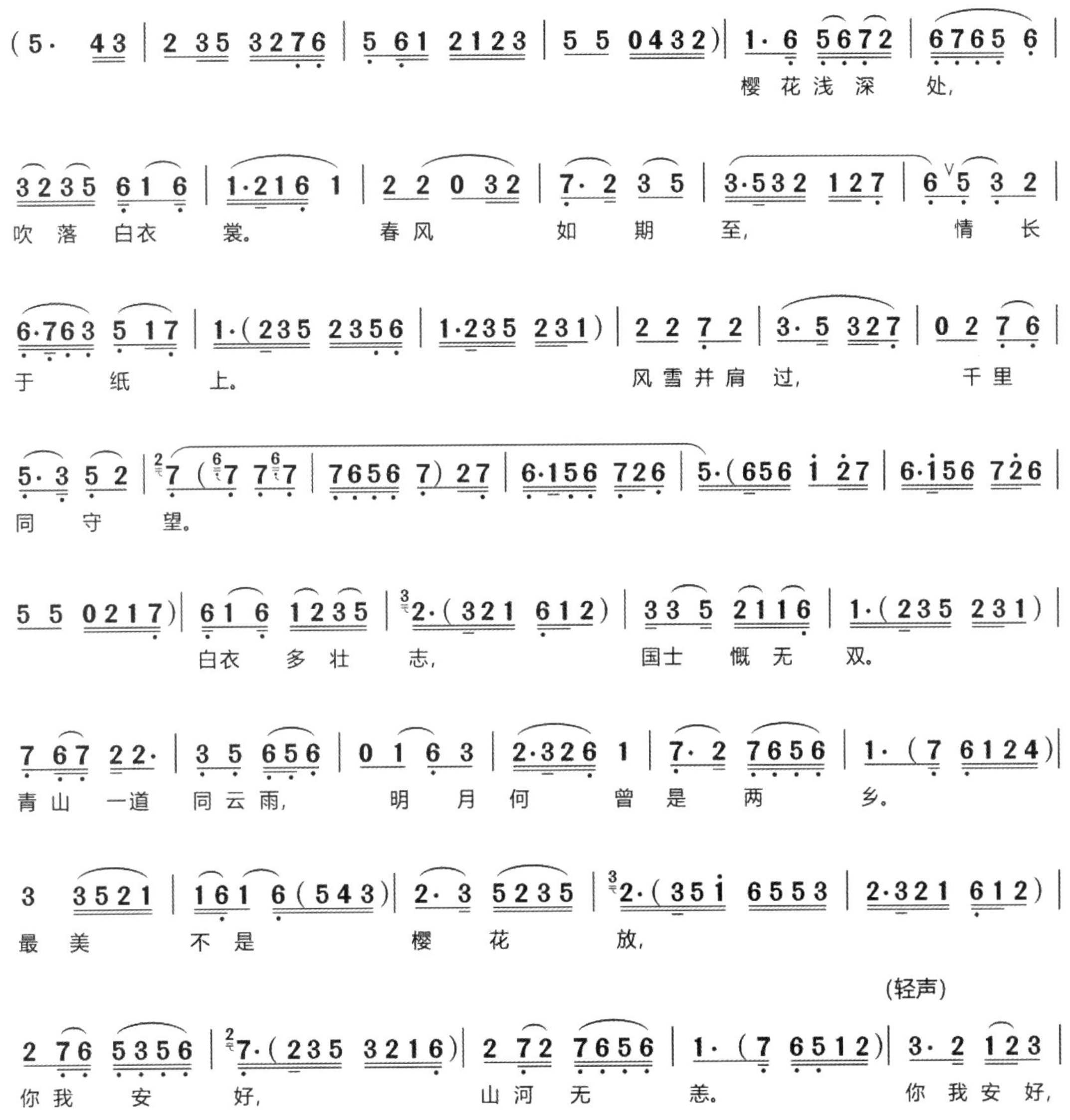

樱花浅深处，

吹落白衣裳。春风如期至，情长

于纸上。风雪并肩过，千里

同守望。

白衣多壮志，国士慨无双。

青山一道同云雨，明月何曾是两乡。

最美不是樱花放，

（轻声）

你我安好，山河无恙。你我安好，

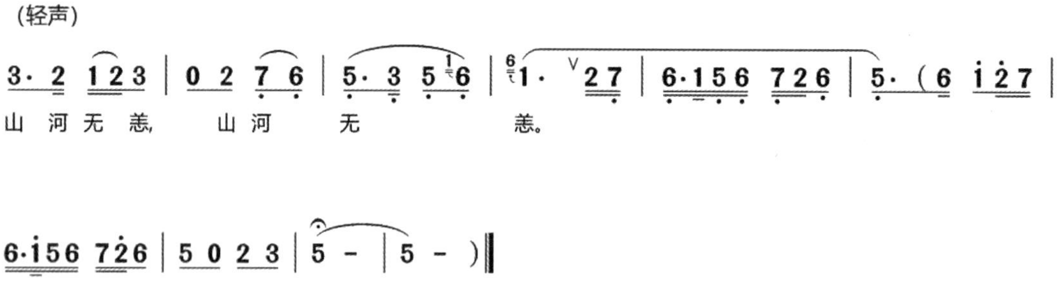

(轻声)

3· 2 1 2 3 | 0 2 7 6 | 5· 3 5 1 6 | 6 1· V 2 7 | 6·1 5 6 7 2 6 | 5· (6 i 2 7 |

山河无恙, 山河 无 恙。

6·i 5 6 7 2 6 | 5 0 2 3 | 5 - | 5 -) ‖

玉壶冰雪 三千界上

（《云水仙缘》选段）

作词：张檀
作曲：蓝天
唱腔设计：金良
演唱：单仰萍、章瑞虹

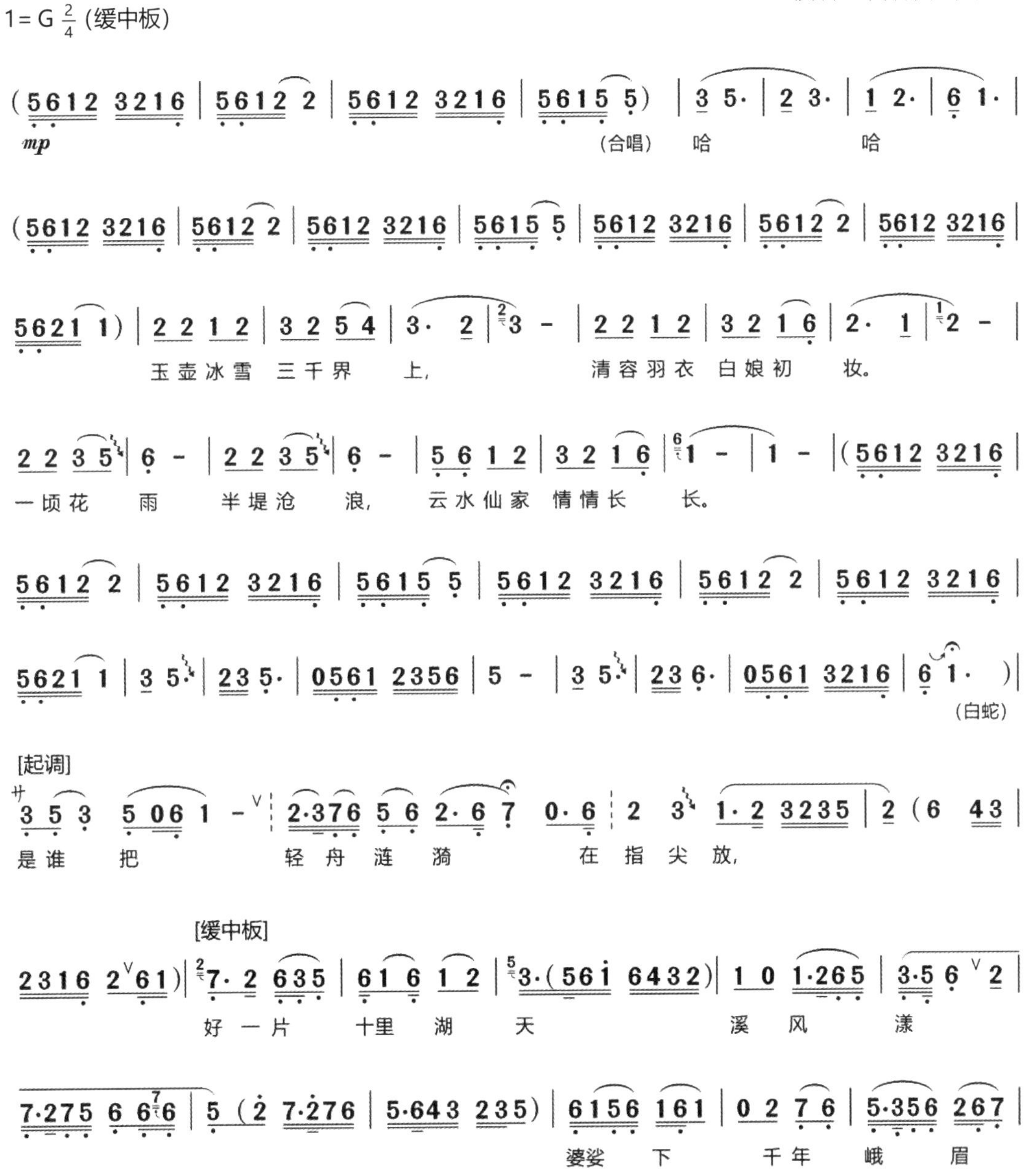

1 = G $\frac{2}{4}$（缓中板）

mp

（合唱） 哈 哈

玉壶冰雪 三千界 上，清容羽衣 白娘初 妆。

一顷花 雨 半堤沧 浪，云水仙家 情情长 长。

（白蛇）

[起调]

是谁 把 轻 舟 涟 漪 在 指 尖 放，

[缓中板]

好 一片 十里 湖 天 溪 风 漾

婆娑 下 千 年 峨 眉

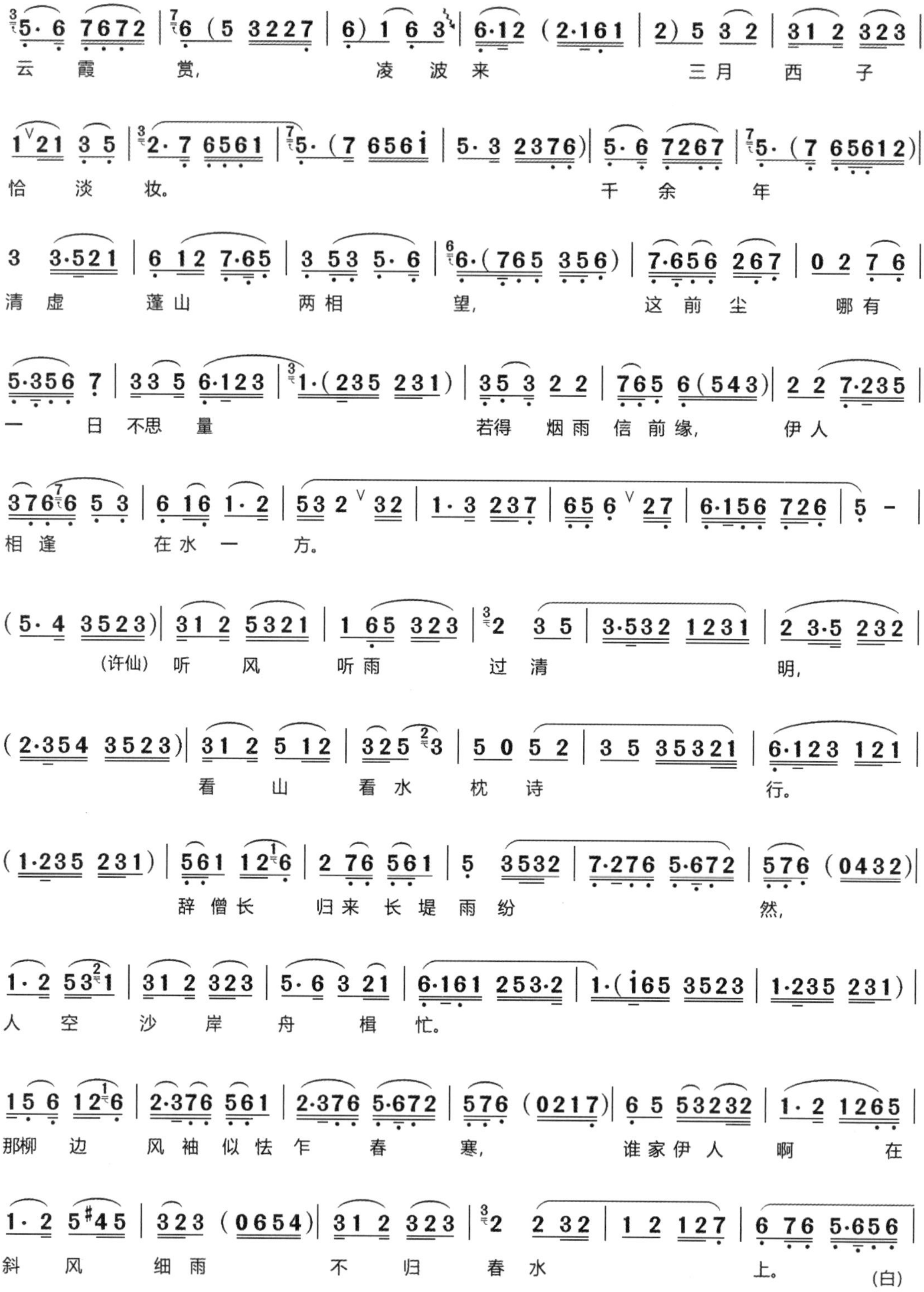

5· 6 7672 | 6 (5 3227 | 6) 1 6 3 | 6·12 (2·161 | 2) 5 3 2 | 31 2 323 |

云 霞 赏， 凌 波 来 三月 西 子

1 21 3 5 | 2· 7 6561 | 5· (7 656i | 5· 3 2376) | 5· 6 7267 | 5· (7 65612) |

恰 淡 妆。 千 余 年

3 3·521 | 6 12 7·65 | 3 53 5· 6 | 6·(765 356) | 7·656 267 | 0 2 7 6 |

清 虚 蓬山 两相 望， 这 前 尘 哪有

5·356 7 | 33 5 6·123 | 1·(235 231) | 35 3 2 2 | 765 6(543) | 2 2 7·235 |

一 日 不思 量 若得 烟雨 信 前缘， 伊人

376 6 5 3 | 6 16 1· 2 | 53 2 32 | 1· 3 237 | 65 6 27 | 6·156 726 | 5 - |

相 逢 在水 一 方。

(5· 4 3523) | 31 2 5321 | 1 65 323 | 2 3 5 | 3·532 1231 | 2 3·5 232 |

（许仙）听 风 听雨 过 清 明，

(2·354 3523) | 31 2 5 12 | 325 3 | 5 0 5 2 | 3 5 35321 | 6·123 121 |

看 山 看 水 枕 诗 行。

(1·235 231) | 561 12 6 | 2 76 561 | 5 3532 | 7·276 5·672 | 576 (0432) |

辞 僧 长 归来 长 堤 雨 纷 然，

1· 2 53 1 | 31 2 323 | 5· 6 3 21 | 6·161 253·2 | 1·(i65 3523 | 1·235 231) |

人 空 沙 岸 舟 楫 忙。

15 6 12 6 | 2·376 561 | 2·376 5·672 | 576 (0217) | 6 5 53232 | 1· 2 1265 |

那柳 边 风 袖 似 怯 乍 春 寒， 谁家伊人 啊 在

1· 2 5 #45 | 323 (0654) | 31 2 323 | 2 2 32 | 1 2 127 | 6 76 5·656 |

斜 风 细 雨 不 归 春 水 上。 （白）

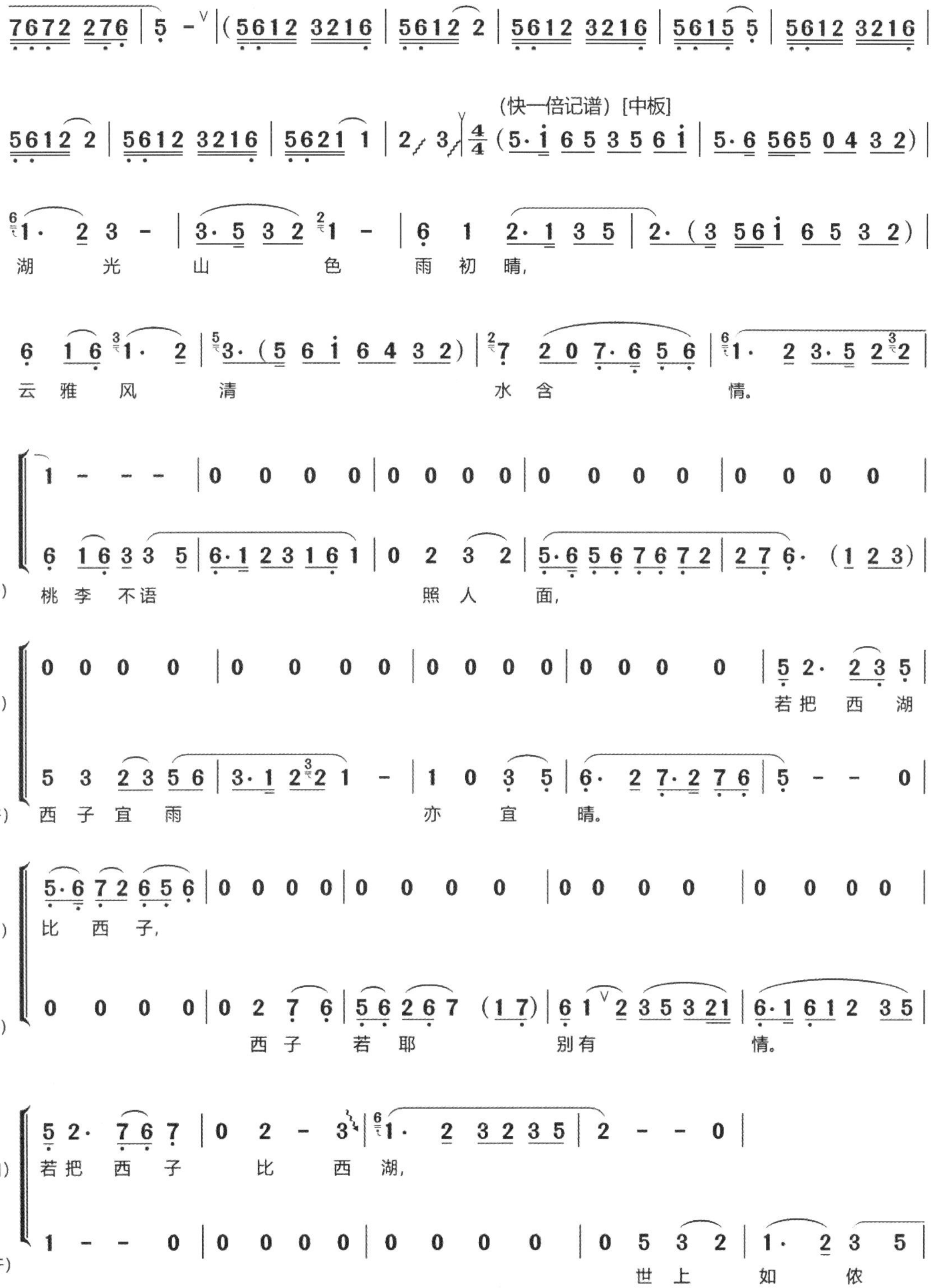

（快一倍记谱）[中板]

湖光山色雨初晴，

云雅风清水含情。

（许）桃李不语照人面，

（白）若把西湖

（许）西子宜雨亦宜晴。

（白）比西子，

（许）西子若耶别有情。

（白）若把西子比西湖，

（许）世上如侬

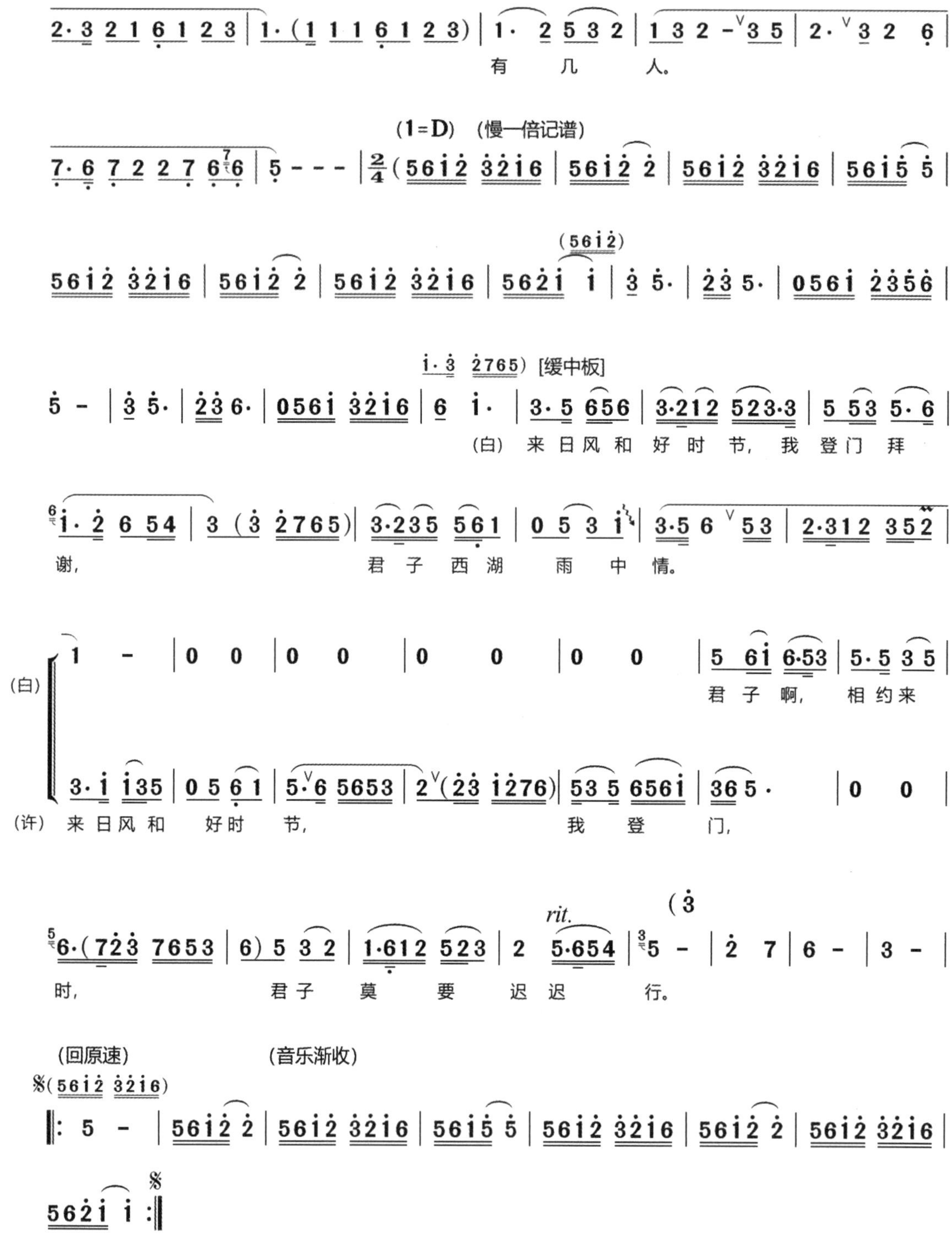

2·3 2 1 6 1 2 3 | 1·(1 1 1 6 1 2 3) | 1· 2 5 3 2 | 1 3 2 - 3 5 | 2· 3 2 6 |

有 几 人。

(1=D) (慢一倍记谱)

7·6 7 2 2 7 6 6 | 5 - - - | 2/4 (56i2 3216 | 56i2 2 | 56i2 3216 | 56i5 5 |

(56i2)

56i2 3216 | 56i2 2 | 56i2 3216 | 562i i | 3 5· | 23 5· | 056i 2356 |

i·3 2765) [缓中板]

5 - | 3 5· | 23 6· | 056i 3216 | 6 i· | 3·5 656 | 3·212 523·3 | 5 53 5·6 |

(白) 来日风和好时节，我登门拜

i·2 6 54 | 3 (3 2765) | 3·235 561 | 0 5 3 i | 3·5 6 53 | 2·312 352 |

谢， 君子西湖 雨 中 情。

(白) 1 - | 0 0 | 0 0 | 0 0 | 0 0 | 5 6i 6·53 | 5·5 3 5 |

君子啊，相约来

(许) 3·i i35 | 0 5 6 1 | 5·6 5653 | 2 (23 i276) | 53 5 656i | 365· | 0 0 |

来日风和 好时 节， 我 登 门，

(3

rit.

6·(723 7653 | 6) 5 3 2 | 1·612 523 | 2 5·654 | 5 - | 2 7 | 6 - | 3 - |

时， 君子 莫 要 迟 迟 行。

(回原速) (音乐渐收)

𝄋(56i2 3216)

‖: 5 - | 56i2 2 | 56i2 3216 | 56i5 5 | 56i2 3216 | 56i2 2 | 56i2 3216 |

𝄋

562i i :‖

绣红旗

（《江姐》选段）

作词：阎肃
作曲：蓝天
唱腔设计：金良、叶建遥
演唱：单仰萍

1＝G $\frac{2}{4}$ (慢中速)

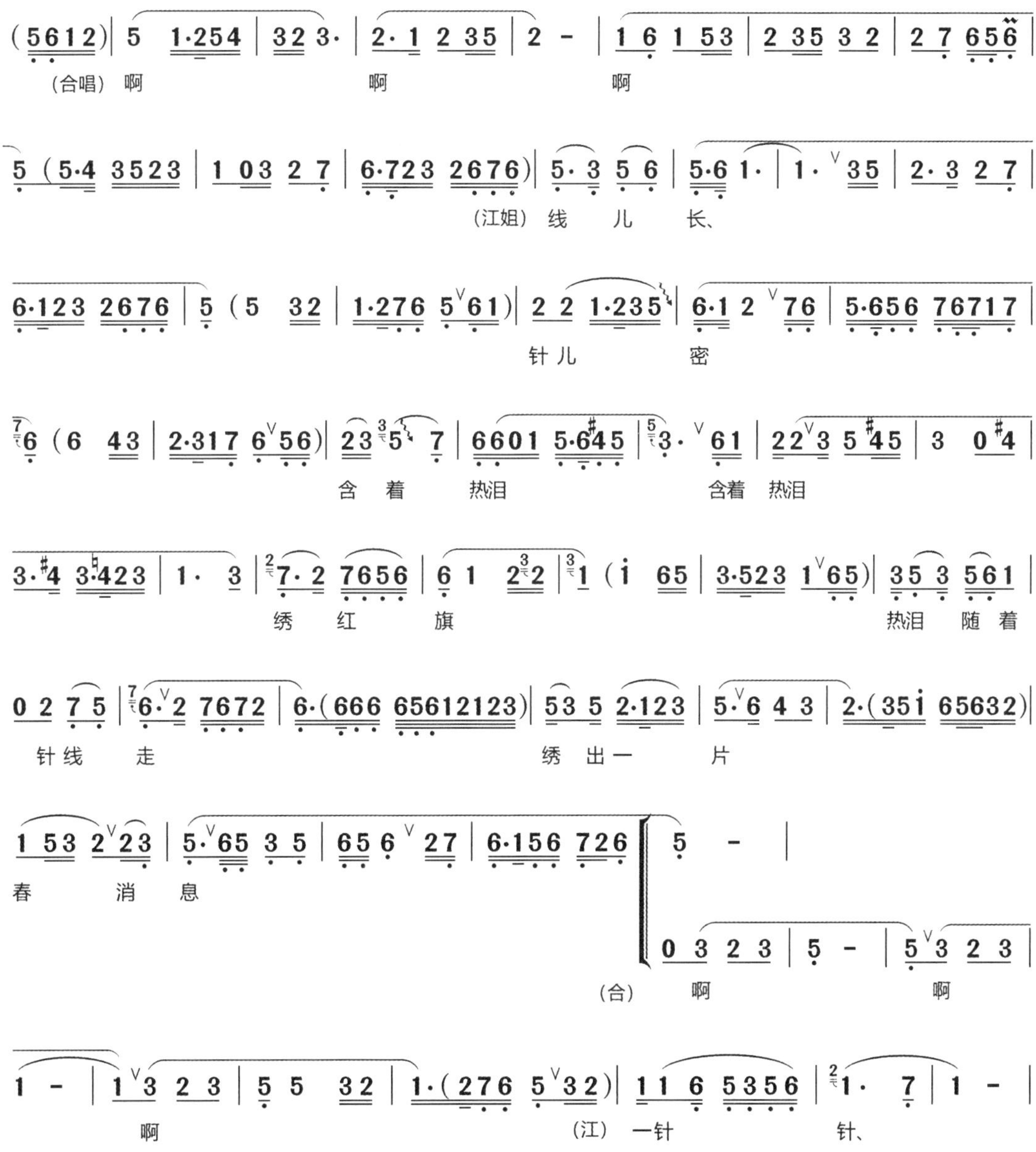

（合唱）啊 啊 啊

（江姐）线 儿 长、

针 儿 密

含 着 热泪 含着 热泪

绣 红 旗 热泪 随 着

针 线 走 绣 出 一 片

春 消 息

（合） 啊 啊

啊 （江） 一针 针、

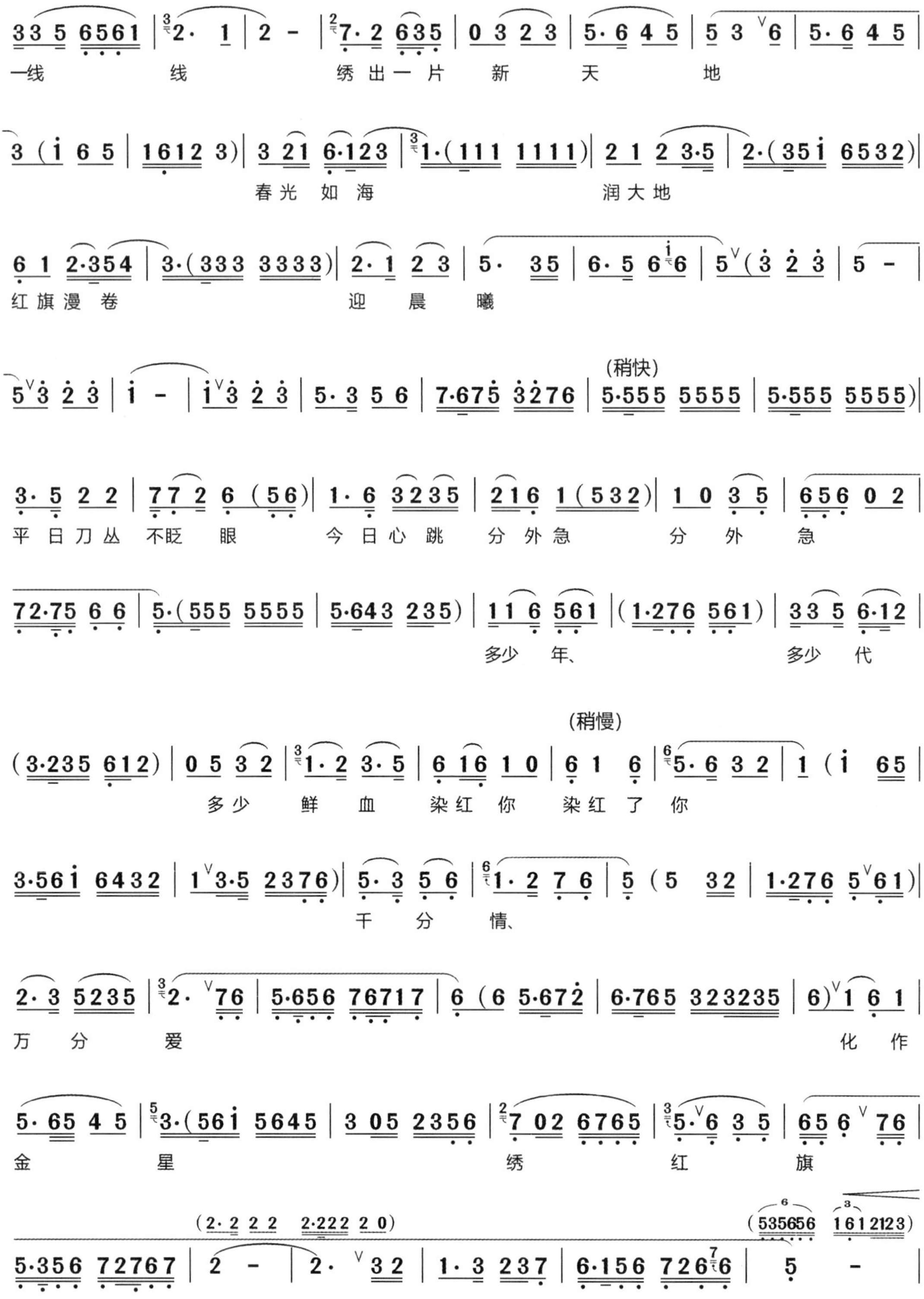

33 5 6561 | 2· 1 | 2 - | 7·2 635 | 0 3 2 3 | 5·6 4 5 | 5 3 6 | 5·6 4 5 |

一线 线 绣出一片 新 天 地

3 (1 6 5 | 1612 3) | 3 21 6·123 | 1·(111 1111) | 2 1 2 3·5 | 2·(351 6532) |

春光如海 润大地

6 1 2·354 | 3·(333 3333) | 2·1 2 3 | 5· 35 | 6·5 6 6 | 5 (3 2 3 | 5 - |

红旗漫卷 迎 晨 曦

(稍快)

5 3 2 3 | 1 - | 1 3 2 3 | 5·3 5 6 | 7·675 3276 | 5·555 5555 | 5·555 5555) |

3·5 2 2 | 77 2 6 (56) | 1·6 3235 | 216 1(532) | 1 0 3 5 | 656 0 2 |

平日刀丛不眨眼 今日心跳分外急 分外急

72·75 6 6 | 5·(555 5555 | 5·643 235) | 11 6 561 | (1·276 561) | 33 5 6·12 |

多少年、 多少代

(稍慢)

(3·235 612) | 0 5 3 2 | 1·2 3·5 | 6 16 1 0 | 6 1 6 | 5·6 3 2 | 1 (1 65 |

多少鲜血染红你 染红了你

3·561 6432 | 1 3·5 2376) | 5·3 5 6 | 1·2 7 6 | 5 (5 32 | 1·276 561) |

千分情、

2·3 5235 | 2· 76 | 5·656 76717 | 6 (6 5·672 | 6·765 323235 | 6) 1 6 1 |

万分爱 化作

5·65 4 5 | 3·(561 5645 | 3 05 2356 | 7 02 6765 | 5·6 3 5 | 656 76 |

金星 绣红旗

(2·2 2 2 2·222 2 0) (535656 1612123)

5·356 72767 | 2 - | 2· 32 | 1·3 237 | 6·156 7266 | 5 - |

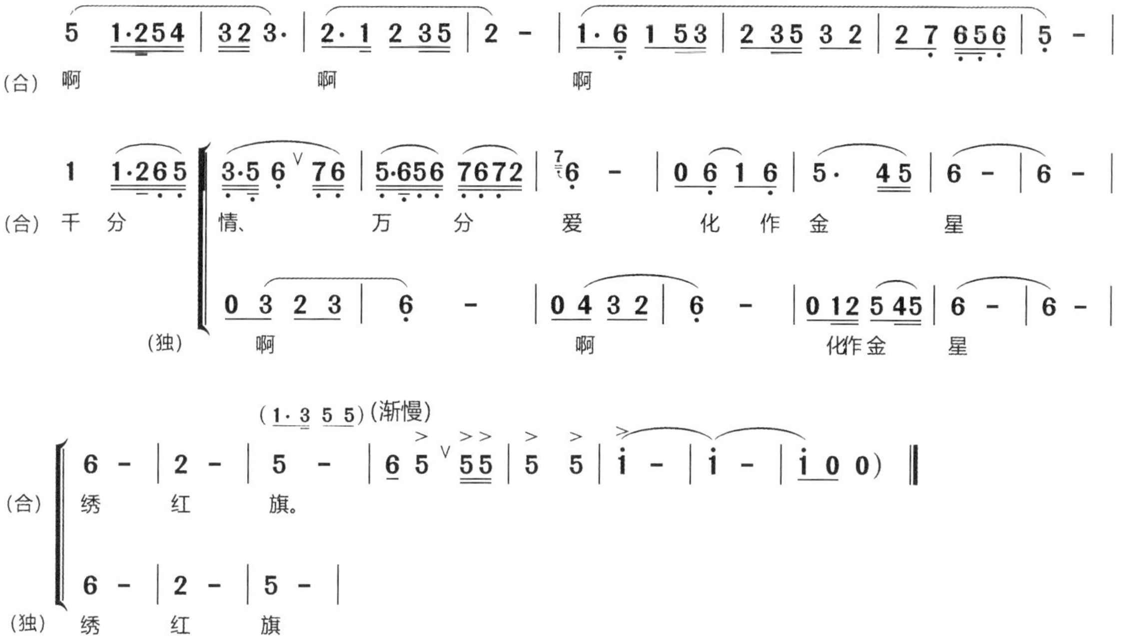

5 1·254 | 32 3· | 2·1 2 35 | 2 – | 1·6 1 53 | 2 35 3 2 | 2 7 656 | 5 – |

（合）啊 啊 啊

1 1·265 | 3·5 6 76 | 5·656 7672 | 6 – | 0 6 1 6 | 5· 45 | 6 – | 6 – |

（合）千 分 情、万 分 爱 化 作 金 星

0 3 2 3 | 6 – | 0 4 3 2 | 6 – | 0 12 5 45 | 6 – | 6 – |

（独）啊 啊 化作金 星

（1· 3 5 5）（渐慢）

6 – | 2 – | 5 – | 6 5 55 | 5 5 | i – | i – | i 0 0） ‖

（合）绣 红 旗。

6 – | 2 – | 5 – |

（独）绣 红 旗